Neue

Kleine Bibliothek 332

Kai Degenhardt

Wessen Morgen ist der Morgen

Arbeiterlied und Arbeiterkämpfe in Deutschland

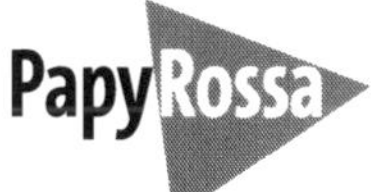

2., durchgesehene Auflage 2025

Luxemburger Str. 202, 50937 Köln
Tel.: +49 (0) 221 – 44 85 45
Fax: +49 (0) 221 – 44 43 05
E-Mail: mail@papyrossa.de
Internet: www.papyrossa.de

Umschlag: Verlag
Coverabb.: Privatbestand Degenhardt
Druck: Interpress

Die Deutsche Nationalbibliothek verzeichnet diese Publikation in der Deutschen Nationalbibliografie; detaillierte bibliografische Daten sind im Internet über http://dnb.d-nb.de abrufbar

ISBN 978-3-89438-816-4

Inhalt

Vorbemerkung

Wessen Morgen ist der Morgen? Wessen Welt ist die Welt? Die Klassenkämpfe, durch alle Jahrhunderte hinweg, handeln von der Beantwortung dieser beiden kurzen Fragen. Sie stehen im Schlussrefrain des »Solidaritätslieds«, eines der am häufigsten gesungenen Arbeiterlieder, geschrieben von Bertolt Brecht und vertont von Hanns Eisler.

Die Geschichte des deutschen Arbeiterlieds, von seiner Entstehung im Zuge der Industriellen Revolution bis in die Gegenwart, ist das Thema dieses Buchs. Die vielen Kämpfe und Niederlagen, Erfolge und Fehlschläge der Arbeiterbewegung werden nachgezeichnet, und ich will aufzeigen, wie sich diese wechselvolle Geschichte in den Arbeiterliedern widerspiegelt. Dabei sind die Lieder mitunter selbst Quellenmaterial, wenn sie ihrerseits Auskunft geben über die ideologischen Kämpfe und die Lage in- und außerhalb der Bewegung.

Ich habe den Gegenstand auf den deutschsprachigen Raum beschränkt und zugleich auf das Gebiet innerhalb der Grenzen Deutschlands – zunächst von 1871 (Reichsgründung), später dann von 1919 (Versailler Vertrag) und danach denen von 1945 (Potsdamer Abkommen) bzw. 1990 (Anschluss der DDR). Das von den Nazis angemaßte und herbeihalluzinierte »großgermanische« Reich von 1933 bis 45 habe ich, hinsichtlich seiner Grenzen jedenfalls, ignoriert.

Über das Hören und Sichten des umfangreichen Lied- und Textmaterials hinaus habe ich keine eigene empirische Forschung betrieben. Ich habe also nicht selbst in Archiven gestöbert, sondern mich vor allem auf die gute, gründliche und grundlegende Arbeit anderer diesbezüglich verlassen und mich daraus bedient. Wenn die

Lieder der deutschen Arbeiterbewegung auch im Mittelpunkt dieses Buchs stehen, ist es dennoch kein Liederbuch: Keines ist vollständig abgedruckt, geschweige denn mit Noten, Tabulatur oder Akkorden versehen, zum Nachspielen oder -singen aufbereitet. Und die Lieder erheben natürlich auch keinesfalls den Anspruch auf auch nur ansatzweise Vollständigkeit. Es geht vor allem darum, anhand der mir besonders bedeutsam und charakteristisch erscheinenden Stücke, das Genre Arbeiterlied in seiner Komplexität und in seinem Wesen zu erfassen sowie in seiner historischen Entwicklung über fast zwei Jahrhunderte hinweg abzubilden.

Die hier im Buch nur auszugsweise zitierten Lieder sind zumeist mit Literaturnachweisen versehen, wo sie vollständig abgedruckt sind. Viele davon lassen sich aber auch sehr bequem online auffinden und nachlesen, und zwar in dem, äußerst verdienstvoll, von Michael Zachcial betriebenen und akribisch betreuten digitalen Volksliederarchiv (www.volksliederarchiv.de). Zum Nachhören der Stücke sind, sofern verfügbar, in den Fußnoten die Tonträger angegeben, auf denen sie veröffentlicht wurden. Die diversen Streamingdienste – von Youtube bis Spotify – vereinfachen das heute, auch ohne eigene umfangreiche Vinyl- oder CD-Sammlung.

Sollte beim Lesen dennoch bei dem einen oder der anderen das mir sehr verständliche, einfache Bedürfnis entstehen, die behandelten Lieder selbst zu spielen und zu singen, dann ist das durchaus intendiert. Ich leiste mit diesem Buch sehr gerne auch meinen Beitrag zur Bewahrung und Wiederentdeckung des Singens und Spielens der bekannten – aber auch der durch die wechselvollen Zeiten mitunter verschüttgegangenen – Arbeiterlieder. Wenn es also auch keine direkte Anleitung dazu bietet, soll und darf das Buch gerne zum Fortschreiben dieser Kulturtechniken anregen; also dem Texten, Komponieren, Spielen und Singen alter und neuer Arbeiterinnenlieder – für die anstehenden und die so notwendigen, kommenden Kämpfe.

Das wäre im Grunde das Beste, was aus der Lektüre des Buches und seinem Gebrauch folgen könnte.

I. Einleitung

> Soon may the Wellerman come
> To bring us sugar and tea and rum
> One day, when the tonguin' is done
> We'll take our leave and go.[1]

Das war der Hit der Corona-Pandemie im Jahr 2021. Sehr hübsch und a cappella gesungen von einem ehemaligen Postboten, dem Schotten Nathan Evans, der nur – four-to-the-floor – mit der Hand auf den Rücken seiner akustischen Gitarre den Rhythmus dazu schlug. Ein aus Neuseeland stammendes Walfängerlied aus den 1860er Jahren. Es beschreibt die Situation der schwerstarbeitenden Besatzung der »Billy o' Tea«, die auf der Waljagd ist und sehnsüchtig die Ankunft des »Wellerman« erwartet, eines Proviantschiffes der Gebrüder Weller. Ein altes Arbeitslied der Seeleute also, ein sogenanntes Shanty. Der Song ging auf allen Kanälen viral, wurde gecovert und geremixt bis zum Ballermann-Erbrechen, kam im Fernsehgarten und Frühstücksfernsehen und lief in Bau-, Garten- und Supermärkten rauf und runter.

Drei Jahre vorher, im Jahr 2018, war »Bella ciao« der offizielle Sommerhit. Das auf Veranstaltungen der traditionellen Arbeiterbewegungs-Linken seit Langem und vielfach gespielte antifaschistische Partisanenlied. Die spanische Netflix-Serie »Haus des Geldes«[2] (original: »La Casa de Papel«), in der das Lied in einer Schlüsselszene gesungen wird, machte es plötzlich milieuübergreifend populär. Der

1 Evans (2021)
2 Pina (2017)

französische DJ und Produzent Florent Hugel loopte und unterlegte den Gesangspart des Serien-Charakters »El Profesor« mit modernen Tanzbeats, und dann rotierte der Track[3] in allen Clubs Europas den ganzen Sommer lang. Es folgten, wie üblich, Cover-Versionen von diversen trittbrettfahrenden Popmusikanten, und schon bald war die alte Hymne der internationalen kommunistischen, anarchistischen und sozialistischen Bewegung mutiert zum Urlaubs- und Party-Kracher des freizeitversessenen, westlichen Kleinbürgertums.

Niemand käme wohl ernsthaft auf die Idee, anhand dieser beiden Song-Beispiele von einem Revival klassischen Arbeiterliedgutes zu sprechen, oder davon, dass wieder Songtexte boomen, deren Themen der Arbeitswelt oder gar den sozialen Kämpfen der Arbeiterklasse entlehnt sind. Im Gegenteil, die beiden Fälle geben eher einen sanften Eindruck davon, wie die heutige Arbeiter- und Angestelltenkultur sich vor allem im Schlager-, Urlaubs- und Freizeitparadies wiederfindet, wo die Wünsche, die Träume und die Konsumbegehren der subalternen Klassen verortet sind und wofür die Kulturindustrie alles gleichformt, was ihr in die Finger kommt. Der Massenerfolg der beiden Nummern ist dabei auch weniger den Texten und ihren historischen Konnotationen zu verdanken, als vor allem den Gassenhauer-Melodien, mit echtem Ententanz-Potential, und den mehr als eingängigen Refrains: »O bella ciao, bella ciao, bella ciao ciao ciao« hier, »Da-da-da-da-da / Da-da-da-da-da-da-da« dort. Weitere popmusikalische Versuche, alte Arbeiterlieder dancefloor-tauglich aufzustriegeln, scheinen bislang unterblieben zu sein – oder unter meinem Wahrnehmungsradar zu tönen.

Artverwandtes

Auch die in der vergangenen Dekade hierzulande sehr erfolgreiche Milieubetrachtungs-Literatur[4], welche die Arbeiterklasse zum aus-

3 El Profesor (2018)

4 z.B. Baron (2021), Barankow/Baron (2021), Eribon (2016), Ernaux (2017), Louis (2016), Vance (2017), Mayr (2020); Mathieu (2021)

gehenden 20. Jahrhundert aus biografischer Perspektive unter die Lupe nimmt, von Didier Eribon bis Christian Baron, hat keinerlei Boom ausgelöst, was zeitgenössische Berichte, Erzählungen, Balladen, Prosa oder Lyrik aus der Welt der Werktätigen oder von deren Arbeitskämpfen im Hier und Heute angeht. Bei dieser Milieu-Literatur, so interessant und lesenswert sie sein mag, fällt auch auf, dass betriebliche Realität, Streiks oder politische Aktionen, also all das, was den Kernstoff für die traditionelle Arbeiterkultur im engeren Sinne ausmacht, darin im Grunde nicht, oder nur ganz am Rande einmal, vorkommt. Vor dem Hintergrund, dass all diese Bücher auch literarische Versuche sind, den allgemeinen Rechtsruck und den Aufmarsch neofaschistischer Organisationen in den westlichen Industrienationen zu begreifen, scheint das zunächst erstaunlich. Exponierte Vertreter der Neuen Rechten wie Björn Höcke äußern sich ja heute ganz offen dahingehend, dass es gerade die politische Praxis der Arbeiterbewegung und ihre Kulturleistungen sind, die die Rechte – wie die Alt-Nazis vor hundert Jahren – von der traditionellen Linken lernen könne, vor allem im Hinblick auf die Bemühungen um die so wichtige Wählergruppe der »kleinen Leute«.[5] Es ist offenkundig, dass diese vermeintliche Leerstelle in den ja absolut realistischen, literarischen Schilderungen dieser Autoren darauf zurückzuführen ist, dass weder das kollektive, berufliche Erleben von Lohnarbeit noch eine organisierte außerbetriebliche Kulturtätigkeit geschweige denn gewerkschaftliche Bildungs- oder Tarifarbeit überhaupt ein relevanter Teil ihrer persönlichen Alltagserfahrung gewesen ist. Stattdessen Arbeitsplatzverlust, Individualisierung, soziale Depravierung und, das Ganze begleitend, Popkultur. Von so etwas wie gelebtem Klassenbewusstsein, jenseits gedanklicher Reminiszenzen, vor allem bei den Jüngeren, keine Spur.

Auch im deutschsprachigen Mainstream-Rap ist nichts dergleichen zu hören. (Natürlich gibt es Ausnahmen, dazu weiter unten). Seit den Nullerjahren kommt der vermehrt von der Straße und den

5 Höcke/Hennig (2018), S. 241 ff., 246

Plattenbausiedlungen wie dem Märkischen Viertel in Berlin oder der Frankfurter Nordweststadt, und er handelt auch von dort. Auf der Textebene regiert die komplette individuelle Selbstüberhöhung und ein lokales Phantasma aus kriminellem Ghetto-Dschungel: Ein exotisches Stammesgebiet der städtischen Unterklassen-Jugend, die ihr Revier auf der Suche nach Drogen, Sex und Gewalt durchstreift.[6] Frauen kamen lange Zeit, wenn überhaupt, als Nutten oder sexuell zu unterwerfende Groupies vor. Die Männer rappen davon, wie enorm reich sie mit dem Rappen geworden sind oder es noch werden wollen, und welche Konsum- und Luxusartikel im Einzelnen ihre Leben schmücken. Protzen und Posen mit Geld, Waffen, Klamotten, Geschmeide und Autos. Jede beliebige Telenovela ist dagegen ein sozialkritisch-kulturelles Kleinod.

Zu konstatieren ist mithin, dass die allgemeine Mainstreamkultur der letzten Jahre in Wort und Ton kaum Spurenelemente von so etwas wie organisierter, zeitgenössischer Arbeiterpolitik enthält oder auch nur eine realistische Darstellung von gewöhnlicher Werktätigkeit liefert. Soweit man unter Realismus annähernd so etwas versteht wie ein Verfahren der Aneignung, Reflexion und Bearbeitung von erfahrener Wirklichkeit, ist ziemlich offensichtlich, womit das zu tun hat: Es lassen sich Massenstreiks und Betriebsbesetzungen ja nicht herbeisingen – und auch ein fehlendes Klassenbewusstsein nicht. Das gesellschaftliche Klima war und ist geprägt durch Strukturwandel und Outsourcing – sprich: Massenentlassungen –, einen umfassenden Sozial- und Rechteabbau und eine groß angelegte, organisierte Nach-Oben-Umverteilung. »Der neue Geist des Kapitalismus« (Boltanski/Chiapello), der, medial vermittelt, in der Arbeitswelt gezielt Begriffe aus den New-Management-Diskursen – wie Autonomie, Spontaneität, Netzwerk-Bildung und projektbezogene Kreativität[7] – als neues Kapitalismus-Märchen zur ideologischen Absicherung dieses Großangriffs des Kapitals in Stellung

6 Loh, Hannes in: Verlan/Loh (2006), S. 25

7 Boltanski/Chiapello (2003), S. 142 ff.

brachte, tat dabei ein Übriges. Geblieben sind gesellschaftliche Demütigungen, stetig enttäuschte, private Glücksversprechen, eine schönfärberisch als Eigenverantwortung getarnte, soziale Isolierung und eine um sich greifende, allgemeine Statuspanik. Vokabeln wie »Ausbeutung«, »Arbeiterklasse« oder »Klassenkampf« sind selbst in linken Kreisen beinahe in Vergessenheit, wo nicht gar schon in Verruf geraten.[8]

»Natürlich gibt es einen Klassenkampf, und meine Klasse, die Klasse der Reichen, gewinnt ihn gerade«, hatte der Börsen-Mogul und Multi-Milliardär Warren Buffet 2006 trocken in die Mikrofone gesprochen[9] und die Lage damit so ziemlich auf den Punkt gebracht: Die Kapitalseite verfügt nicht nur über enorme ökonomische, politische und militärische Macht, sondern in aller Regel auch über ein weidlich ausgeprägtes Klassenbewusstsein. Und das arbeitet propagandistisch gegen die politische wie kulturelle Mobilisierung der von ihr ausgebeuteten Klasse nicht mehr nur, wie damals, mit der Ideologie des bürgerlichen Nationalismus. Heute werden zusätzlich spontaneistische und esoterische, infantile wie irrationale Individual-Anschauungen, eine weltumfassende Warenwelt- und Konsumanbetung sowie diverse, analoge wie digitale, eskapistische Zerstreuungsangebote für die beherrschten Klassen permanent bereitgehalten und preiswert zur Verfügung gestellt. Nach dem Motto: Wirklich populär und ideologisch durchgreifend lässt sich der anzustrebende Stillhalte-Konsens unter die Leute bringen, wenn er als süßlich-bunter Cocktail serviert wird.

Jugendkultur schlägt Arbeiterkultur

Das war früher, in jenen längst vergangenen, goldenen Jahrzehnten der westlichen Industriegesellschaften von ca. 1945 bis 1973 – die Franzosen nennen sie »Les Trente Glorieuses« (die dreißig Glorreichen) – noch anders. Die kapitalistische Produktion hatte während

8 Friedrich in: Friedrich / Redaktion ak (2019), S. 14

9 zitiert bei Ditfurth (2009), S. 231

der boomenden Jahrzehnte nach dem Zweiten Weltkrieg aus dem einfachen Lohnarbeiter, der sein bitter verdientes Geld vollständig in die Reproduktion seiner Arbeitskraft und die Versorgung seiner Familie zu investieren hatte, die Figur des modernen Konsumenten gezaubert. Als »König Kunde« wurde er nun, in der Produktion zwar noch immer nach Strich und Faden ausgebeutet, von der Konsumgüterindustrie hofiert und von der Werbewirtschaft umschmeichelt. Auf dass die milliardenschwere Massenkaufkraft der »mündigen Verbraucherinnen« schön wieder zurückfließe in den kapitalistischen Verwertungskreislauf. In immer neuen, ebenfalls milliardenschweren Anzeigenserien sowie Werbespots in Funk und Fernsehen wurde und wird seitdem eine fiktive Welt des glückseligen Warenüberflusses in Szene gesetzt, in der sorgfältig zusammengecastete, als »gewöhnliche Durchschnittsmenschen« ausgegebene Konsumentendarsteller ein freudestrahlendes Alltagsleben führen. Wie die fröhliche Attika-Clique oder die Nichts-geht-über-Bärenmarke-Familie.

Im Zuge dessen blieb auch eine schrittweise Aufwertung des kulturellen Ansehens der »einfachen Leute« nicht aus. Und auch das, was für die Mittel- und Oberschichten als angemessener Lebensstil galt, wurde nun gesellschaftlich neu bestimmt.[10] Facharbeiter fuhren BMW, Studienräte tranken Bier aus der Flasche, und alle trugen Blue Jeans. Soziologisch verkleistert, gipfelte diese allgemeine Anhebung des Lebensstandards der Arbeiterklasse in Helmut Schelskys Euphemismus von der »nivellierten Mittelstandsgesellschaft«.

Innerhalb dieses Post-New-Deal- und Wirtschaftswunder-Wohlstands organisierten damals die Baby-Boom-Teenager, erstmals ausgestattet mit eigenem Taschengeld, ihren Aufstand gegen den betulichen Ado-Gardinen-Überfluss ihrer Eltern, indem sie sich die Musik, die Kleidung und auch die Sprache der armen, in den USA vorwiegend schwarzen Schicht aneigneten – gepusht von der noch jungen Unterhaltungsindustrie. Dabei sogen sie die Kul-

10 Bourdieu (1987), S. 107 ff.

tur der gerade entflammten afroamerikanischen Bürgerrechtsbewegung auf. Und damit auch die des dortigen Folk-Revival.

Das US-amerikanische Arbeiterlied ist eng verwoben mit der Tradition der dortigen Roots- und Folkmusic, von Spirituals wie »We shall not be moved«[11] oder »Oh Freedom«[12], Work Songs über die legendären Eisenbahnarbeiter »John Henry«[13] oder »Casey Jones«[14] über Kampflieder von dem im Jahr 1915 nach fragwürdigem Verfahren hingerichteten Gewerkschaftsaktivisten Joe Hill, von Florence Reece (»Which side are you on«)[15], Ralph Chaplin (»Solidarity forever«)[16], den Liedern der Wanderarbeiter in den Staubstürmen der 1930er (Dust-Bowl-Ballads wie z.B. »Dust Pneumonia Blues«)[17] von Musikern wie Pete Seeger oder Woody Guthrie – und natürlich »Bread and Roses«, vertont von Mimi Fariña[18] der Streikparole von mehr als 20.000 Textilarbeiterinnen im Jahr 1912 in Lawrence, Massachusetts, das heute das Erkennungslied der internationalen, sozialistischen Frauenbewegung ist.

Die ganze Left-Wing-Folk-Generation aus der Tradition der US-amerikanischen Gewerkschaftsbewegung, die in der McCarthy-Ära (1947-1956), dieser entfesselten, institutionell betriebenen Hexenjagd auf echte oder vermeintliche Kommunistinnen und deren Sympathisanten in Verwaltung und Kulturbetrieb, quasi in die Illegalität gedrängt worden war, die solidarisierte sich nun mit dem antirassistischen Civil Rights Movement und wurde zu einer Art Bindeglied zwischen rebellierender weißer Jugend und Black Power. Die jüngeren, Mitte der 1960er nun sehr populär werdenden Folkmusikerinnen wie Joan Baez, Odetta, Judy Collins, Bob Dylan, Phil

11 Kröher (1973), S. 76; The Weavers auf: Diverse (1996), Disc 9
12 Kröher (1973), S. 86; Odetta (2016)
13 Odetta (2016)
14 The Manhattan Chorus auf: Diverse (1996), Disc 1
15 Seeger/Glazer/Faulk/Gilbert auf: Diverse (1996), Disc 7
16 Hill u. a. (2019), S. 25; Seeger/Glazer/Faulk/Gilbert auf: Diverse (1996), Disc 7
17 Guthrie (1973), S. 207; Guthrie (1992)
18 zusammen mit ihrer Schwester Joan Baez auf: Diverse (1981)

Ochs etc. nahmen den Staffelstab auf, sangen die alten wie ihre eigenen, neuen Folksongs und politisierten auf diese Art weltweit eine ganze Generation von Jugendlichen und jungen Erwachsenen hin zu einer kulturellen Revolution gegen das weiße, kapitalistische Establishment – »The times they are a-changin'«[19]. Beim legendären Woodstock-Festival im August 1969 sang Joan Baez vor geschätzten 400.000 Zuschauerinnen, als hätte sie das gewerkschaftlich-sozialistische Erbe der Jugendproteste noch einmal knüppeldick unterstreichen wollen, »I dreamed I saw Joe Hill last night«[20] von Earl Robinson.

Als Pendants zu diesem Folk-Revival in den USA können hierzulande die Burg-Waldeck-Festivals in der BRD von 1964 bis 1969 und in der DDR der Hootenanny-Klub mit Perry Friedman, die Singebewegung und ab 1970 das Festival des politischen Liedes gelten.

Vom Protestsong zum Rock

Beim Newport Folk Festival 1965 griff Bob Dylan zur elektrischen Gitarre und sang dazu – von einer Band in klassischer Rock'n'Roll-Besetzung begleitet – unter anderem das fast siebenminütige »Like a Rolling Stone«[21]. »Die Geburt des Rock«, so der Musikproduzent und damalige Tontechniker in Newport, Joe Boyd.[22] Ein musikästhetischer Eklat für viele Folkies, aber es entwickelte sich im Anschluss, über die davon angesteckten Rock'n'Roll-Spielarten, etwas später auch in Deutschland eine Rockmusik-Szene, die, mal mehr, mal weniger eindeutig, doch auch in ihren Texten offen politisch links determiniert war. Wesentlicher Bezugspunkt war dabei zunächst noch die organisierte Arbeiterklasse. Im DDR-Rock wurde sich zwar vornehmlich auf jene Rollenvariante kapriziert, welche Rockmusik natürlich auch immer spielte: die Artikulation eines jugendlichen, antiautoritären Lebensgefühls, inklusive Verweige-

19 Dylan (1987), S. 222; Dylan (1964)

20 Baez auf: Diverse (1970a)

21 Dylan (1987), S. 518; Dylan (1967)

22 Boyd (2007), S. 127 ff., 131

rungshaltung gegenüber den Institutionen.[23] Im Westen dagegen positionierten sich nicht wenige Bands, wie Ton Steine Scherben (»Wir streiken«)[24], klar in der Lehrlingsbewegung oder riefen, wie Floh de Cologne oder Lokomotive Kreuzberg, direkt zu politischer Aktion und Streiks auf. 1977 veröffentlichte die Wiener Band Schmetterlinge ihre »Proletenpassion«[25]; ein musikalischer Ritt durch die historischen Klassenkämpfe von den Bauernkriegen bis ins 20. Jahrhundert auf drei LPs. In kaum einer anderen Dekade wurden mehr Arbeiterlieder geschrieben, veröffentlicht, aufgenommen und aufgeführt als in den 1970er Jahren der alten BRD. Es kam im Zuge einer allgemeinen, wenn auch nur kurzen linken Vorwärtsepoche zu zarten Ansätzen dessen, was man damals, unter Bezugnahme auf Antonio Gramscis Gegenmacht-Konzept, eine »linke kulturelle Hegemonie« nannte.

Und diese färbte auch auf die Radio- und Publikums-Charts ab. Es besangen Rockmusiker wie Udo Lindenberg (»Der Malocher«)[26] oder Marius Müller-Westernhagen (»Gute Nacht, Hermann«)[27] Arbeiterfiguren, allerdings ohne kollektiven Bezugsrahmen, in ihrer privaten Umgebung, und sogar im Schlager wurde nun an die reale Lebenswelt der Unterklasse angeflanscht; hier mit einer Gastarbeiter-Schnulze von Udo Jürgens (»Griechischer Wein«)[28], dort mit einer donnernden, individuellen Forderung nach Gehaltserhöhung von Gunter Gabriel (»Hey Boss, ich brauch' mehr Geld«)[29]. Als Höhepunkt dieser Gesamtentwicklung kann das Rock-gegen-Rechts-Festival 1979 in Frankfurt vor rund 50.000 Zuschauern u.a. mit Guru Guru, den Bots, Schmetterlinge, Gebrüder Engel und Udo Lindenberg bezeichnet werden. Als Endpunkt dann 1988 das große So-

23 Rauhut (2002), S. 54 ff.
24 Ton Steine Scherben (1981)
25 Schmetterlinge (1977)
26 Lindenberg (1975)
27 Müller-Westernhagen (1980)
28 Jürgens (1974)
29 Gabriel (1974)

lidaritätskonzert »Auf Ruhr« im Rheinhausener Krupp-Walzwerk, für die streikenden Stahlarbeiter gegen die Schließung ihres Werks. Herbert Grönemeyer und Die Toten Hosen waren damals mit von der Partie.

Rolle rückwärts

Mit der neoliberalen Wende in Folge der zyklischen Konjunkturkrisen wurde während der 1980er Jahre in den bürgerlichen Feuilletons und an den Universitäten in einer konzertierten Kampagne ein allgemeines, neokonservatives Rollback losgetreten, das nach und nach seine ideologische Wirkung auch in der Gesellschaft zeitigte. Die Arbeiterklasse sollte als organisierte, politische und erst recht als wirtschaftliche Kraft zerschlagen werden, der Klassenbegriff sollte aus allen öffentlichen Diskursen ausradiert werden, das Klassenbewusstsein verschwinden.[30] Die Idee eines Gegensatzes von Herrschenden und Beherrschten wurde von mitunter kurz zuvor noch radikal-links tickenden Köpfen über Bord geworfen und die Unterscheidung zwischen Rechts und Links vielfach für aufgehoben erklärt.

Parallel dazu wurde von Konzernen und Politikern des herrschenden Blocks eine weitgehende Deindustrialisierung der westlichen Welt orchestriert, indem große Teile der Produktion nun in Billiglohnländer vor allem Ostasiens verlegt wurden.[31] Man nannte das Ganze wahlweise Globalisierung oder Umstrukturierung, und die nun arbeitslos oder anderweitig auf der Strecke gebliebenen »Modernisierungsverlierer«, die Angehörigen der Arbeiterklasse, wurden bald in medialem Dauerfeuer als »Prolls« und »Asis« beschimpft und als »sozialschmarotzende« Feinde der Gesellschaft gebrandmarkt. Und die diese organisierte Hetze betreibenden Medien waren und sind keineswegs eine diffus-ominöse, auf schwer zu fassende Weise die öffentliche Meinung wiedergebende oder mittelbar herstellende,

30 Eribon (2016), S. 120 ff.

31 Raphael (2021), S. 41 ff.

vierte Gewalt. Es sind die großen, privaten Propaganda-Apparate in den Händen der hier herrschenden Familien, der Milliardärs-Clans: Mohn, Springer, Burda, Holtzbrinck (und damals noch Kirch). Sie funktionieren und agitieren nach deren Willen und Vorstellungen: Ideologischer Klassenkampf von oben.

Es füllte nun bald Westernhagen, der seine Lkw-Fahrer-Lederjacke gegen Armani eingetauscht und den Müller-Bindestrich aus dem Nachnamen getilgt hatte, die Fußballstadien der Republik und sang seine Aufsteiger-Hymnen »Sexy« und »Freiheit«[32]. Die Klassenfrage wurde im herrschenden Diskurs mir nichts, dir nichts abgeräumt und durch Opfergruppen-Kategorien wie Gender und Race ersetzt. Nach der weltweiten Niederlage der sozialistischen Staatengemeinschaft von 1989/91 blieb dann von linken Hegemonie-Hoffnungen nichts mehr übrig. Auch die Sozialdemokratie schwenkte auf strikt neoliberalen Kurs, da ihrem Führungspersonal die hergebrachte Rolle im bürgerlichen Parteiensystem nun überflüssig geworden zu sein schien.

Im Sommer 1992, nach dem endgültigen Zerfall der Sowjetunion, eroberte »Smells like teen spirit«[33] das neue Musikfernsehen MTV sowie sämtliche Radiostationen der westlichen Welt. Der ultimative Rocksong für die internationalen Krisenverlierer der Deindustrialisierung und eine Jugend, die keine Träume mehr hatte, so melancholisch wie wütend dargeboten von einer Band namens Nirvana aus Seattle: »Here we are now / entertain us!« – ging der Refrain. Und der wurde gewissermaßen Programm. »We love to entertain you!«, antwortete die Kulturindustrie, und in der Folgezeit entwickelte sich die Rock- und Popmusik, national wie international, ausschließlich zu dem, was sie in ihrem Kern, und aus den für sie wie für jede andere auf dem Markt gehandelte Ware geltenden Verwertungsprinzipien heraus, immer schon war und sein sollte: ein in der Freizeit leicht konsumierbares, schnell veraltendes Sai-

32 beide auf: Müller-Westernhagen (2000)

33 Nirvana (1991)

sonprodukt, das für ein möglichst breites Zielpublikum begehrlich und in jeder Hinsicht erschwinglich ist.

Musikrichtungen und Spielarten, die man vorher noch als kommerziell unabhängig, also: »independent«, randständig und bisweilen sogar als subversiv bezeichnet und angesehen hatte, wurden eingeebnet und vom Mainstream tendenziell aufgesogen. Übrig geblieben ist eine allgemein kritisch-oppositionell getönte Grundhaltung in der weitgehend nun auch direkt von den großen Musikkonzernen und ihren Coolness-Jägern betriebenen und kontrollierten »Alternative-« oder »Independent«-Sparten.[34] (Auch hier gibt es natürlich Ausnahmen.) Songs, die in ihrer Ästhetik die Gesellschaft spiegeln, die in ihr wirkenden Macht- und Herrschaftsverhältnisse zeichnen, offenlegen und sich damit auseinandersetzen, sind für den Verkauf aber nur hinderlich. Ganz zu schweigen von Arbeiterliedern, die zum inzwischen – jedenfalls nach dem angestrebten gesellschaftlichen Konsens – abgeblasenen und historisch überholten Klassenkampf aufrufen. Die wollte und sollte nun wirklich niemand mehr hören. Und es ließ sich auch kein Geld mehr damit verdienen.

Wirklich und real independent, also in Vermarktung und Vertrieb unabhängig von den damals noch vier großen Major-Labels agierend, prosperierte parallel dazu der offen rassistische und neonazistische Rechtsrock.

Weltkulturerbe Arbeiterlied

Nach gut 25 Jahren des stetig steilen Niedergangs, im Dezember 2014, wurde das »Singen der Lieder der deutschen Arbeiterbewegung« in das Bundesweite Verzeichnis des immateriellen Kulturerbes aufgenommen. Neben 26 anderen Traditionen und Kulturformen wie beispielsweise dem Niederdeutschen Theater oder dem Malchower Volksfest. Zur Erklärung: Die Aufnahme in dieses deutschlandweite Verzeichnis ist Voraussetzung für die Bewerbung um die Eintragung auf die Repräsentative Liste des immateriellen

34 Klein (2001), S. 98 ff.

Kulturerbes der Menschheit der UNESCO. Dort sind aus Deutschland bislang aber lediglich sechs Vorschläge gelistet worden. Das Singen der Lieder der deutschen Arbeiterbewegung wurde bislang nicht einmal dafür nominiert. Man kann also beileibe nicht davon sprechen, wie dies bisweilen geschieht, dass das deutsche Arbeiterlied seit 2014 immaterielles Weltkulturerbe sei – was auch immer das bedeuten würde.

Das ist der Initiative um die Musiker Bernd Köhler (Schlauch) und Joachim Hetscher, die seinerzeit den Antrag an die deutsche Kultusministerkonferenz gestellt hatte, selbstverständlich auch immer klar gewesen. Es ging ihnen darum, eine öffentliche Aufmerksamkeit dafür zu erzielen, einen Anstoß für die historische Aufarbeitung zu geben und das Arbeiterlied aus seiner Versenkung zu holen. Dies ist, wenigstens im Ansatz, allein durch die mediale Berichterstattung, wohl auch gelungen. Nur wird es dadurch natürlich noch lange nicht lebendig, das Arbeiterlied.

Und das Geschehen wirft auch ein Licht auf die allgemeine Verfasstheit rund um das Biotop, in dem es einst gedieh und wo es heute, vom Aussterben bedroht, unter sowas wie Naturschutz gestellt werden soll.

Die strukturelle Macht der gewerkschaftlich organisierten Arbeiterbewegung wurde zunächst mit Beginn der neoliberalen Ära ab ca. 1975 stark zurückgedrängt. Ihre Unternehmen, die noch der Idee der Gemeinwirtschaft verpflichtet waren – Volksfürsorge, Bank für Gemeinwirtschaft, Coop und Neue Heimat –, wurden allesamt in den 1980er Jahren geschleift, enorme gewerkschaftliche Vermögenswerte dabei vernichtet. Und in den drei Jahrzehnten nach dem gewaltigen Epochenumbruch von 1989/91 erodierte die Gewerkschaftsbewegung, verstärkt durch den Wegfall einer wie auch immer gearteten Systemalternative, zusehends immer weiter. So steht sie heute – nach diversen Niederlagen in ständigen Abwehrkämpfen, geschwächt von Reallohneinbußen und gerupft von Mitgliederschwund, den gegen sie in Stellung gebrachten gelben Gruppen (so bezeichnet man antigewerkschaftliche, von Unternehmerseite geförderte Organisationen), einer durch Öffnungsklauseln zerklüfteten Tariflandschaft mit Co-Management auf Betriebsratsebene und einem Niedriglohnsektor, in dem Leiharbeit und Werkverträge Normalität geworden sind – sprichwörtlich mit dem Rücken zur Wand. Von gewerkschaftlicher Gegenmacht kann im Grunde kaum mehr die Rede sein. Die große SPD-Dominanz auf Funktionärsebene der DGB-Gewerkschaften führt in Zeiten von Großkoalitionen und »Ampel« zu immer größerer Regierungsnähe und äußert sich in sozialpartnerschaftlichen Pseudo-Übereinkünften wie allgemeiner »Lohnzurückhaltung« und Nullrunden. Die Gewerkschaftszugehörigkeit ist für viele Kolleginnen und Kollegen zu so etwas geworden wie eine Mitgliedschaft im ADAC: ein allgemeines Service-Paket, das in seinem Kosten-Nutzen-Verhältnis abzuwägen ist. Alles in allem also eine Situation, in der es nicht viel zu singen, geschweige denn zu besingen gibt, in Sachen erfolgreich geführter Arbeiterkämpfe.

Bei einer solchen, vorläufigen Draufschau auf die arg desolate Beschaffenheit des Nährbodens fürs hiesige Arbeiterlied darf aber auch nicht unter den Tisch fallen, dass die gut hundertfünfzigjährige Geschichte der organisierten deutschen Arbeiterbewegung seit jeher auch eine solche der inneren Kämpfe, Zerwürfnisse, Absetzbewegungen und Spaltungen war: Lassalleaner/Eisenacher – Reformisten/Spartakisten – Anarchisten/Kommunisten – DDR/BRD – neue/orthodoxe Linke – etc. Diese Bruchlinien und Risse, auf die in Kapitel III jeweils näher eingegangen wird, hatten natürlich auch immer Auswirkungen auf die Praxis und die Rolle der Arbeiterlieder in ihrer Zeit. Und sie schlagen sich auch zwangsläufig in der heute festzustellenden Disparität des Arbeiterlied-Begriffs nieder.

II.
Begriff

Was genau ist also gemeint mit *den* Liedern der deutschen Arbeiterbewegung, deren Gesang »Ausdruck einerseits von Benachteiligung und Unterdrückung lohnabhängiger Beschäftigter, andererseits aber auch von ihrer Gegenwehr und Zukunftsgewissheit« ist, wie es in der Erklärung der UNESCO-Jury heißt?[35]

Wenn heute in den verbliebenen linken Zusammenhängen Arbeiterlieder gespielt und gesungen werden, dann sind das meistens die aus den bewegten und teilweise revolutionären Jahren von 1918 bis 1932, der Agitprop-Ära, ein paar frühere aus der Gründerzeit der Arbeiterbewegung und dann immer auch solche, die auf den ersten Blick eigentlich gar keine Arbeiterlieder im engeren Sinne sind, da sie weder die Welt der Werktätigen reflektieren noch ihre eigentlichen Arbeitskämpfe zum Thema haben; z. B. aus dem Vormärz, dem Spanischen Bürgerkrieg, Partisanen- und auch Antikriegslieder. Die meisten jüngeren Audio-Veröffentlichungen[36], aber auch die Klassiker solcher Arbeiterlieder-Alben[37] enthalten vorwiegend dieses Material. Dabei sind hierzulande erstaunlich viele, wenn nicht gar die meisten Arbeiter- und dann tatsächlich auch Arbeiterinnenlieder, von Streiks und Aktionen wie aus dem Arbeitsalltag im Betrieb, in den 1970er und frühen 80er Jahren entstanden, aufgenommen, dokumentiert und überliefert. Man gewinnt daher leicht den Eindruck, dass es sich beim heuti-

---

35 Deutsche UNESCO-Kommission (2019), S. 129

36 z. B. Bigus (2022), Ewo² (2007, 2009), Commandantes (2004), Schalmeienkapelle Schwäbisch Hall (2010)

37 z. B. Hein & Oss (1975), Wader (1977), Diverse (1970)

gen Darbieten und Rezipieren von Arbeiterliedern um eine Art Mischung aus folkloristischer Traditionspflege, geschichtspolitischer Selbstverortung sowie nostalgischer Rückbesinnung auf eine Zeit handelt, in der die Arbeiterbewegung den gesamtgesellschaftlichen Gegendruck der Massen repräsentierte und dabei beinahe gänzlich marxistisch und internationalistisch ausgerichtet war. Eine Epoche, in der es als selbstverständlich galt, dass alle in den entsprechenden Organisationen Wirkenden die soziale Revolution wollten und alle Aktivitäten auf eine sozialistische Gesellschaft gerichtet waren, die auf dem gemeinschaftlichen Eigentum der Produktionsmittel beruhte. Das ist lange her und galt, wenn überhaupt, nur für wenige und jeweils auch nur sehr kurze historische Zeitspannen. Von daher gibt die zeitgenössische Aufführungspraxis auf Veranstaltungen der verbliebenen Arbeiterbewegungs-Linken kaum etwas her für eine grundlegende und damit taugliche Bestimmung des Arbeiterlied-Begriffs.

Die theoretische Literatur ist allerdings auch nicht gerade sehr ergiebig: »Das in Thematik und Zweck vor allem der politisch-ästhetischen Bildung und dem Kampf gegen Grundlagen wie Erscheinungsformen des Kapitalismus dienende, hauptsächlich von Arbeitern bzw. der Arbeiterbewegung getragene Lied«, heißt es in Meyers Musiklexikon unterm Stichwort »Arbeiterlied«.[38] Und im Chanson-Lexikon steht: »Arbeiterlieder rufen zur Aktivität. Gleichzeitig mobilisieren sie den Gemeinschaftssinn.«[39] Das Arbeiterlied soll also, so die Theorie, von Arbeitern für Arbeiter bzw. aus der Bewegung für die Bewegung gemacht sein und der Mobilisierung zum Klassenkampf dienen. So weit, so stimmig – wenn auch etwas dürftig. Was die weitergehende Beschreibung angeht, so variieren die Ausführungen in der Literatur dazu in nicht unerheblicher Bandbreite: Einmal wird der Charakter als Klage- und Anklagelied betont[40],

38 Eggebrecht (1984), Bd. 1, S. 56

39 Rupprecht (1999), S. 22

40 Böning (2004), S. 19

dann wieder der den Arbeiterliedern regelmäßig innewohnende Geist der Erhebung und des Kampfes sowie seine Massenwirksamkeit[41], das Agitatorische hier[42], das verhalten Didaktische dort[43], mal erklingt es volksliedhaft[44], mal hymnenartig[45], dann auch wieder parodistisch oder satirisch[46]. Es trägt die Vorstellung einer künftigen Gesellschaft in sich[47], und es prangert die jetzige an[48], mal in einfacher Sprache[49], dann wieder im gespreizten Ton der von ihm nachgeahmten, bürgerlichen »Liedertafelei«[50].

Besonders hervorgehoben werden durchgängig die Blütezeit des Arbeiterlieds und dessen Innovationen, gerade auch in musikästhetischer Hinsicht, in den späten 1920er Jahren, mit ihren einflussreichen Protagonisten wie etwa Hanns Eisler, Ernst Busch, Bertolt Brecht oder Erich Weinert.[51]

Natürlich werden von kommunistischen Autorinnen[52] andere Ausprägungen und Eigenschaften des Arbeiterlieds hervorgehoben als von sozialdemokratischen[53] oder in der operaistisch-autonomen Sponti-Szene[54]. Hier bezieht man sich auf Oktoberrevolution und die Sowjetunion, dort distanziert man sich von Lenin und realem Sozialismus. Und die anderen wollen mit Thälmann-Liedern, dem »neuen politischen Lied« und dem »revisionistischen« Lagerfeuer-

41 Lammel (1970), S. 11 f.
42 Kuczynski (1992), Bd. 3, S. 185
43 Adamek (1981), S. 13
44 Lammel (2002), S. 38 ff.
45 Steinitz (1962), Bd. 2, S. XX
46 Eggebrecht (1984), Bd. 1, S. 56
47 Lenin (1962), S. 199 f.
48 Marx (1970), S. 404 (zum »Blutgericht«)
49 Kuczynski (1992), Bd. 3, S. 184 f.
50 Eisler (1973), S. 213
51 Lammel (1970), S. 60 ff.; Eisler (1973), S. 223 ff.; Böning (2004), S. 26 ff.; Sievritts (1984), S. 225 f. Moßmann/Schleunig (1978), S. 8, 288 ff.; Ruf (2012), Bd. 1, S. 81
52 z. B. Lammel (2002), S. 147 ff.; Lammel (1967), S. 5; Brock/Kleinschmidt (1985), S. 21
53 z. B. Dehm (1984), S. 106, 111; Bartels (2009), S. 9 ff.
54 vgl. Meueler/Dobler (2017), S. 38 ff.

Zeug der Burg-Waldeck-Leute sowieso nichts zu tun haben. Und je weiter man historisch vorrückt, desto mehr fransen die verschiedenen Darstellungen aus, werden neuere Spielarten einbezogen, neue Techniken der Aufzeichnungs-, Wiedergabe- und Verbreitungsmöglichkeiten eingeräumt, die weitergehenden, aber auch die reinen Abwehrkämpfe der Klasse berücksichtigt (internationale Solidarität, Frieden und antifaschistischer Widerstand), sodass der Begriff am Ende immer unschärfer wird und schließlich diverse andere Genres davon überlappt werden – vom Protestlied zum politischen Chanson und darüber hinaus.[55] Bemerkenswert ist außerdem, dass sehr viele der Begriffsbestimmungen, Be- und Umschreibungen des Arbeiterlieds einfach mit Beginn der 1970er Jahre enden. Ganz als wäre das Genre historisch in sich abgeschlossen und als hätte es nach der Wiederentdeckung und Neuaneignung durch die Neue Linke in der BRD um 1968 nichts Neues mehr in dieser Angelegenheit gegeben.[56] Im renommierten, fünfbändigen Riemann Musiklexikon ist in seiner Printausgabe aus dem Jahr 2012 vom Arbeiterlied ausschließlich in der Vergangenheitsform die Rede.[57] Sogar die umfangreiche und ansonsten hervorragende Dokumentation des Labels »Bear Family Records« aus dem Jahr 2011 unter dem Titel »Dass nichts bleibt, wie es war! 150 Jahre Arbeiter- und Freiheitslieder« endet auf CD 12 mit dem Kapitel: »BRD: Wiederentdeckung des Arbeiterlieds nach 1960«[58] – und Schluss.

Dieses unzulängliche Durcheinander in der Definition und der Charakterisierung mag für eine so komplexe und dynamische Erscheinung wie das Arbeiterlied zwar womöglich in der Natur der Sache liegen. Auch und gerade, weil die theoretische Beschäftigung damit bislang in voneinander sehr verschiedenen Epochen wie

55 vgl. bspw. Scherer (2013), S. 89, 93; oder auch die Sammlung bei Adamek (1981)

56 vgl. dazu Sievritts (1984), S. 225 f.

57 Ruf (2012), Bd. 1, S. 81

58 Diverse (2011)

auch in unterschiedlichen politischen Zusammenhängen und Gesellschaftsordnungen stattgefunden hat. Das alles macht sein Aufspüren und Erfassen in Zeiten wie diesen, in denen es ja beinahe als ausgestorben gilt, aber nicht gerade einfach. Ich will im Folgenden daher versuchen, so etwas wie eine Neubestimmung des Begriffs vom Arbeiterlied zu formulieren. Dass ich mich dazu berufen fühle, mag dem einen oder der anderen vielleicht etwas unbescheiden vorkommen. Dennoch will ich wenigstens ein paar mir wichtig und richtig erscheinende Vorschläge dazu machen. Ich meine, es könnte bei der notwendigen Aufarbeitung und auch der künftigen Beschäftigung mit der Thematik von Nutzen sein, eine etwas handlichere und weniger ausgeleierte Definition vom Arbeiterlied parat zu haben.

Definitorische Gemeinsamkeiten

Den bekannten Definitionen und Charakterisierungen des Arbeiterlieds ist gemeinsam, dass die Entstehung des Genres nach allgemeiner Auffassung zusammenfällt mit dem Beginn der Industriellen Revolution und dem Erscheinen der ersten Formen einer Arbeiterbewegung. In Deutschland ist das ungefähr ab der zweiten Hälfte der 1830er Jahre der Fall. Außerdem ist unstrittig, dass Träger der Arbeiterlieder die werktätige Bevölkerung und die Arbeiterbewegung waren. Sie sind aber keineswegs nur von Arbeitern oder Arbeiterinnen gemacht, sondern häufig auch von Autorinnen oder Komponisten aus dem intellektuellen Bürgertum, die sich der Arbeiterbewegung und ihren politischen Forderungen und Zielen verbunden oder auch zugehörig fühlen.[59] Funktion und Zweck des Arbeiterlieds ist, auch hier herrscht Einigkeit, im weitesten Sinne, die Mobilisierung zum Klassenkampf – vom Vermitteln eines einfachen Klassenbewusstseins bis zum konkreten Aufruf zu Streik oder anderen Aktionen.[60]

59 Sievritts (1984), S. 226

60 Dithmar (1993), S. 239 ff.; Adamek (1981), S. 142; Ritter (1979), S. 24

Davon ausgehend, dass »die Geschichte aller bisherigen Gesellschaft die Geschichte von Klassenkämpfen ist«[61], wie es im Kommunistischen Manifest heißt, ließe sich aus dem Vorherigen schlussfolgern, dass jedes Lied im Kapitalismus, welches sich im emanzipativen Sinn auf die Organisationsform und die Verteilung des gesellschaftlichen Mehrprodukts oder auch die gesellschaftliche Gesamtreproduktion bezieht, auch ein Arbeiterlied ist. Nämlich insofern, als es, historisch gesehen, Partei ergreift und somit – wenn auch nur abstrakt und ohne konkreten Bezug zur Ausbeutung der menschlichen Arbeitskraft oder ganz allgemein: zur Welt der Lohnarbeit – die historische Aufgabe der Arbeiterklasse mit verficht. Um aber nicht jedes politische Gesangsstück – etwa ganz generell gegen Repression, Krieg oder die Verschmutzung der Umwelt – gleichzeitig auch als Arbeiterlied zu klassifizieren, womit der Begriff letztlich hinfällig wäre, halte ich es für sinnvoll, hier eine Einschränkung vorzunehmen. Und zwar in dem Sinne, dass das Vermitteln oder auch Reflektieren von Arbeiterklassenbewusstsein, wenn auch mitunter nur in der Konnotation, unverzichtbarer Bestandteil eines Arbeiterlieds zu sein hat.

Es ist hier nicht der Ort, und auch nicht der Raum, in einen allgemeinen, scholastischen Diskurs über den Begriff des Klassenbewusstseins einzutauchen. Im vorliegenden Zusammenhang ist damit einfach die triviale, in Erkenntnis geronnene Erfahrung der einzelnen Lohnabhängigen gemeint, dass sie eine Interessengleichheit untereinander haben, die sich aus den Produktionsverhältnissen heraus bestimmt, und dass die solidarische Organisation zur Verbesserung der gemeinsamen Lage eine sinnvolle Angelegenheit ist.

Überschneidungen

Um die Zusammenhänge zu anverwandten Liedgattungen, z. B. dem Protestlied oder dem politischen Chanson, verständlich zu machen,

61 Marx/Engels (1977), S. 462

und um den Arbeiterlied-Begriff deutlicher zu konturieren, folgt hier ein knapper Überblick.

Es ist im Allgemeinen, insbesondere im fortschrittlich-kulturellen, Sprachgebrauch inzwischen gängig, dass man unter politischen Liedern solche versteht, die auch einen emanzipativen Standpunkt in den jeweiligen gesellschaftlichen Kämpfen im Hinblick auf eine bessere, künftige Gesellschaft einnehmen; landläufig: im Sinne der Ideale der Französischen Revolution – Liberté, Egalité, Fraternité. Die Arbeiterlieder bilden folglich eine Teilmenge hiervon. Ebensolche Teilmengen stellen z. B. auch die Antikriegslieder, Protestsongs und politischen Chansons dar. Und alle diese Genres weisen wiederum Schnittmengen untereinander auf. Ein einfaches Mengendiagramm – zur Veranschaulichung – bezogen auf die hier genannten Genres bzw. Subgenres könnte demnach so aussehen:

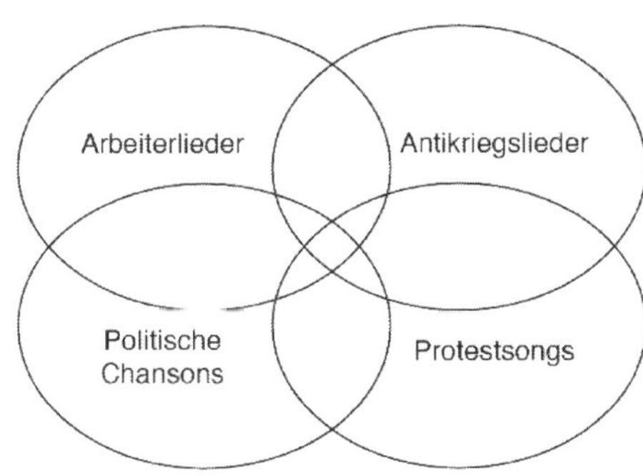

Innerhalb des Felds der politischen Lieder werden häufig auch noch weitere Liedtypen, mitunter lediglich thematische Unterabteilungen, aufgeführt, und es sind noch vielerlei andere Begriffsbildungen mit unzähligen Schnittmengen dabei vorstellbar.[62] Um aber in diesem Zusammenhang, der Definition des Arbeiterlieds, keine weitere und unnötige Verwirrung zu stiften, gehe ich darauf nicht näher ein. (Es wären dann auch zu viele Kringel im Diagramm.)

62 z. B. bei Stern (1976a), S. 16 ff. (in: Frauen, Jugendliche, Reaktion, Berufsverbote, Bürgerinitiativen, internationale Solidarität etc.)

1. Abgrenzung

Zwei, jeweils vom Arbeiterlied verschiedene Genres, auch wenn beide Lohnarbeit und Werktätigkeit zum Inhalt haben, stellen das sogenannte Arbeitslied auf der einen und das Arbeitervolkslied auf der anderen Seite dar:

Arbeitslieder dienten dazu, schwere und eintönige Arbeit erträglicher zu machen. Sie wurden oft während der Arbeit gesungen, und sie beziehen sich in ihren Texten darauf.[63] Hierzu gehören Shanties, wie das eingangs bereits erwähnte »Wellerman«, oder auch das bekannte, plattdeutsche »De Hamborger Veermaster«[64] (»Blow, boys, blow / for Californio«) – ein sogenannter Gangspill-Shanty, der von der Schiffsbesatzung während des Heraufhievens der Ankerkette gesungen wurde. Auch die Worksongs der afroamerikanischen Sklaven im vorletzten Jahrhundert – oft im Call-and-Response-Muster verfasst –, die Winzerchöre und die Spinnstuben-Gesänge zählen zu den Arbeitsliedern.[65] Sie sind gewissermaßen Relikte einer vergangenen Zeit, denn die Maschinen, die mit der Industriellen Revolution in die Produktion Einzug hielten, übernahmen häufig die Schwerstarbeit. In jedem Fall aber machten sie das Singen während der Arbeit aufgrund ihres Lärms weitgehend unmöglich.

Die Weber-, frühen Bergmanns- oder auch die Handwerkerlieder, aus den Jahren vor oder aus der Frühzeit der politischen und gewerkschaftlichen Arbeiterbewegung, entstanden ebenfalls aus dem unmittelbaren, werktätigen Erleben, und sie beleuchten die verrichtete Arbeit und ihre Auswirkungen auf die Menschen. Dies tun sie mal mehr, mal weniger kritisch. So findet man regelrechte Loblieder auf die Bergleute wie z. B. das »Steigerlied«[66] (»Glückauf! Glückauf!

63 Sievritts (1984), S. 224 f.

64 Stern (1976), S. 176

65 Frey/Siniveer (1987), S. 53 ff.

66 Baier/Wiegandt (2012), S. 197; Musikkorps der Bergstadt Schneeberg auf: Diverse (2019)

Der Steiger kommt«) oder »Der Bergmannsstand sei hoch geehret«[67] (»Es lebe hoch der Bergmannsstand!«). Aber auch Lieder über Grubenunglücke wie »Mein Vater ist Bergmann«[68] sind überliefert (»Da eines Tages, da hat es gekracht / da hört ich ein Jammern tief unten im Schacht«) oder bittere Klagen wie im Lied »Der Leineweber«[69] von Karl Ludwig Pfau, in dem es heißt: »Du Linnentuch, du Linnentuch! / Ein jeder Faden sei ein Fluch!« Diese Stücke wurden regelmäßig außerhalb der Arbeit gesungen, und man zählt sie zu den Arbeitervolksliedern. Sofern sie bereits parteilich Stellung beziehen und, über die Schilderung des sozialen Elends hinaus, Episoden aus konkreten politischen Kämpfen erzählen, handelt es sich um frühe Arbeiterlieder im hier behandelten Sinn.[70]

Verwirrung und Verwerfung

Wolfgang Steinitz hat mit seinem 1954 bzw. 1962 herausgegebenen, zweibändigem Werk mit dem schönen Titel »Deutsche Volkslieder demokratischen Charakters aus sechs Jahrhunderten« – häufig auch nur »Der große Steinitz« genannt – einen bahnbrechenden Beitrag zur Wiederentdeckung der sozialkritischen Volksliedtradition in Deutschland geleistet. Ohne seine Arbeiten wäre das Folk-Revival in den 1960er und 70er Jahren in der BRD wie in der DDR überhaupt nicht denkbar gewesen. Bezogen auf den Begriff des Arbeiterlieds hat er im zweiten Band eine Untergliederung vorgenommen, indem er zwei Hauptgruppen darin unterscheidet: Das »revolutionäre Arbeitervolkslied« und das »nicht-folklorisierte Arbeiterlied«.[71] Das eine sei eng mit dem Volkslied verbunden und entstehe im Wesentlichen spontan, das andere trage eher hymnenartigen Charakter und würde bewusst zur politisch-ideologischen Agitation verfasst. Im

67 Chor der Bergakademie Freiberg auf: Diverse (2019)

68 Stern (1976) S. 153; Dinant/Veith auf: Diverse (1979)

69 Lammel/Schütt (1975), S. 24

70 Steinitz (1955), Bd. 1, S. 229 ff.; Steinitz (1962), Bd. 2, S. XIX, XX; Lammel (1970), S. 16

71 Steinitz (1962), Bd. 2, S. XXIII

Grunde lediglich eine Kategorisierung nach Form und ästhetischer Herangehensweise, möchte man meinen; eine wissenschaftliche Differenzierung ohne größere praktische Relevanz. Auf Demonstrationen und Veranstaltungen der Arbeiterbewegung erklangen und erklingen das eine wie das andere, ohne dass ein markanter Unterschied zu bemerken wäre – etwa zwischen »Der kleine Trompeter«[72] (folklorisiert) und »Dem Morgenrot entgegen«[73] (nicht-folklorisiert, hymnenartig).

Steinitz selbst hatte damit vor allem seinen Forschungsgegenstand abgrenzen wollen, indem er einen Teil der Arbeiterlieder, die eigens für den politischen Kampf geschaffenen, davon ausnahm und – in diesem Zusammenhang auch einleuchtend – nicht in seine Volksliedersammlung einbezog.[74] In der Folgezeit wurde jedoch diese Unterscheidung in vielen Veröffentlichungen zum Thema Arbeiterlied mitgeschleppt und reichlich überbetont.[75] Zudem wurde diese ursprüngliche Zweiteilung weiter zergliedert und immer neue Varianten des Arbeiterlieds hinzuformuliert.[76] Die vorgenommenen Differenzierungen innerhalb des Genres nahmen dabei überhand, und die Ausführungen hinsichtlich musikalischer Form, Melodiegestaltung, Harmonik, Vortragsgestus, Instrumentierung oder auch der unterschiedlichen Gestaltungsqualitäten schießen sprichwörtlich ins Kraut. Der wesentliche Gehalt des Arbeiterliedbegriffs wird dabei aber kaum einmal gestreift.

Die Verzahnung der allgemeinen Entwicklung der Produktivkräfte auch mit einer grundlegenden musikalischen Materialerweiterung ist ein Paradigma, das eigentlich jedem, der sich ein wenig mit Musikgeschichte beschäftigt, geläufig ist. Es ist daher richtig, jedenfalls im Rahmen einer Begriffsbestimmung, diesen simplen Zusammenhang

---

72 Dithmar (1993), S. 165; Wader (1977)

73 Dithmar (1993), S. 132; Wader (1977)

74 Steinitz (1962), Bd. 2, S. XXIX

75 z. B. bei Kuczynski (1992), Bd. 3, S. 183 ff.; Dithmar (1993), S. 257 ff.; Ruf (2012), Bd. 1, S. 81, Lammel (2002), S. 151; Dowe in: Ritter (1979), S. 133

76 Brock/Kleinschmidt (1985), S. 21; Ruf (2012), Bd. 1, S. 81

auch innerhalb des Arbeiterlied-Genres als quasi selbstverständlich vorauszusetzen. Und eben nicht durch immer neue Charakterisierungen und Umschreibungen hinsichtlich seiner formalästhetischen Gestaltung zu vernebeln.

Es gilt also, sowohl die ursprüngliche Steinitz'sche Differenzierung innerhalb des Arbeiterliedbegriffs als auch die auf sie folgenden, weiteren Aufgliederungen für die Kennzeichnung des Arbeiterlieds zu verwerfen. Sie sind für die Definition nicht hilfreich und sorgen in Anbetracht der stetigen Fortentwicklung des Genres mehr für Verwirrung, als dass sie Klarheit schüfen.

Spielarten und Aufführungspraktiken

Entsprechendes gilt auch für Orte und Anlässe, die Besetzung, die Gestaltungsmittel und Arrangements für Arbeiterlieder: Streik, Konzert, Demonstration und Kneipenabend. Vom Fußballstadion übers gewerkschaftliche Bildungszentrum zum Bürgersteig. Auf Straßen und Plätzen, vorm Werkstor, beim Gruppenabend. Vom Metal-Rap-Punkrock-Crossover, Skiffle-Rag über die szenische Kantate bis zum Männergesangsverein. Mit Pauken und Trompeten, Gitarren und Klavieren, Schalmaien, Flöten, Plattenspielern, Samplern und a cappella. Wo soll man anfangen? – Wo aufhören? Die gesamte Palette der Möglichkeiten, welche für Lieder, Chansons oder Songs im Allgemeinen zutreffen, gelten auch fürs Arbeiterlied. Als Gebrauchsmusik im ureigentlichen Sinne wird es überall dort und in derjenigen Form gespielt und gehört, wie es seinem Zweck – der Mobilisierung zum Klassenkampf – gerade dienlich ist. Etwa analog zu Brechts »Fünfter Schwierigkeit beim Schreiben der Wahrheit«: als List, diese unter vielen zu verbreiten.[77]

So wurden diese Lieder, die ja qua Definition ureigentlich Vokalstücke, also gesungene Lyrik sind, mitunter auch rein instrumental aufgeführt. Das geschah zunächst in den Concertina- und Bandoneonvereinen, den Mandolinenorchestern und vor allem

77 Brecht (1971), S. 35, 42

den Schalmeienkapellen der traditionellen Arbeitermusikbewegung. Dort gehörten auch Arbeiterlieder zum Standardrepertoire, neben diversen, umarrangierten Partien aus dem bürgerlichen Konzert- und Operettenfundus, Schlagern, Volksliedern und Tänzen.[78] Auf die jetztzeitige Populärkultur übertragen, wären das dann wohl auf Dancefloor-, Bar- oder Fahrstuhl-Tauglichkeit getrimmte Instrumental-Remixe. Über diesen, wenn auch etwas abseitigen Weg konnten (und können) Arbeiterlieder dann durchaus auch als Tanzmusik und Teil der kleinbürgerlichen Gemütlichkeitskultur daherkommen und demgemäß rezipiert werden. In Zeiten der Verfolgung und Illegalität der Arbeiterorganisationen – z. B. während der Sozialistengesetze (1878-1890) oder im Faschismus (1933-1945) – dienten Instrumental-Arrangements von Arbeiterliedern auch der Tarnung; gewissermaßen als einer Art klandestine, musikalische Kommunikation.

2.
Definition

Nach diesen Ausführungen zu Umriss und Inhalt des Arbeiterlieds komme ich schließlich zu folgender Definition:

Das *Arbeiterlied* ist ein Gesangsstück, dessen inhaltliche Thematik sich speist aus den Erfahrungen der Werktätigen; zum einen als unterdrückte Klasse in der Arbeitswelt, und zum anderen in den kollektiven Aktionen der Arbeiterklasse, sprich: der Arbeiterbewegung. Kennzeichnendes Merkmal fürs Arbeiterlied ist ein ihm inhärentes Arbeiterklassenbewusstsein im Sinne einer Motivation zum solidarischen Klassenkampf – von der betrieblichen Einzelaktion bis hin zur sozialen Revolution. Es entstand im Zusammenhang mit der Industriellen Revolution und dem Erscheinen erster Organisationsformen zur kämpferischen Interessenvertretung der in Lohnarbeit Beschäftigten – auf dem Gebiet des heutigen Deutschlands

78 Schutte (1987), S. 212 ff., 230

in den 1840er Jahren. Seine Entwicklungsgeschichte dauert an. Die Arbeiterbewegung selbst ist maßgebliche Trägerin des Arbeiterlieds. Das gilt sowohl im Sinne der Herstellung, wie auch als sozialer Resonanzraum dafür. Dabei variieren Darbietungsformen, Spielarten und Rezeptionsorte in erheblicher Bandbreite, entsprechend der wechselvollen Geschichte des Kapitalismus sowie der mit ihm verbundenen Produktivkraftentwicklung. Das zur Aufführung und Wiedergabe von Arbeiterliedern verwendete Instrumentarium oder technische Equipment ist nicht limitiert.

Vom Arbeiterlied zu unterscheiden sind Arbeitslied und einfaches Arbeitervolkslied.

III. Geschichte

Die Entwicklung des Arbeiterlieds ist natürlich aufs engste verwoben mit der Geschichte der Arbeiterbewegung und ihrer Kämpfe, der Siege, der mitunter schweren Niederlagen und Spaltungen. Daraus, dass sowohl die Organisationen der Bewegung als auch die von ihr geführten Kämpfe bislang stets den nationalstaatlichen Rahmen als äußere Grenze kannten, erklärt sich, dass hier auch nur das deutsche Arbeiterlied eingehender beleuchtet werden kann. Die Entwicklung in anderen Ländern – das liegt in der Natur der Aufgabenstellung – wird dabei aber hin und wieder tangiert.

Zu Beginn des 19. Jahrhunderts, bis in die 1840er Jahre hinein, sah es in den deutschen Staaten auf wirtschaftlichem und gesellschaftlichem Gebiet noch nicht grundlegend anders aus als vor 1789, dem großen Epochenbruch durch die Französische Revolution. Die überwiegende Mehrheit der Bevölkerung lebte nach wie vor in bäuerlichen Verhältnissen. Und anders als z. B. in England oder Frankreich, wo es einheitliche nationale Staaten gab, mit regional weitgehend gleichen, politischen und rechtlichen Bedingungen, war das Territorium, das heute Deutschland darstellt, politisch zerstückelt und in diverse kleine Fürstentümer und einige Königreiche aufgespalten. Die Entwicklung und Durchsetzung der kapitalistischen Produktionsverhältnisse fand daher vergleichsweise spät und schleppend statt.

Die Vielzahl der Kleinstaaten mit ihren eigenen Kontrollen und partikularen Interessen standen den logistischen Voraussetzungen für eine ungehemmte industrielle Entwicklung entgegen. Das Durcheinander von verschiedenen Münz-, Maß-, Gewichts-, Post-

und Rechtssystemen lähmte Handel und Verkehr. Auch das traditionelle Zunftwesen mit Meister, Gesellen, und Lehrlingen hinderte die Entfaltung des modernen Unternehmertums, die Freizügigkeit der Arbeiter und alle wirtschaftlichen Wandlungen hin zu einer industriellen Entfaltung der Produktivkräfte.

Durch die Einrichtung des Deutschen Zollvereins (ab 1834) wurde dann die massenhafte Anlage von konstantem Kapital in Gestalt von Fabrikanlagen, Betriebsgebäuden, Maschinen und Transportmitteln wesentlich erleichtert. Ein städtisches Proletariat, aus dem die Unternehmen ihre Arbeitskräfte (nach Marx: das variable Kapital) für die neuen Fabriken rekrutieren konnten, hatte sich bis zu Beginn der 1830er Jahre bereits gebildet. Die Kartoffel war seit den 1810er Jahren zum Volks- und Grundnahrungsmittel geworden und ersetzte für die Masse der Bevölkerung nach und nach das Brot, so dass lange nicht mehr so viele Menschen an Unterernährung starben wie davor, und es zu einem erheblichen Bevölkerungszuwachs kam, wenn auch Not und Hunger für die Allermeisten alltäglich blieb.[79] Hinzu kamen die durch die Aufhebung der Leibeigenschaft in Preußen freigesetzten Bauern, die es mangels Arbeit und Auskommen vom Land in die Städte zog, sowie die durch die sukzessive Aufhebung des Zunftzwangs »frei« gewordenen Lehrlinge und Gesellen, die nun auch der industriellen Produktion zur Verfügung standen. So nahm die Industrielle Revolution auch in den deutschen Ländern langsam Fahrt auf.

Krupp installierte seine erste Dampfmaschine in der Stahlgießerei im Jahr 1835. Etwa gleichzeitig wurden die ersten Tiefbauschächte im Ruhrgebiet abgeteuft.[80] Auch die erste Eisenbahnstrecke wurde 1835 in einer Länge von 6 km zwischen Nürnberg und Fürth in Betrieb genommen, 10 Jahre später gab es bereits 2.500 km Bahnlinie.[81] Dennoch, die Großstädte waren kaum industriell, und Berlin

79 Engelmann (1974), S. 263 f.

80 Hobsbawm (2017), Bd. 1, S. 223

81 Streisand (1983), S. 159

hatte im Jahr 1835 zwar schon 265.000 Einwohner, die Werktätigen in Handwerk, Transport und anderen Diensten schafften aber nur selten als eigentliche Fabrikarbeiter.[82]

Der Zeitraum von 1830 bis 1848 ist die Geburtsperiode von Industriegebieten in vormals ländlichen Regionen, von großen Betrieben und Firmen, die später prägend für die deutsche Industriewirtschaft wurden. Das Gebiet zwischen Rhein und Ruhr, zuvor von Ackerbau und Viehzucht geprägt, wurde zum »Kohlenpott«, das dörflich-bäuerliche Bergische Land zum Industriegebiet und Chemnitz zum sächsischen Manchester, dem Zentrum des deutschen Maschinenbaus. Das hatte eine enorme Binnenmigration und Massen an aus materieller Not dazu genötigten, reisenden Handwerksgesellen zur Folge, die nun zu wandernden Proletariern wurden. Das im historischen Kontext durchaus als sarkastisch zu verstehende, große Trink- und »Reiselied«[83] der Handwerker, mit schier unendlich vielen, überlieferten Strophen, stammt aus dieser Epoche. Es beginnt mit: »Lustig, lustig, ihr lieben Brüder / nun leget all eure Arbeit nieder / und trinkt ein Glas Champagnerwein. / Denn unser Handwerk, das ist verdorben, / die besten Saufbrüder sind gestorben, / es lebet keiner mehr als ich und du.« In den folgenden Strophen werden dann diverse Städte, Länder und Regionen abgeklappert, wo es überall kaum Arbeit und Auskommen, dafür aber jede Menge Alkohol gibt. Dieses mitunter auch unter dem Titel »Handwerksburschen-Erfahrung« geführte Volkslied ist wohlgemerkt kein Arbeiterlied.

1.
Frühe Arbeiterlieder (bis 1848)

Trotz des preußischen Verbots der Arbeit von Kindern unter neun Jahren in Fabriken, Zechen und Hüttenwerken, war die Arbeit bereits vierjähriger Kinder in der Textilindustrie gang und gäbe. In

82 Engelmann (1974), S. 275

83 Bartels (2009), S. 23; Liederjan (2010), CD 1

Westfalen und im Rheinland, wo z. B. der Vater von Friedrich Engels eine der ersten maschinellen Baumwollspinnereien, nach englischem Vorbild, betrieb, reichte der Lohn sämtlicher Mitglieder einer Familie kaum fürs tägliche Brot.

Weberlieder

Die Hauswebereien in anderen Gegenden Deutschlands, die noch auf dem Verlagssystem beruhten, gerieten durch die immer schneller voranschreitende Mechanisierung der Produktion in den Ruin. Da diese Familien mitunter auch noch die alten Feudallasten zu tragen hatten, war ihre Not noch größer als die der Fabrikarbeiterinnen z. B. bei Friedrich Engels senior in Engelskirchen im Bergischen Land. Bei den ersten Aufständen der Weber von Ronneburg in Thüringen oder in Seifhennersdorf in der Oberlausitz zwischen 1830 und 1842 wurden Lieder gesungen, die ihrer Erbitterung und Verzweiflung über das soziale Elend Ausdruck verliehen, die aber, was die kollektive Aktion betraf, noch ganz im Zeichen der Maschinenstürmerei standen: »Ach, was soll ich Weber machen / was soll ich denn fangen an / Es ist mir nicht mehr zum Lachen / weil man kaum mehr leben kann«[84], heißt es in einem Lied aus der Oberlausitz der 1830er Jahre. Und beim Aufstand in Ronneburg 1841 wurde dann bereits »Drum hab'n wir sie zerschlagen«[85] gesungen:

Nun ging's mit Axt und Hammer
nach jener Hütte hin.
O weh! Oh weh! Welch Jammer!
Die guten, schön' Maschin'n.

In der Textilindustrie des zu Preußen gehörenden Schlesiens war die soziale Lage offenbar noch drastischer. Auch dort wurde zu

84 Steinitz (1955), Bd. 1, S. 263
85 Steinitz (1955), Bd. 1, S. 252

einem großen Teil noch in Heimarbeit gewebt und gesponnen. Wegen des enormen Konkurrenzdrucks der bereits maschinell und vorwiegend mit Dampfkraft arbeitenden Betriebe senkten die schlesischen Unternehmer die Löhne bzw. die Preise, die sie den Heimarbeiterinnen pro Elle ihres abgelieferten Gewebes auszahlten.

Im Sommer 1844 brach in den Dörfern Langenbielau und Peterswaldau dann der schlesische Weberaufstand los. Dieser inspirierte nicht nur zahlreiche Autoren, wie Heinrich Heine, Georg Weerth oder Gerhart Hauptmann, zu Werken, in denen sie sich anschließend mit den rebellierenden Weberinnen und Webern solidarisierten.[86] Der Aufstand selbst brachte ein Lied hervor, das von den Aufständischen gesungen wurde, und allgemein als das erste deutsche Arbeiterlied gilt: »Das Blutgericht«[87] – auf die überlieferte Melodie der Volksballade »Es liegt ein Schloss in Österreich«[88]. Darin heißt es:

Die Herren Zwanziger die Henker sind,
die Diener ihre Schergen,
davon ein jeder tapfer schind't,
anstatt was zu verbergen.

Der Name Zwanziger steht für die Textilfabrikanten Friedrich und August Zwanziger in Peterswaldau. Eine Gruppe Weber mobilisierte auf ihrem Marsch dorthin zunächst alle ansässigen Kollegen, und zusammen stürmten und verwüsteten sie dann das Zwanziger'sche Wohngebäude und sangen dabei[89]:

86 z. B. Heines »Die armen Weber«, in: Dithmar (1993), S. 4; Hauptmanns »Die Weber«, in: Hauptmann (2017), S. 187 ff.; oder Georg Weerths »Sie saßen auf den Bänken«, in: Weerth (2017), S. 65

87 Steinitz (1955), Bd. 1, S. 230 ff.; Lammel (1970), S. 27, 88; Süverkrüp auf: Diverse (2011), Teil 1, CD 1

88 Steinitz (1955), Bd. 1, S. 243

89 W. Wolff, zitiert in: Engelmann (1974), S. 278

Ihr Schurken all, ihr Satansbrut,
ihr höllischen Kujone!
ihr fresst der Armen Hab und Gut,
und Fluch wird euch zum Lohne.

Der Aufstand griff auf die benachbarten Dörfer über, und am folgenden Tag wurden auch noch die Fabrikgebäude und die Geschäftsräume der Zwanzigers sowie der Gebrüder Dierig zertrümmert.

Bereits einige Wochen später bezeichnete der 26-jährige Karl Marx das »Blutgericht« als eine »kühne Parole des Kampfes, worin [...] das Proletariat sogleich seinen Gegensatz gegen die Gesellschaft des Privateigentums in schlagender, scharfer, rücksichtsloser, gewaltsamer Weise herausschreit«.[90] Und er rühmte den schlesischen Weberaufstand überdies, da er, gegenüber früheren Arbeiteraufständen, auch in England oder Frankreich, nicht nur die Maschinen gestürmt hätte, sondern auch die Kaufmannsbücher, die Titel des Eigentums, zerstörte. Dies zeuge bereits von dem »Bewusstsein über das Wesen des Proletariats«. Ein kleiner, aber feiner Unterschied – ums Ganze. Die Eigentumsfrage: Wem gehören die Produktionsmittel? Im »Blutgericht« wurden Namen und Anschrift benannt.

Die Revolte wurde letzten Endes nach drei Tagen vom preußischen Militär niedergeschlagen. Viele wurden gefangen genommen, und in rund neunzig Fällen wurden lange Zuchthausstrafen, selbst gegen Minderjährige, verhängt.[91] Der eigentliche Verfasser des »Blutgerichts« blieb, zu seinem Glück, unentdeckt, und sein Name ist auch bis heute nicht bekannt. Aber das Lied wurde trotzdem, auch später in der 1848er Revolution, weiter gesungen, und es lebte auch danach immer wieder auf.[92]

---

90 Marx (1970), S. 404

91 Engelmann (1974), S. 279

92 Steinitz (1955), Bd. 1, S. 237

Das Gespenst

Vor 1848 waren die organisatorischen Kerne der deutschen Arbeiterbewegung konspirative, kleine Kadergruppen wie z. B. der »Bund der Gerechten«, in dem später auch Karl Marx und Friedrich Engels wirkten. Diese knüpften an die jakobinische Ideentradition aus der Französischen Revolution an, insbesondere an die Periode Mitte der 1790er Jahre, als die letzte große Gegenwehr gegen die Herrschaft der Bourgeoisie organisiert worden war; von François Noël, genannt: Gracchus Babeuf und seiner »Verschwörung der Gleichen« im Jahr 1796, die als die erste kommunistische Aktionspartei der Geschichte angesehen werden kann.[93]

Nach Jahren der Haft und der Verbannung veröffentlichte Filippo Buonarroti, einer der Verschwörer, seine Memoiren unter dem Titel »Babeuf und die Verschwörung für die Gleichheit«[94] im Jahr 1828, die zu einer Art Polit-Fibel für die jakobinischen Geheimbünde der 1830er und 40er Jahre wurde.[95] Die meisten von ihnen bekannten sich in der Folge zum Kommunismus. »Ein Gespenst geht um in Europa« – hieß es daher nicht umsonst ein paar Jahre später im Kommunistischen Manifest von Marx und Engels: »– das Gespenst des Kommunismus.«[96]

Im Juli 1830 gingen die Pariser Massen auf die Barrikaden. Das Ergebnis der Revolution war aber nur ein Kompromiss zwischen Großbourgeoisie und Monarchie und die Einsetzung eines sogenannten »Bürgerkönigs«. Es blieb beim Gewerkschaftsverbot, und die erstrittenen, demokratischen Rechte galten weiterhin nicht für die Arbeiter, Gesellen und kleinen Handwerker. Nach der weiteren Enttäuschung über die Niederschlagung des Seidenweberstreiks von Lyon 1831 radikalisierten sich die oppositionellen Kräfte immer weiter, und mit ihren konspirativen Kaderzirkeln kamen nun auch die deutschen Emigranten in Kontakt: Fortschrittliche Intel-

93 Markov/Soboul (1989), S. 409

94 Buonaroti (1975)

95 Höppner/Seidel-Höppner (1975), Bd. 1, S. 77

96 Marx/Engels (1977), S. 459-493

lektuelle, die der nach dem Hambacher Fest 1832 und dem Sturm der Frankfurter Konstablerwache 1833 einsetzenden Repressions- und Verhaftungswelle des Deutschen Bunds entgehen wollten, auf der einen, und Handwerksgesellen, die auf der Arbeitssuche nach Frankreich gewandert waren, auf der anderen Seite.[97] So entstand zunächst der »Bund der Geächteten«, aus dem 1836 der »Bund der Gerechten« hervorgehen sollte: Ein kleiner Bund von Handwerkern und Jungintellektuellen, der politisch zwar hauptsächlich in Paris agierte, seine kommunistischen Vorstellungen aber auch über die Grenze nach Deutschland propagierte.

Der Lehrer und Schriftsteller German Mäurer, einer der Gründer und Hauptakteure des Bundes, gab unter dem Titel »Volks-Klänge« auch ein Liederbuch heraus. Die dort versammelten Texte waren solche aus der Französischen Revolution, den deutschen Befreiungskriegen, Studenten- und Trinklieder, patriotische Gesänge gegen aristokratische Unterdrückung und Fürstenwillkür, aber keine Handwerksgesellen- oder gar frühe Arbeiterlieder.[98] Ein Repertoire also, das sich, mit ein paar Abstrichen bei den Anleihen aus der Französischen Revolution, auch in den bürgerlichen »Liedertafeln« in Deutschland wiederfinden ließ. Solche »Liedertafeln«, die in Süddeutschland »Liederkränze« genannt wurden, waren im frühen 19. Jahrhundert als patriotische und zutiefst antinapoleonische Männer-Geselligkeits-Runden mit einer Vorliebe zur sakralen Verklärung des Volkslied- und Chorgesangs entstanden.[99] Wie die deutsche Romantik überhaupt, wiesen die Liederkränze, neben den reaktionären, antiaufklärerischen, nationalchauvinistischen Reflexen, auch objektiv fortschrittliche Tendenzen auf: Unter den besonderen Bedingungen der absolutistischen Kleinfürstenherrschaft in Deutschland, hatte das Beschwören einer Nationalkultur und das Singen in deutscher Sprache – und nicht etwa Italienisch oder

97 Abendroth (1997), S. 44ff.

98 James in: Arbeiterliedarchiv u.a. (1984), S. 47f.

99 Dowe in: Ritter (1979), S. 126

Französisch wie bei Hofe – von Bürgerlichen, die die nichtadeligen Volksliedkomponisten oder auch sich selbst für von Gott erkorene »Genies« hielten, etwas Antifeudal-Gegenkulturelles. Auch wenn die Gesangsdarbietungen nicht einmal für die Öffentlichkeit bestimmt waren.

Nachdem ein Putschversuch gegen den französischen König scheiterte, an dem sich auch der »Bund der Gerechten« beteiligt hatte, geriet die Gruppe in den Verfolgungsstrudel sowohl der französischen als auch der deutschen Geheimpolizei. Viele flohen weiter nach London, wo der Bund schließlich wiederhergestellt wurde und damit begann, eigene Sektionen und Gemeinden auch in Deutschland und der Schweiz zu bilden. Einer der Emissäre des Bundes war der hochgebildete Schneidergeselle Wilhelm Weitling, der den Kommunismus auf das Urchristentum zurückführte und ein möglichst vollkommenes Gesellschaftsideal unmittelbar in die Praxis umsetzen wollte. Er wurde sehr bald zum theoretischen Kopf des »Bunds der Gerechten«, und er trat dabei auch mit Marx und Engels in Kontakt[100].

Die beiden hatten inzwischen eine materialistische, wissenschaftliche Geschichtsauffassung entwickelt, und sie gerieten mit Weitling, der an eine in Deutschland nahe bevorstehende, kommunistische Revolution glaubte, in ideologischen Disput. Weitling verlor wegen der Unhaltbarkeit seiner Vorstellungen nach und nach aber den Rückhalt, auch in der Londoner Leitung des »Bunds der Gerechten«. Marx und Engels traten dem Bund 1847 bei, der sich nun in den »Bund der Kommunisten« umwandelte, und sie verfassten, als dessen Programm, das »Manifest der Kommunistischen Partei«, das 1848 in geringer Auflage erschien. Darin wurde schließlich »die gewerkschaftliche Organisierung der Arbeiter, zugleich aber die Verbindung des gewerkschaftlichen Kampfes mit dem Ringen um die Eroberung der politischen Macht als eine zentrale Voraussetzung revolutionärer Umwälzung zum Zweck der

100 Engels (1960), S. 578 ff.

Aufhebung von Ausbeutung und der Herrschaft von Menschen über Menschen bezeichnet.«[101] Als nächste Aufgabe der deutschen Kommunisten sahen sie die Beteiligung an der unmittelbar bevorstehenden bürgerlich-demokratischen Revolution an.[102] Das Manifest endet mit der Maxime: »Proletarier aller Länder, vereinigt euch!«

Im Februar brach in Paris die Revolution aus. Die Monarchie wurde gestürzt – der »Bürgerkönig« Louis-Philippe floh ins Exil nach England –, eine Revolutionsregierung wurde gebildet, und es wurden allgemeine, gleiche Wahlen – allerdings nicht für Frauen – zur Nationalversammlung ausgeschrieben.

Die Achtundvierziger

Das war das Signal auch für die Revolutionäre in Deutschland, wo es schon seit dem Winter 1846/47 zu immer häufigeren Hungerrevolten und ähnlichen Erhebungen, wie der sogenannten Berliner Kartoffelrevolution im April 1847, gekommen war. Am 18. März 1848 gingen die Berliner Arbeiter, Handwerker, Schüler, Studenten und fortschrittliche Teile des Bürgertums auf die Barrikaden – und wurden von der Reaktion blutig niedergeschlagen. Es kam zwar in der Folge, aus Angst der Monarchen vor weiteren revolutionären Erhebungen und Barrikadenkämpfen, zu Zugeständnissen. Aber in der Zeit vom Sommer bis zum Jahresende gewannen in Deutschland die alten Regime nach und nach die Macht zurück. Und im Mai 1849 hatte, mit der Niederwerfung des letzten Badischen Aufstands und der Einnahme der Festung Rastatt durch die preußische Armee, endgültig die Konterrevolution gesiegt.

In der kurzen Zwischenzeit waren die bestehenden Koalitionsverbote, die Zusammenschlüsse von Handwerksgesellen oder Arbeitern unter Strafe stellten, aber faktisch gefallen, und es hatten sich kurzzeitig erste Ansätze von Gewerkschaften gebildet. Bei den

101 Fülberth in: Deppe/Fülberth/Harrer (1989), S. 26
102 Marx/Engels (1977), S. 492 f.

Buchdruckern und den Zigarrenarbeitern sogar auf nationaler Ebene. Die örtlichen Arbeitervereine schlossen sich im September 1848, unter wesentlicher Mitwirkung des Buchdruckers und Mitglieds des »Bunds der Kommunisten«, Stephan Born, zur bundesweiten »Arbeiterverbrüderung« mit 15.000 Mitgliedern zusammen.[103] Einigermaßen bahnbrechend für diese Zeit waren die Bestimmungen der Satzung, wonach bei jeder ihrer Bezirkskomitees besondere Frauenabteilungen zu bestehen hätten.[104] Es kam zu Streiks um Lohnerhöhungen und Arbeitszeitverkürzung, wobei die Kader des »Bunds der Kommunisten« in den Führungen der Arbeitervereine mitwirkten.

Das Lied »Nun Brüder, stehet wie ein Mann«[105] von Karl Fröhlich entstand beim Streik der Berliner Buchdrucker 1848. Es ist geschrieben auf die Melodie des »Kaplieds«[106], ein Soldatenlied von Christian Schubart aus dem 18. Jahrhundert:

Es war kein böser Frevelmut,
der in den Streit uns rief.
Weiß Gott, es tat's die bittre Not:
Verkümmern will man uns das Brot!
Das, Brüder, kränkt uns tief.

Mit dem Scheitern der bürgerlichen Revolution wurden aber auch sämtliche Arbeiterorganisationen wieder verboten und aufgelöst und die alten Koalitionsverbote wiederhergestellt. Viele flohen ins Exil. Was blieb, war eine vom König aufoktroyierte Verfassung und ein Dreiklassenwahlrecht in Preußen, das bis 1918 bestehen bleiben sollte. Und natürlich das berühmte »Trotz alledem«[107] von Ferdinand Freiligrath, in dem es so treffend heißt:

---

103 Däubler (2006), S. 118 f.
104 Zetkin (1958), S. 61 f
105 Steinitz (1962), Bd. 2, S. 292
106 Steinitz (1955), Bd. 1, S. 414
107 Dithmar (1993), S. 24; Hein & Oss auf: Diverse (2011) Teil 1, CD 1

Das war 'ne heiße Märzenzeit,
trotz Regen, Schnee und alledem!
Nun aber, da es Blüten schneit,
nun ist es kalt, trotz alledem!
Trotz alledem und alledem,
trotz Wien, Berlin und alledem –
ein schnöder, scharfer Winterwind
durchfröstelt uns trotz alledem!

Auch in Frankreich sowie im ganzen restlichen Europa siegte die Reaktion.

Als »Forty-Eighters« – Achtundvierziger – bezeichnet, fanden sich viele der Revolutionäre im Exil wieder; in England, der Schweiz oder auch den USA.

2.
Kapitalistischer Frühling (1848 bis 1875)

Die Arbeiterbewegung war durch das Scheitern der 1848er Revolution zwar nicht komplett zerschlagen, aber vorerst erledigt. Sie war ihrer Führung und ihrer Theoretiker beraubt, die nun im Gefängnis oder im Exil waren. Manche hatten auch – wie nicht selten in der Geschichte – die Seiten gewechselt und ihren Frieden mit den nun herrschenden Verhältnissen gemacht. Mit dem Totalverbot aller Arbeitervereine im Deutschen Bund von 1854, und damit auch der »Arbeiterverbrüderung«, wurde zugleich mit den ersten Ansätzen einer gewerkschaftlichen Massenorganisation Tabula rasa gemacht.[108]

Einigermaßen erstaunlich vor diesem Hintergrund ist daher das Lied »Das Proletariat«[109] aus dem Jahr 1849:

108 Fülberth in: Deppe/Fülberth/Harrer (1989), S. 28
109 Stern (1976), S. 91; Süverkrüp auf: Diverse 2011, Teil 1, CD 1

Es quillt und keimt von unten auf,
wie frisch gesäte Saat;
es wächst wohl aus der Erd' heraus:
das Proletariat!

Es ist erwacht der vierte Stand,
der nützlichste im Staat;
denn wer ernährt das ganze Land?
Das Proletariat!

Es wird verständlich, wenn man weiß, dass es sich bei dem Verfasser um Johann Christian Lüchow handelt, ein Mitglied des Bunds der Kommunisten, der 1848 in Berlin beim Aufbau der Arbeiter-Assoziation der Schneider mitgewirkt hatte.

Die 1850er Jahre wurden zu einer Zeit des wirtschaftlichen Aufschwungs. Die industrielle Produktion in Deutschland verdoppelte sich.[110] Die charakteristischen Erzeugnisse waren nun schon Kohle und Eisen, miteinander verbunden in dem weiter expandierenden Eisenbahnbau. Und Krupp in Essen belieferte die Eisenbahn mit Achsen und Reifen – später auch mit Schienen –, sowie das preußische Militär mit Geschützrohrblöcken. Innerhalb der in diesem Abschnitt behandelten Zeitspanne brachte es Krupp von 72 Mitarbeitern 1848 auf ca. 12.000 im Jahr 1875.[111] Aber nirgends gab es solche Riesenarmeen von Arbeitern wie beim Eisenbahnbau. An den größeren Strecken arbeiteten bis zu 15.000, die in eilig dafür errichteten Baracken lebten.[112]

Immer mehr Landarbeiter wurden in die industrielle Produktion hineingezogen, und die Urbanisierung schritt schnell voran. Die Großstädte waren aber, auch wenn es dort Fabriken gab, noch eher durch Handel, Transport, Verwaltung, Handwerk und eine

110 Abendroth (1997), S. 79
111 Hobsbawm (2017), Bd. 2, S. 263
112 Kuczynski (1992), Bd. 3, S. 95

nicht unerhebliche Zahl von Dienstboten und Hausangestellten geprägt.[113] Die Städte waren überfüllt, viele lebten in Elendsquartieren auf engstem Raum unter hygienisch katastrophalen Bedingungen. Regelmäßig teilte man sich, um Miete zu sparen, Wohnung und die aus Strohsäcken bestehenden Betten mit Schlaf- und Kostgängern.

Trotz der Zusammenballung von Arbeitern in den wachsenden Städten waren diese sich untereinander mitunter äußerst fremd. Ein polnischer Schlepper, gerade zugewandert aus der dortigen Landwirtschaft, hatte mit einem gelernten Bochumer Steiger mit stark ausgeprägtem Standesdenken scheinbar ebenso wenig gemein wie der thüringische Eisenbahner mit einer Berliner Kattundruckerin. So ging auch bereits eine Art soziokultureller Riss mitten durch die sich gerade konstituierende Arbeiterklasse. Er trennte die »ehrbaren« Arbeiter vom »gemeinen Volk«, den Armen. Der gut bezahlte Facharbeiter, der lesen und schreiben konnte, wollte mit dem abgerissenen Hungerleider ohne feste Arbeit, der nicht wusste, wo er die nächste Mahlzeit für sich und seine Familie hernehmen sollte, nicht verwechselt werden. Und so übte er sich bereits in sowas wie einem distinktivem Verhalten, wenn er am Sonntag mit Hut und Anzug auf die Straße ging.[114] Heute würde man wohl von einer »stark ausgeprägten Fragmentierung der Klasse« sprechen.

Arbeiterkultur

Eine Einrichtung, die sich aber an die Bedürfnisse aller Angehörigen dieser neuen Klasse richtete, obwohl damals fast ausschließlich von Männern bevölkert, war die Kneipe – gerne auch die »Kirche der Arbeiter« genannt. Das städtische Schankwirtschaftswesen begann ab Mitte des 19. Jahrhunderts im Zuge der räumlichen Konzentration der Arbeitermassen ungeheuer zu boo-

113 Hobsbawm (2017), Bd. 2, S. 258 f.

114 Hobsbawm (2017), Bd. 2, S. 277

men.[115] Dabei war es in erster Linie natürlich der Alkohol, der die Menschen nach ihren harten Fabrikarbeitstagen inmitten von Kohlendampf und Staub in die Arbeiterkneipen trieb, die diese, vor allem an Sams- und Sonntagen, regelmäßig überfüllten.[116] Die Kneipe diente aber auch schon bald als ein zentrales Moment proletarischer Lebensführung, der Herstellung einer auch außerbetrieblichen Kollektivität; einer freiwilligen, die, im Unterschied zur erzwungenen, beengten Zwangserfahrung in der Fabrik, Spaß machte. So wurde die Kneipe – ein kleiner, verräucherter Raum mit Tresen, an dem man stehen konnte, keine oder ganz wenige Tische, mit einem Wirt, der sich in Einkommen und Habitus nicht von seinen Gästen unterschied – zu »einer überragenden Institution proletarischer Kultur.«[117] Hierbei wurde vor allem das »Sälchen« wichtig, das häufig nur eine Art umfunktioniertes Hinterzimmer des Kneipiers war.[118] Dort tagten nicht nur konfessionelle Gesellenvereine, es entstanden auch die neuen Formen städtischer Unterhaltungskultur. In Sachen Musik und Lied gingen die zunächst zurück auf die überlieferte, vormals ländliche Tradition: Handgemachte Tanzmusik natürlich, aber auch die Überlieferung der Volksballade, z. B. des Bänkellieds, das, nicht nur formal, für die Entwicklungsgeschichte gerade des politischen und auch des Arbeiterliedes von nicht unerheblicher Bedeutung ist.

Diese ländliche Liedtradition zog nun, den Menschen hinterher, in die sich industrialisierenden Städte, und es entstanden neue, proletarische Stücke – die Arbeiterballaden. Das schon erwähnte »Blutgericht« ist gewissermaßen ein Paradebeispiel für eine solche, sehr frühe proletarische Ballade. In seinem Stück »Die Weber« von 1892 lässt Gerhart Hauptmann das Lied im dritten Akt nicht umsonst in der Peterswaldauer Kneipe von den von dort aufbre-

115 Dröge/Krämer-Badoni (1987), S. 103 ff.

116 Engels (1970), S. 417

117 Dröge/Krämer-Badoni (1987), S. 106

118 Imgrund (2020), S. 63 f.

chenden Webern anstimmen.[119] Und auch das Lied »Der Schachtmeister muss sich schämen«[120] der Erdarbeiter im Eisenbahnbau Norddeutschlands aus der Zeit um 1860 gehört in diese Tradition: »Der Schachtmeister muss sich schämen, / Weil er so die Leut' tut quälen / Für so einen schlechten Lohn ...«

Vereine

In den 1850er Jahren wurden die ersten Arbeiterbildungsvereine gegründet, die häufig das örtliche Kneipen-Sälchen oder das vorhandene Hinterzimmer für ihre Versammlungen nutzten. Dazu zählten auch die frühen Gesangsvereine, in denen Arbeiter unter sich waren und deren »harmlose« Chorproben nicht selten als Deckmantel zur Streikvorbereitung dienten.[121] Arbeitervereine politischer Natur waren in den meisten deutschen Staaten nicht geduldet, ab 1856 sogar verboten.[122] Dennoch war es wohl üblich, in den Bildungsvereinen auch politisch zu diskutieren, weshalb die geschlagenen Kräfte der bürgerlich-demokratischen Intelligenz, deren Haftstrafen nach und nach abgelaufen waren, begannen, sich in den Vereinen zu engagieren.[123] So entwickelten sich viele dieser Vereine – mal mehr mal weniger klandestin – zu gewerkschaftsähnlichen Zusammenschlüssen.

Da die Senkung der Reallöhne in den 1850ern munter weiterging, brach in Deutschland 1857 eine Streikwelle los, die zu einem guten Stück von einem solchen Arbeiterbildungsverein ausgelöst wurde: Die Hasenhaarschneider aus den Hutfabriken um Frankfurt – tagend im Vereinslokal des Singevereins Philadelphia im Frankfurter »Schützenhof« – beschlossen Anfang März, ihre Arbeit so lange einzustellen, bis der Lohn, wie von ihnen gefordert, erhöht worden wäre. Die Arbeiter schickten während ihres Streiks Briefe an

119 Hauptmann (2017), S. 187, 239
120 Steinitz (1955), Bd. 1, S. 295
121 Dowe, in Ritter (1979), S. 127
122 Bebel, zitiert nach: Kuczynski, (1992), Bd. 3, S. 216
123 Kuczynski (1992), Bd. 3, S. 215

die Unterstützungsvereinigungen ihrer Fachgruppen anderer Orte und riefen sie alle zu Arbeitsniederlegungen auf.[124] Allein im Jahr 1857 zählte man in Deutschland 41 Streiks.

Die Vereine gewannen nun schnell an Mitgliederzuspruch, vermutlich auch noch verstärkt durch die gegen Ende der 1850er Jahre einsetzende, ökonomische Krise. Es entstanden neben den eigentlichen Bildungsvereinen die ersten liberalen Quasi-Gewerkschaften.[125] In vereinsübergreifenden Leipziger, Berliner und Nürnberger Arbeiterversammlungen beriet man bald über die Einberufung eines nationalen Arbeiterkongresses.

Bet' und arbeit'

Der wurde schließlich im Mai 1863 in Leipzig durchgeführt, und dort wurde der Allgemeine Deutsche Arbeiterverein (ADAV), als Zusammenschluss von elf regionalen Arbeitervereinen, gegründet – unter Führung von Ferdinand Lassalle, der mit Marx und Engels befreundet war und sich als ihr Genosse und Schüler bezeichnete.[126]

Lassalle lehnte zwar das Bündnis mit den bürgerlich-liberalen Kräften der Arbeitervereine ab, ging aber in seiner Zielsetzung auch nicht über die Forderung nach Produktionsgenossenschaften mit Staatskrediten hinaus. Den gewerkschaftlichen Kampf, den Streik um Lohnerhöhungen, erklärte er für überflüssig, da solche nach dem von ihm selbst formulierten »ehernen Lohngesetz« nur zu erhöhter Konkurrenz der Arbeiter untereinander und schließlich wieder zu Lohnsenkungen führen würden.[127] Allein aufgrund ihrer zahlenmäßigen Überlegenheit sollten die Arbeiter über freie und gleiche Wahlen die Mehrheit der Mandate erreichen und dann, an der Regierung, die Produktionsgenossenschaften finanzieren, die über diese Staatshilfen die kapitalistischen Betriebe niederkon-

124 Kuczynski (1992), Bd. 3, S. 211 f.

125 Fülberth in: Deppe/Fülberth/Harrer (1989), S. 31

126 Engels (1962), S. 353

127 Fülberth in: Deppe/Fülberth/Harrer (1989), S. 32

kurrieren könnten. Und: Er legte seine eigene Rolle im ADAV tatsächlich als die eines »Führers« fest, der über die Politik der ganzen Partei allein entscheiden konnte.[128]

Lassalle bat den Dichter und März-Revolutionär Georg Herwegh um ein »kämpferisches, zugkräftiges ›Bundeslied‹«. Der hatte schon mit Marx für die *Rheinische Zeitung* gearbeitet, war mit ihm und Engels und Heinrich Heine befreundet, der ihn die »Eiserne Lerche« getauft hatte. Und so ist es kein Wunder, dass das, was Herwegh noch im Jahr 1863 als »Bundeslied für den Allgemeinen Deutschen Arbeiterverein«[129] schrieb – auch und besser bekannt als »Bet' und arbeit'« – inhaltlich weit über die Lassalle'sche Programmatik für den ADAV hinausging:

Mann der Arbeit, aufgewacht!
Und erkenne deine Macht!
Alle Räder stehen still,
wenn dein starker Arm es will.

Einen expliziteren Aufruf zum Streik hat man selten vernommen. Das »Alle Räder stehen still, wenn dein starker Arm es will« wurde gewissermaßen zur Losung der kämpferischen deutschen Arbeiterbewegung. Bemerkenswert ist auch, dass Herwegh im »Bundeslied« die zergliederte Zusammensetzung der Arbeiterklasse darstellt, um sie in ihrer Interessenidentität und in Gegnerschaft zu der sie ausbeutenden Kapitalistenklasse zusammenzuführen:

Und du ackerst und du säst,
und du nietest und du nähst,
und du hämmerst und du spinnst –
sag, o Volk, was du gewinnst!

128 Abendroth (1997), S. 93f.

129 Dithmar (1993), S. 62; Hein & Oss (1975)

Wirkst am Webstuhl Tag und Nacht,
schürfst im Erz- und Kohleschacht,
füllst des Überflusses Horn,
füllst es hoch mit Wein und Korn.

Bauern, Handwerker, Näher- und Spinnerinnen, Berg- und Industriearbeiterinnen; am Ende heißt's dann – zusammenfassend – leider nur: *Mann* der Arbeit, aufgewacht!

Die ursprüngliche Musik zum »Bundeslied« wurde übrigens von dem adeligen Klaviervirtuosen Hans von Bülow unter dem Pseudonym »Wilhelm Solinger« komponiert – als vierstimmiger Chorsatz, der alles andere als leicht zu singen war. In ihren Liederbüchern druckten die deutschen Sozialdemokraten den Text mit der Melodieangabe »Schleswig-Holstein, meerumschlungen« ab. Bekannt ist das Lied aber heute hauptsächlich in der Vertonung von Peter Heinz.[130]

Die Internationale

In London gründete sich nur ein Jahr nach der Bildung des deutschen ADAV, 1864, die Internationale Arbeiterassoziation (IAA), in der Geschichtsschreibung die »Erste Internationale« genannt. Von den Deutschen waren Marx und Engels und die Reste des Bunds der Kommunisten dabei. Die Internationale war eine Reaktion auf die Notwendigkeit, dass die Arbeiter sich ihrerseits gegen das international kooperierende Kapital über Ländergrenzen hinweg miteinander verbanden. Im Roman »Germinal« (erschienen 1885) von Emile Zola wird exemplarisch beschrieben, wie nordfranzösische und belgische Kohlebarone zur Streikbekämpfung miteinander kooperieren, indem sie ihre Arbeiter als Streikbrecher und Militär über die Grenze schicken.[131] In Deutschland bildeten sich bald die ersten Sektionen der Internationale.

---

130 Lammel (1970), S. 222

131 Zola (1983), z.B. S. 402, 429, 443 f., 450 ff.

1867 wurde August Bebel zum Präsidenten des Verbands der deutschen Arbeitervereine gewählt. Das waren diejenigen, die nicht im ADAV zusammengefasst waren, und die nicht unwesentlich getragen wurden von bürgerlich-liberalen Kräften. Von Bebel geführt, und unter wesentlichem Einfluss von Wilhelm Liebknecht, legte der Verband eine krasse Linkswende hin und übernahm die Positionen der Ersten Internationale. Die Bürgerlichen traten aus, und Anfang August 1869 wurde auf einem Arbeiterkongress in Eisenach die »Sozialdemokratische Arbeiterpartei« (SDAP) gegründet. Liebknecht und Bebel waren die führenden Köpfe. Der ADAV erließ eilends einen Unvereinbarkeitsbeschluss mit der SDAP, was im Ergebnis die gewerkschaftliche Basis der neuen Partei aber nur weiter stärkte.[132]

In beiden deutschen Arbeiterparteien waren keine Frauen zugelassen, was aber schon durch das preußische Vereinsgesetz von 1850 bestimmt war, wonach Vereine, »welche die Erörterung politischer Gegenstände bezwecken«, keine »Frauenspersonen« aufnehmen durften. In der Ersten Internationalen wurde dagegen 1866 ein Beschluss über die Bildung spezieller Frauensektionen verfasst. Und in den 1868 ins Leben gerufenen Internationalen Gewerksgenossenschaften war – per Bebel'schem Musterstatut für deren Bildung – die Mitgliedschaft von Frauen ausdrücklich vorgesehen. So auch die Forderung nach gleichem Lohn. Von den 6.000 bis 7.000 Mitgliedern der Gewerksgenossenschaften im Jahr 1870 waren 1.000 Frauen.[133]

Lassalleaner und Eisenacher

Ferdinand Lassalle war da schon seit Jahren tot. Er starb – nach einem Duell mit Pistolen in Liebesangelegenheiten – nur ein Jahr nach der Gründung des ADAV. Daraufhin wurde das »Bundeslied« Georg Herweghs (»Bet' und arbeit'«) als offizielle Hymne des ADAV quasi ersetzt durch die von Jacob Audorf verfasste »Arbeiter-

132 Fülberth in: Deppe/Fülberth/Harrer (1989), S. 38

133 Hervé (1998), S. 22 f.

Marseillaise«[134] auf die Original-Melodie der französischen Marseillaise von Rouget de l'Isle, welche von da an jede Feier und Versammlung der frühen nationalen Arbeiterorganisation beschloss. Im Refrain heißt es darin jeweils:

> Nicht zählen wir den Feind,
> nicht die Gefahren all.
> Der Bahn, der kühnen folgen wir,
> die uns geführt Lassalle.

Und in der dritten Strophe:

> Nicht predigen wir Hass den Reichen,
> nur gleiches Recht für jedermann.
> Die Lieb' soll uns zusammenketten,
> wir strecken aus die Bruderhand,
> aus geist'ger Schmach das Vaterland,
> das Volk vom Elend zu erretten!

Die opportunistische Haltung Lassalles und seiner als Lassalleaner bezeichneten, eher gewerkschaftsfeindlichen, im Sinne von: parlamentsfixierten Anhängerschaft im ADAV, samt ihrer Theorie vom friedlichen Hineinwachsen in den Sozialismus, sind in diesen Zeilen deutlich zum Ausdruck gebracht. So schreibt Inge Lammel, die bedeutende kommunistische Musikwissenschaftlerin, Begründerin und langjährige Leiterin des Arbeiterliedarchivs an der Akademie der Künste der DDR, in ihrem 1970 erschienenen Standardwerk zum deutschen Arbeiterlied.[135] Ihre Einschätzung ist dabei belegt durch Unterlagen der preußischen Staatsanwaltschaft aus dem Jahr 1874, wonach das Verbreiten der Arbeiter-Marseillaise mit dem Refrain auf Lassalle nicht strafbar sein sollte. Das Singen und Ver-

134 Dithmar (1993), S. 64; Nebe-Quartett auf: Diverse (2011), Teil 1, CD 1
135 Lammel (1970), S. 37

breiten des Liedes mit dem, später geänderten Text in: »Marsch, marsch, marsch, marsch, / Und sei's zum Tod, / denn unsre Fahn' ist rot!« – übernommen aus Ferdinand Freiligraths »Reveille« von 1849[136], sollte jedoch ausdrücklich verboten und der Strafverfolgung ausgesetzt sein.[137]

In den 1860er und 70er Jahren fanden auf Beschluss des ADAV jährlich zum 31. August, dem Todestag Lassalles, in sämtlichen ADAV-Gemeinden zudem Lassalle-Feiern unter Anteilnahme der Familien der Mitglieder statt. So entstand ein weitverbreiteter Personenkult mit schwülstigem Pathos und quasi-religiösen Zügen.[138] Es erklangen Lieder der Klage und der Huldigung unter Verwendung älterer Vorlagen, wie dem ursprünglich zum Gutenbergfest – von Adolph Eduard Prölß und Felix Mendelssohn Bartholdy – geschriebenen und nun auf Lassalle umgetexteten »Vaterland in deinen Gauen«, in dem es heißt: »Deutschland, deinen Siegeslauf / sollen deine Völker schauen: [...] Lassalle hoch! – Du deutscher Mann! / Lassalle hoch, du freier Mann!«[139] Aber auch die Werke von mehr oder weniger bekannten Arbeiterdichtern rund um die junge deutsche Sozialdemokratie nahmen einen großen Platz ein, wobei das Lied »Arbeitertreue«[140] des ehemaligen Predigers und Achtundvierzigers Ludwig Würkert, auf die Melodie von »Ich hab mir mein Weizen am Bergl gesät«, einer böhmischen Bauernweise aus dem 18. Jahrhundert, nach Beobachterberichten unbestrittener Favorit bei den Lassalle-Feiern gewesen sein soll: »Ganz Deutschland ein Bollwerk mit Mauer und Wall / umleuchtet vom Sterne der Arbeit Lassalle!«

Diesem frühen, funzelig-patriotischen Parteilieder-Kitsch gegenüber standen dann unter dem Eindruck der aus London agierenden Ersten Internationale, und nach der Gründung der Sozial-

136 Adamek (1981), S. 100

137 zitiert bei Lammel (1970), S. 23, 85

138 Hitzer (2001), S. 61 ff.

139 zitiert bei Hitzer (2001), S. 63

140 Hitzer (2001), S. 218

demokratischen Arbeiterpartei 1869, verstärkt wieder solche mit klassenkämpferischem und internationalistischem Inhalt. So beispielhaft »Die Pariser Commune« (auch: »Es kann ja nicht immer so bleiben«)[141] von Max Kegel, auf die von Friedrich Heinrich Himmel komponierte Melodie des gleichnamigen Volkslieds, und »Wer schafft das Gold zutage« (auch: »Die Arbeitsmänner«)[142] von Johann Most, auf die Melodie von »Zu Mantua in Banden«:

Wer schafft das Gold zu Tage?
Wer hämmert Erz und Stein?
Wer webet Tuch und Seide?
Wer bauet Korn und Wein?
...
O Volk, erkenn, dass du es bist,
das immerfort betrogen ist!
Wacht auf, ihr Arbeitsmänner,
auf, Proletariat!

Most, der das viel gesungene Lied von den Arbeitsmännern 1869 in österreichischer Kerkerhaft geschrieben hatte, war auch einer der ersten Herausgeber eines Arbeiterliederbuchs. Sein »Neuestes Proletarier-Lieder-Buch von verschiedenen Arbeiterdichtern« erschien erstmals 1873 in Chemnitz. Es umfasste ca. 50 Lieder aus dem Zeitraum zwischen der Mitte des 18. Jahrhunderts bis in Mosts Gegenwart, und war nicht nur eines der ersten und bedeutendsten Liederbücher der deutschen Arbeiterbewegung. Es stand auch erstmals für einen radikalen, kämpferischen und entschieden antiidyllischen Ton im hauptsächlich von den recht zahmen Arbeiterbildungsvereinen »gepflegten«, deutschen Volksliedgut für Männerchöre.[143]

141 Dithmar (1993), S. 451, Bremer Ukulelenorchester auf: Diverse (2021) CD 1

142 Dithmar (1993), S. 72; Männerquartett »Stettiner Sänger« auf: Diverse (2011), Teil 1, CD 1

143 Dowe in: Ritter (1979), S. 127 f.

Krieg

Beide Arbeiterparteien hatten zu Beginn der 1870er Jahre zusammen gerade einmal rund 20.000 Mitglieder, aber sowohl Lassalleaner als auch die sich noch konstituierenden Eisenacher waren seit 1867 bereits mit je zwei Abgeordneten im (Norddeutschen) Reichstag vertreten.

Von Bismarck bewusst dazu provoziert, erklärte Napoleon III. im Juli 1870 Preußen den Krieg. Bereits im März 1870 war im *Zwickauer Tageblatt* das Lied »Ich bin Soldat«[144] abgedruckt worden – Verfasser anonym –, in dem es in der Schlussstrophe heißt:

> Ihr Brüder all, ob Deutsche, ob Franzosen,
> ob Ungarn, Dänen, ob von Niederland,
> ob grün, ob rot, ob blau, ob weiß die Hosen,
> gebt euch statt Blei zum Gruß die Bruderhand!
> Auf, lasst zur Heimat uns zurückmarschieren,
> von den Tyrannen unser Volk befreien,
> denn nur Tyrannen müssen Kriege führen –
> Soldat der Freiheit will ich gerne sein!

Ein frühes, proletarisches Antikriegslied. Gegenüber den nur anklagenden, Ärger und Wut äußernden, früheren Liedern gegen Krieg und Militärdienst zeugt »Ich bin Soldat« von »dem neuen Bewusstsein der sozialistischen Arbeiterbewegung, die den Militarismus nicht nur durch abstrakten und ohnmächtigen Pazifismus, sondern durch den Kampf für die Befreiung von Ausbeutung überwinden will.«[145]

Der Hauptfeind steht also im eigenen Land, so die Quintessenz – bereits 45 Jahre vor der berühmten Flugschrift Karl Liebknechts während des Ersten Weltkriegs unter diesem Titel.[146] Der Text-

---

144 Dithmar (1993), S. 145, 255; Zupfgeigenhansel (1976)

145 Steinitz (1955), Bd. 1, S. 402

146 Liebknecht (1952), S. 296-301

dichter hatte damals schon guten Grund, das Lied nicht mit seinem Namen zu zeichnen. Es wurde aber später der populäre und oben bereits erwähnte Arbeiterdichter Max Kegel regelmäßig als Autor genannt. Geschrieben wurde es auf die Melodie des Stücks »In Warschau schwuren tausend auf den Knien«.[147]

Pariser Commune

Im Januar 1871 wurde nach der Einschließung und über viermonatigen Belagerung von Paris durch das preußische Militär im Schloss von Versailles die Gründung des Deutschen Reichs proklamiert und der reaktionäre preußische »Kartätschenprinz« vom März 1848 zum deutschen Kaiser Wilhelm I. befördert. Die französische Regierung schickte sich an, sämtliche Kriegslasten auf ihre Bevölkerung abzuwälzen. Dagegen erhob sich am 18. März 1871 die Pariser Commune, der spontane Aufstand des Pariser Proletariats gegen die mit den Preußen kollaborierenden, französischen Regierungstruppen und die hinter ihr stehende Großbourgeoisie. Die Revolte schuf mit dem demokratisch – aber noch immer ohne Beteiligung von Frauen – gewählten Rat der Commune den ersten Staat der Werktätigen in der Geschichte.[148]

Die brutale Niederwerfung der Pariser Commune im Mai durch die konterrevolutionären Truppen, unter Beihilfe der preußischen Armee, war ein Klassenmord mitten im »zivilisierten« Europa[149]. Die Sieger wollten einfach alle und jeden ausradieren, die sich an diesem historisch ersten Versuch der Machtübernahme durch die arbeitende Klasse beteiligt hatten. Allein bei Massenerschießungen wurden mindestens 30.000 Kommunarden massakriert. Zigtausenden wurde der Prozess gemacht, drakonische Strafen wurden verhängt.

Der Transportarbeiter, Dichter und sozialistische Kämpfer Eugène Pottier hat die Hymne des Weltproletariats, den Text für »Die

147 Steinitz (1962), Bd. 2, S. 49, 62

148 Marx (1962), S. 326, 362

149 Canfora (2006), S. 174 f.

Internationale«, unmittelbar nach dem Sturz der Pariser Commune, im Juni 1871 in Belgien verfasst, wo er sich auf der Flucht vor dem Weißen Terror befand.[150]

In den 72 Tagen der Commune wurden rund 250 Dekrete verkündet. Sie regelten unter anderem die Trennung von Staat und Kirche, die Übernahme von Fabriken durch Arbeitergenossenschaften, das Recht von Frauen auf Schulausbildung und Zulassung zum Studium, die Aufhebung der Nachtarbeit für einzelne Berufsgruppen, die Einführung von Mindestlöhnen und den Erlass aller Wohnungsmietschulden der letzten sieben Monate.[151]

Die Pariser Commune ist seitdem eingebrannt in das kollektive Gedächtnis der radikalen Linken weltweit. Auch in vielen Liedern der deutschen Arbeiterbewegung wurde und wird sie besungen. Neben dem bereits erwähnten »Die Pariser Commune« von Max Kegel ist da z.B. »Zur Erinnerung an die Pariser Kommune«[152] von August Geib, auf die Melodie der »Marseillaise«. Und natürlich das von Hanns Eisler 1934 vertonte Gedicht von Bertolt Brecht, die »Resolution der Kommunarden«[153]:

In Erwägung, dass ihr uns dann eben
mit Gewehren und Kanonen droht,
haben wir beschlossen, nunmehr schlechtes Leben
mehr zu fürchten als den Tod.

Vereinigung der beiden Arbeiterparteien

Das Beispiel der Commune hatte auch in Deutschland eine allgemeine Verschärfung der Repressionen gegen Sozialdemokraten zur Folge. Dies umso mehr, als die beiden rivalisierenden Parteien bei den Reichstagswahlen von 1874 ihre Wählerstimmen verdrei-

150 Lammel (1970), S. 223

151 Engels (1977), S. 193 ff.; Streisand (1983), S. 213; Schröder (1969), S. 88

152 Dithmar (1993), S. 47, 225

153 Brecht (1981), S. 653; Die Grenzgänger auf: Diverse (2021)

fachen konnten.[154] In den Grundeinheiten der Parteien rückte man daraufhin enger zusammen, und es verstärkte sich der Druck auf ihre jeweiligen Kader, Vereinigungsverhandlungen durchzuführen. Im Winter 1874/75 nahm dieser Prozess Fahrt auf, und bereits im Mai fand in Gotha der Vereinigungsparteitag von ADAV und SDAP statt, auf dem das »Gothaer Programm« der neuen Sozialistischen Arbeiterpartei Deutschlands (SAPD) verabschiedet wurde, das inhaltlich einen Kompromiss darstellte. So wurde beispielsweise das unsinnige »eherne Lohngesetz« Lassalles darin fortgeschrieben.[155] Das Statut dagegen entsprach weitgehend der marxistischen Konzeption der Eisenacher und schaffte endgültig das von Lassalle errichtete innerparteiliche »Sonnenkönigtum« wieder ab. Die Organisation zählte zusammen nun 25.659 Mitglieder.[156]

Obwohl das »eherne Lohngesetzt« ins Parteiprogramm aufgenommen wurde, beschlossen die 127 Parteitagsdelegierten einstimmig eine Resolution, in der die Gewerkschaften als notwendig bezeichnet wurden, solange Lohnarbeit besteht.[157] Bereits 1874 hatte sich in Hannover der »Allgemeine Deutsche Metallarbeiterverband« gegründet, in dem sich Lassalleaner und Eisenacher zusammentaten.[158] Dies war ein wichtiger Impuls dafür, dass sich nur wenige Tage nach der Gründung der SAPD auf einer zentralen Konferenz der Gewerkschaftsvorstände ebenfalls in Gotha die Delegierten darauf einigten, auch die bislang miteinander konkurrierenden Gewerkschaften zu einheitlichen Verbänden zu vereinen.

Die Erste Internationale wurde dagegen aufgrund der unüberbrückbaren Spaltung zwischen Anarchisten und Marxisten 1876 aufgelöst. Die ihr gewidmete Hymne Eugène Pottiers hat sie nicht mehr gehört, denn die berühmte Melodie wurde erst 1888 vom

154 Engelmann (1977), S. 258
155 Marx (1987), S. 24 ff.
156 Fricke (1987), Bd. 1, S. 141
157 Fricke (1987), Bd. 2, S. 887
158 Fülberth in: Deppe/Fülberth/Harrer (1989), S. 40

belgischen Arbeiterchorleiter Pierre Degeyter komponiert, der den Text in einem Gedichtbändchen entdeckt hatte.[159] Die deutsche Übersetzung von Emil Luckhardt erschien erst 1910.

3.
Erste imperiale Phase (1875 bis 1919)

Ungefähr ab Mitte der 1870er Jahre trat der Kapitalismus in eine Phase ein, die nun nicht mehr gekennzeichnet war durch den uneingeschränkten Wettbewerb privater Unternehmer und den weitgehenden Verzicht auf staatliche Einmischung ins Wirtschaftsleben. Die Zentralisierung der Produktion zu Kartellen, Konzernen und Trusts auf der einen, sowie auf der anderen Seite die Unterstützung dieser Selbstorganisation des Kapitals durch den Staat – z.B. durch die Erhebung von Schutzzöllen, den öffentlichen Ausbau des Energie- und Transportwesens oder die militärische Expansion zur Rohstoffsicherung – charakterisierten von nun an den sich entwickelnden »Monopolkapitalismus«.[160] Thyssen (gegründet 1871), Allianz (1890), Commerzbank (1870), Deutsche Bank (1870): all diese Namen stehen bis heute für die ungebrochene Monopolmacht in Deutschland. Einen entscheidenden Impuls für diese Entwicklung gaben der als »Gründerkrach« bezeichnete Börsencrash von 1873, die sich daran anschließende wirtschaftliche Rezession und die mit ihr einhergehende Kapitalvernichtung in großem Maßstab.[161]

Die stoffliche Grundlage für diese neue Ära bildete, neben Kohle, Eisen, Stahl, nun auch Legierungen und Nichteisenmetalle sowie vermehrt Elektrizität, Öl, Verbrennungsmotoren und die sich entwickelnde organisch-chemische Industrie. Die späteren Giganten der chemischen Industrie – Bayer, Hoechst, BASF, Agfa – hatten zunächst Farben für die Textilindustrie produziert. Diese Industrie

159 Lammel (1970), S. 223

160 Fülberth (2010), S. 61 ff.

161 Streisand (1983), S. 219 f.

wurde nun zum Ausgangspunkt der organischen Chemie insgesamt, denn bei den Versuchen, Farben zu entwickeln, wurden beispielsweise auch Medikamente und Parfüme entdeckt. So machte z.B. Bayer mit den Schmerz-, Fieber- und Hustenmitteln Aspirin bzw. Heroin ab Ende der 1890er international Furore – und riesige Geschäfte. Daimler und Benz bauten in den 1880ern das erste Auto. Thomas Alva Edison entwickelte 1877 den ersten Phonographen, und Emil Berliner erfand 1887 die Schallplatte. Die Brüder Auguste und Louis Lumière reichten 1895 ein Patent für den ersten Kinematographen ein. Was allein diese Technologien für einen enormen Einfluss auf die sich später entwickelnden, kapitalistischen Konsumgesellschaften haben würden – daran dachte zu dieser Zeit wohl noch niemand im Traum.

Durch die 1871 erfolgte, nationale Einigung von Oben, unter preußischer Ägide, wurde die weitere kapitalistische Entwicklung in Deutschland derartig beschleunigt, dass es bald zu einem der wirtschaftlich potentesten Staaten der Welt wurde. Mit dem Ausbau der Schwerindustrie und einer enormen Aufrüstungspolitik des Deutschen Reichs unter Bismarck, dem »Eisernen Kanzler«, wuchs in der Wirtschaftskrise der Expansionsdrang des Kapitals auf der Suche nach Profitmaximierung. Flankiert von einem Trommelfeuer militaristischer Propaganda und staatlichen Subventionen für die Rüstungsindustrie, ging es ab den 1880er Jahren auf Eroberungsfeldzüge nach Übersee. So spielte Deutschland im letzten Viertel des 19. Jahrhunderts und zu Beginn des zwanzigsten mit, bei der Auf- und Neuverteilung der Welt zwischen den großen, industriellen Kolonialmächten.

Dem national »organisierten Kapital« stand die inzwischen stabile und vereinigte Arbeiterbewegung in Deutschland, mit Gewerkschaften und einer sozialistischen Partei, gegenüber. Sie war bei der Regierung und im Bürgertum als höchst gefährlich und vaterlandsverräterisch verschrien, obwohl 1877 erst zwölf Sozialisten im Reichstag saßen und die Werktätigen als Klasse alles andere als homogen aufgestellt waren: Gelernte und Ungelernte, Industriearbeiter, Hand- und Heimwerkerinnen, vom Schriftsetzer zur Kohlenschlepperin, in Fabriken, Werkstätten oder unter freiem Himmel, als Arbeiteraristokraten oder Lumpenproletarier, alles Mögliche dazwischen und, zu allem Überfluss, allesamt auch noch häufig verschiedene Sprachen sprechend.[162] Aber allein der Name »Arbeiterpartei«, der all diesen vielen, unterschiedlichen Menschen eine Identität gab, als die einer Klasse, die arbeitete und trotzdem arm war; diese Botschaft eines Klassenbewusstseins, das zudem eine Gesellschaft anstrebte, die auf dem gemeinschaftlichen Eigentum der Produktionsmittel beruhen sollte; das versetzte die herrschende Klasse in Angst und Schrecken. Hieß es doch im »Lied der Petroleure«[163]:

> Wir sind die Petroleure,
> das weiß wohl jedermann,
> drum tun wir alle Ehre
> dem Petroleum an.
> …
> Philister rümpft die Nase
> und meint, es riecht nicht gut,
> schimpft hinter seinem Glase
> uns ›Sozialistenbrut‹
> …
> Schon brennt es in den Städten
> so licht und frank und frei,
> man spürt, dass es vonnöten
> auch auf den Dörfern sei.

Als »Petroleusen« wurden von der Reaktion die Pariser Frauen der Commune verunglimpft, die mit ihren Männern zusammen auf den Barrikaden gekämpft hatten. Das »Petroleum« steht im »Lied

162 Hobsbawm (2017), Bd. 3, S. 154 f.

163 Dithmar (1993), S. 46; Die Grenzgänger auf: Diverse (2021)

der Petroleure« von Jacob Audorf – auf die Melodie der »Legende der Mutter Angot« aus der Operette »Mamsell Angot« von Charles Lecocq – als Symbol für den revolutionären Kampf der Arbeiterklasse.

Und diese Klasse stellte die Mehrheit dar, und die drängte nun auf die politische Bühne. Anders als in Preußen, galt für den Reichstag schon das allgemeine Wahlrecht für Männer. So bestand von nun an, für die deutsche Bourgeoisie wie für die adeligen Junker, das Problem, wie man die Arbeiter am besten manipulieren und in Schach halten konnte.

Das Sozialistengesetz

Bismarck ließ die Sozialdemokratie 1878 kurzerhand durch ein Gesetz verbieten. Der Deutsche Reichstag nahm am 19. Oktober mehrheitlich das »Gesetz gegen die gemeingefährlichen Bestrebungen der Sozialdemokratie« an. Es sollte die deutsche Arbeiterklasse ihrer Führung berauben und in antisozialistische Bahnen lenken. Vereine, Druckschriften und Versammlungen, »die durch sozialdemokratische, sozialistische oder kommunistische Bestrebungen den Umsturz der bestehenden Staats- und Gesellschaftsordnung bezwecken«, wurden verboten. Das traf sowohl Partei als auch Gewerkschaften sowie Bildungs-, Gesangs- und »Vergnügungs«-Vereine.[164] Auch die seit den 1860er Jahren nach und nach gegründeten frühen Vereine der proletarischen Frauenbewegung wurden zerschlagen.[165] Als einziges Recht verblieb die Möglichkeit, dass weiterhin Einzelpersonen bei den Wahlen für die Sozialdemokratie kandidierten, so dass ihre Fraktionen sich im Reichstag bzw. in den Landtagen legal betätigen konnten. Allerdings wurden zahlreiche führende Sozialdemokraten oder als solche Verdächtige aus einem Teil des Reichs ausgewiesen, in Schutzhaft genommen oder zu Freiheitsstrafen verurteilt. Viele Sozialistinnen gingen unter dieser Drohung ins Exil

164 Fricke (1987), Bd. 1, S. 170ff.

165 Fricke (1987), Bd. 1, S. 411

– in die USA, nach Frankreich, England oder in die Schweiz –, wie z. B. Clara Zetkin oder Eduard Bernstein.

Aus der Perspektive der herrschenden Klasse sowie der Staatsgewalt war die Verhängung dieses Ausnahmezustands schlussendlich aber wenig erfolgreich. Die Partei festigte sich sogar in der Illegalität und baute sich einen neuen organisatorischen Zusammenhang auf. Da man nun ohnehin schon politisch verfolgt war, musste man auch in ideologischer Hinsicht keine falsche Rücksicht mehr auf Konformitätsfragen nehmen. Das politische Profil der Sozialdemokratie schärfte und radikalisierte sich. Bei der Reichstagswahl 1884 erhielten die Kandidaten der verbotenen Partei 550.000 Stimmen, und die Fraktion konnte die Anzahl ihrer Abgeordnetenmandate verdoppeln.[166]

Die Arbeiterbildungs- und -kulturvereine spielten dabei eine wichtige Rolle. Trotz, oder auch gerade wegen des starken Verbotsdrucks durch das Sozialistengesetz, kam es zu einer geschäftigen Vereinstätigkeit in dieser Zeit.[167] Viele der verbotenen politischen und Unterstützungsvereine benannten sich in solche mit unverdächtigeren Namen um und dienten dabei häufig als Tarnung für die illegale politische Arbeit der Sozialdemokratie.[168] Das traf vor allem auf die Gesangsvereine zu, die sich schon 1877 in Gotha zum »Allgemeinen Arbeitersängerbund« zusammengeschlossen hatten. Dieser wurde zwar nicht einmal 14 Tage nach Inkrafttreten des Ausnahmegesetzes mit beinahe sämtlichen seiner lokalen Untergliederungen verboten, dennoch bestanden viele Chöre unter neuen Namen fort oder gründeten sich neu. Kam es bei den politischen, vermeintlichen »Gesangsabenden« zu Polizeirazzien, konnten die Genossen, die Notenblätter auf den Tischen vor sich, durch das Anstimmen eines unverdächtigen Volkslieds den Verdacht auf politisch-subversive Umtriebe, wenn auch nicht ausräumen, so doch

166 Engelmann (1974), S. 387

167 Kuczynski (1992), Bd. 4, S. 243 ff.

168 Eisler (1973), S. 213

häufig erfolgreich vertuschen. So eine »Choreografie« ist in der Ruhrgebiets-Saga »Rote Erde«, einem TV-Mehrteiler, sehr schön in Szene gesetzt worden.[169] Sie spielt im Vereinszimmer der örtlichen Kneipe.

Das Arbeiterlied selbst konnte sich während der zwölf Jahre Illegalität aber nicht eigenständig weiterentwickeln. Im Gegenteil: Schon wegen der ständigen polizeilichen Überwachung und der berechtigten Furcht vor Lockspitzeln in den eigenen Reihen, ahmten die Arbeiterchöre noch stärker als zuvor das kleinbürgerliche Verhalten der Liedertafeln und Liederkränze nach.[170] Man sang vorwiegend aus den bürgerlichen Liederbüchern, verinnerlichte die sakral-patriotischen Vereinsrituale, die den Männergesang feierlich als übernatürliche Kraftquelle mystifizierten und dem musikalischem »Oberpriester« in bierselig-behäbiger Geselligkeit huldigten, und entpolitisierte so die Arbeitermusikbewegung zusehends.[171] Im 1891 erschienenen »Sozialdemokratischen Liederbuch« von Max Kegel heißt es dann nicht umsonst im Prolog: »Es waren verbannt unsre Lieder / und Friedhofsruh' deckte das Land / Die Reaktion hielt darnieder / Die Freiheit mit eiserner Hand.«[172]

Exkurs: Die anarchistische Linie

Der im vorherigen Abschnitt bereits erwähnte Johann Most – Herausgeber des Proletarier-Liederbuchs und Texter von »Wer schafft das Gold zutage« – war es, der nach Inkrafttreten der Sozialistengesetze die deutschsprachige Wochenzeitung *Freiheit* von seinem Londoner Exil aus herausgab. Darin wurde bald offen anarchistisch agitiert, der politische Umsturz durch Putsch und individuellen Terror propagiert und die Bildung einer konspirativen Geheimorganisation sowie bewaffneter, illegaler Gruppen empfohlen.[173] Karl Marx

169 Emmerich (2014), DVD 1, 1:21:06-1:24:27

170 Dowe in: Ritter (1979), S. 128

171 Eisler (1973), S. 215

172 Kegel (2006), S. 3

173 Fricke (1987), Bd. 1, S. 524 ff.

schrieb dazu: »Wir werfen dem Most nicht vor, dass seine ›Freiheit‹ zu revolutionär ist, wir werfen ihm vor, dass sie keinen revolutionären Inhalt hat, sondern nur in Revolutionsphrasen macht [...] dass er dies nur zum Vorwand nimmt, sich selbst wichtig zu machen und die blödsinnigen Geheimverschwörungspläne [...] in Umlauf zu setzen.«[174] Im Jahr 1880 wurde Most aus der SAPD ausgeschlossen. Er wirkte ab 1882 weiter in den USA, ging dort auf Vortragsreise, verfasste diverse agitatorische Schriften und hatte mit seinen anarchistischen Vorstellungen nicht unerheblichen Einfluss in der US-amerikanischen Gewerkschaftsbewegung.[175]

Am 1. Mai 1886 begann in Chicago ein mehrtägiger, von den Gewerkschaften organisierter Streik, um eine Reduzierung der täglichen Arbeitszeit von zwölf auf acht Stunden durchzusetzen. Im ganzen Land streikten 340.000 Arbeiter in 12.000 Fabriken. Am vierten Tag eskalierte die Lage am Haymarket, als jemand eine Dynamitbombe in die Menge warf, und dadurch, sowie durch das anschließend von der Polizei eröffnete Feuer, eine unbekannte Zahl von Polizisten und Demonstranten zu Tode kam. Die Tat wurde den Anarchisten in die Schuhe geschoben und sieben Männer, die den Streik mitorganisiert hatten, zum Tode verurteilt. Johann Most, der sich am 4. Mai weit entfernt vom Schauplatz des Geschehens befunden hatte, wurde als »geistiger Urheber« in New York festgenommen und zu über einem Jahr Gefängnis verurteilt. Die Haymarket-Ereignisse brachten der internationalen Arbeiterklasse, zum Gedenken an deren Opfer, zwar ab 1890 den 1. Mai als gemeinsamen Kampftag, als Tag der Arbeit und später auch als Mai-Feiertag. Der amerikanischen Arbeiterbewegung fügte er aber, durch die sich daran anschließenden Verfolgungen von Anarchisten und Sozialistinnen durch die staatlichen Repressionsorgane, einen erheblichen Schaden zu.[176]

174 Marx (1966), S. 411
175 Frei in: Frei/Adamo (1978), S. 49
176 Frei in: Frei/Adamo (1978), S. 49

Vorherrschend blieb die anarchosyndikalistische Strömung. Auch in der 1905 gegründeten Gewerkschaft IWW (Industrial Workers of the World), den sogenannten »Wobblies«, die zu Beginn des 20. Jahrhunderts bei zahlreichen spektakulären Streiks in den USA eine maßgebliche Rolle spielte. In ihr waren unter anderem Joe Hill, dessen Lieder mit vielen anderen Klassikern US-amerikanischer Arbeiterlieder im »Little Red Songbook«[177] der IWW veröffentlicht wurden, und auch die schillernde anarchistische Feministin und spätere Spanien-Kämpferin Emma Goldman organisiert.

Die beiden aus Italien eingewanderten Arbeiter Nicola Sacco und Bartolomeo Vanzetti gehörten ebenfalls einer anarchistischen Gruppe der US-amerikanischen Arbeiterbewegung an, als sie Opfer einer damals durchaus gängigen »anti-bolschewistischen« Polizeiprovokation wurden. Sie wurden 1927 trotz einer weltweiten Protestbewegung auf dem elektrischen Stuhl hingerichtet, für einen ihnen zur Last gelegten Raubmord, den sie nie begangen hatten. Es wurden in den Folgejahren mehrere Lieder in verschiedenen Sprachen über den Justizmord an Sacco und Vanzetti geschrieben.[178] Aber der ihnen gewidmete Song »Here's to you (Nicola and Bart)«[179] von Joan Baez und Ennio Morricone (1971) ging als Hymne rund um die Welt, wurde vielfach gecovert und übersetzt und gehört heute zum Kanon des politischen Liedguts der internationalen Linken. Die deutsche Bearbeitung des Stücks (»Sacco und Vanzetti«)[180] stammt von Franz Josef Degenhardt aus dem Jahr 1972. Sein Text referiert zusätzlich auf die Kommunistin und Black-Panther-Aktivistin Angela Davis, die zu dieser Zeit wegen des unhaltbaren und falschen Vorwurfs der »Unterstützung des Terrorismus« in Kalifornien im Gefängnis einsaß und der ebenfalls die Todesstrafe drohte.

---

177 Hill u. a. (2019)

178 vgl. die Beispiele bei Moßmann/Schleuning (1978), S. 321 ff.

179 Baez (1980)

180 Degenhardt (2006), S. 122; Degenhardt (1972)

Anarchismus in Deutschland | Dagegen fand der Anarchismus hierzulande in der Zeit vor dem Ersten Weltkrieg deutlich weniger Resonanz als in den USA oder in den romanischen Ländern Europas. Erst nach der Novemberrevolution 1918 erfuhr er in Deutschland einen gewissen Widerhall in der Arbeiterschaft. In der Münchner Räterepublik von 1919, die nach der Ermordung des Ministerpräsidenten Kurt Eisner (USPD) gebildet wurde, waren die anarchistischen Literaten bzw. Literaturhistoriker Gustav Landauer, Ernst Toller und Erich Mühsam wichtige theoretische Köpfe. Toller wurde nach der Niederschlagung der Räterepublik zu fünf Jahren Festungshaft verurteilt. Der hochgebildete Landauer, Kultusminister der ersten Räteregierung, wurde im Weißen Terror der in den Münchner Maitagen sadistisch wütenden, mindestens zwanzigtausend Mann starken Freikorps, bestehend aus erzreaktionären, ehemaligen Soldaten und nationalistischen Freiwilligen, schwer misshandelt und buchstäblich zu Tode getrampelt, seine Leiche gefleddert.[181]

Erich Mühsam, der Landauer als seinen Mentor, Freund und Genossen verehrt hatte, wurde zu 15-jähriger Festungshaft verurteilt. Während dieser Gefängniszeit, aus der er nach fünf Jahren, aufgrund einer allgemeinen Amnestie, entlassen wurde, verfasste er auch eine ganze Reihe an »Kampf-, Marsch- und Spottliedern«, die er, zusammen mit einigen früher bereits verfassten Texten, 1925 in einem Liederbuch mit dem Titel »Revolution« herausbrachte. Darin findet sich auch der eine oder andere Text, den man dem Genrebegriff Arbeiterlied, wie ich ihn weiter vorne definiert habe, gut zuordnen kann. So, nur beispielhaft, neben dem »Kampflied« (»Auf, Männer, wer den Hammer schwingt…«)[182] auch der »Gesang der Arbeiter«, geschrieben 1920 im Gefängnis, auf die Melodie der Kirchen-Kantate »Lobe den Herren« von J. S. Bach: »Brüder der Arbeit, vereint eure Kräfte zum Bunde! / Einigkeit richtet die Macht

181 Engelmann (1977), S. 334
182 Mühsam (2020), S. 44

der Tyrannen zugrunde. / Stürzt sie in Nacht! Sammelt die eigene Macht! / Arbeiter, nützet die Stunde!«[183] Bemerkenswert ist sein »Max-Hoelz-Marsch«[184]:

Genossen, zu den Waffen!
Heraus aus der Fabrik!
Sprung auf, marsch marsch! Es lebe
die Räterepublik!
Es lebe der Kommunismus,
es lebe die Tat!
Es lebe, wer sein Leben gibt
fürs Proletariat!

Es ist gewidmet dem sogenannten »Robin Hood der Arbeiter«, dem legendären Max Hoelz, der als Rebell und Partisan in den frühen, revolutionären 1920ern, u. a. beim Leuna-Aufstand mitwirkte. Der aber auch Unternehmervillen anzündete und dort Geraubtes an Bedürftige verteilte: »Die Handgranat' am Gürtel / Im Arme das Gewehr / So stürmt Max Hoelzens Garde / durchs Sachsenland daher / Der Bürger knickt zusammen / er sperrt den Geldschrank auf / Hoelz präsentiert die Rechnung / mit dem Pistolenlauf.« Was übrigens, wie es heißt, ohne größere Gewaltakte geschah, denn es wurde niemand von den Hoelz'schen »Rotgardisten« getötet oder auch nur schwer verletzt.[185] Hoelz saß dann ab 1921 wegen eines ihm vorgeworfenen Mordes an einem Gutsbesitzer, den er nicht begangen hatte, zeitgleich mit Mühsam, in einem preußischen Zuchthaus ein, bevor er 1928 amnestiert wurde und in die Sowjetunion emigrierte.

Natürlich nahm Mühsam auch sein heute womöglich bekanntestes Stück »Der Revoluzzer«[186] in die Liedersammlung auf,

183 Mühsam (2020), S. 39
184 Mühsam (2020), S. 22; Die Grenzgänger (2018)
185 Engelmann (1977), S. 341 ff.
186 Mühsam (2020), S. 53

das er schon 1907 und eigentlich für die Schwabinger Brettl- und Kabarettbühnen geschrieben und der ewig zaudernden deutschen Sozialdemokratie gewidmet und ins sprichwörtliche Stammbuch geschrieben hatte. Deren Führung hatte sich gerade, im Ergebnis der Massenstreik-Debatte von 1905/06, was die potentielle Mobilisierung für einen politischen Generalstreik anging, de facto dem reformistischen und stets auf Ausgleich durch Verhandlungen bedachten Kurs der Gewerkschaftsspitze angeschlossen.[187] Dies trug zu einer weiteren, kontinuierlichen Rechtsentwicklung innerhalb der SPD bei. Ohne darauf ausdrücklich Bezug zu nehmen, heißt es bei Mühsam:

> Aber unser Revoluzzer
> schrie: Ich bin der Lampenputzer
> dieses guten Leuchtelichts.
> Bitte, bitte, tut ihm nichts!
> …
> Dann ist er zu Haus geblieben
> und hat dort ein Buch geschrieben:
> nämlich, wie man revoluzzt
> und dabei doch Lampen putzt.

– anstatt sie zum Barrikadenbau herzunehmen. Das Stück blieb durch seine historisch wiederkehrende, hohe Treffsicherheit durch die Jahre hinweg aktuell und wurde von so verschieden Interpreten vertont wie Ernst Busch, Dieter Süverkrüp oder Slime, einer Hamburger Punkband der ersten Stunde.[188]

Die anarchosyndikalistische Linie erfuhr nach der Novemberrevolution in Deutschland nochmal einen Aufschwung, als sich 1919 die Freie Arbeiter-Union Deutschlands (FAUD) gründete. Sie verstand sich als Gewerkschaft – neben den sozialistisch orientier-

---

187 Dath (2010), S. 34ff.

188 Busch (2001), Süverkrüp/Schwarz (1986), Slime (2012)

ten, sogenannten Freien Gewerkschaften, die im damaligen Dachverband des Allgemeinen Deutschen Gewerkschaftsbunds (ADGB) zusammengeschlossen waren. Sie löste sich 1933 wieder auf, kurz vor dem Machtantritt der Nazis. Nach 1945 war der Anarchosyndikalismus in Deutschland erstmal tot.[189]

Spontis, Autonome und Punkbands | Mit dem Aufkommen der Studentenbewegung im Westen, vor allem ihres antiautoritären Flügels, in den 1960er Jahren änderte sich dieses Bild wieder. Nach der politisch weitgehend erfolglosen 68er-Revolte bildeten sich in vielen Städten, meist rund um die Universitäten, neben maoistischen und trotzkistischen Splitterparteien, auch diverse kleine anarchistische Sponti-Gruppen mit sehr verschiedenartigen ideologischen Bezügen. Ihr Ansatz zum praktisch-politischen Eingreifen lag nun eher in Ein-Punkt-Kampagnen sowie im Reproduktionsbereich, z. B. bei Hausbesetzungen, und nicht mehr im Betrieb.[190]

Als musikalisches Sprachrohr oder auch medisant: als »Jukebox« dieser Neuen Linken wurde häufig die Westberliner Rockband Ton Steine Scherben angeführt. Ihre Lieder »Macht kaputt, was euch kaputt macht« oder »Keine Macht für Niemand«[191] stehen beispielhaft für diesen neu aufgebürsteten Anarchismus mit sozialutopischer Ausrichtung. Die Band hatte ihre Wurzeln aber auch in der Lehrlingsbewegung der späten 1960er und frühen 70er Jahre der BRD, was in vielen anderen ihrer vom Sänger und Frontmann Rio Reiser getexteten Lieder aufscheint. Häufig werden darin betrieblicher Alltag oder Streik explizit thematisiert. Ganz anders als beispielsweise bei Cochise aus Dortmund, die auch als Anarcho-Band galt. Ihr Song »Jetzt oder nie – Anarchie!«[192] fällt textlich dadurch auf, dass in den Strophen jeweils in kurzen und prägnanten Slogans diverse gesellschaftliche Repressions-, Zwangs- und Herrschaftszusammenhänge angeris-

189 Weichold (1980), S. 30 ff.

190 Weichold (1980), S. 47 ff.

191 beide auf: Ton Steine Scherben (1981)

192 Cochise (1981)

sen werden – Bullen, Bürokraten, Richter, Schule, Militär, Knast –, die dem kapitalistischen System zugrundeliegende Ausbeutung der Lohnarbeit aber gerade einmal in einer Zeile sanft gestreift wird: »Wir brauchen keine Morgen-, keine Mittag-, keine Nachtschicht«.

Auch die im Zuge der Punkbewegung Ende der 1970er und Anfang der 80er Jahre in der BRD zahlreich sich gründenden Bands – wie: Mittagspause, Die Toten Hosen, Die Goldenen Zitronen, Abwärts, Slime, Angeschissen etc. – waren textlich dieser bisweilen zwar sehr provokant-radikal daherkommenden, sich sowohl antietatistisch als auch antifaschistisch gebenden Haltung verpflichtet. Gesellschaftspolitisch betrachtet blieben sie in ihrem Herangehen aber überwiegend klassenindifferent, wenn nicht gar: -ignorant. Und das galt selbst dort, wo sich die Zusammenhänge, in denen die Bands auftraten, z.B. in den über die Republik verstreuten Autonomen Zentren (AZ) – mal mehr, mal weniger klar – noch auf die betriebsinterventionistische Klassenpolitik ihrer italienischen Vorbilder, der »Autonomia Operaia« (Arbeiterautonomie) bezogen. Auf diese geht auch ihre Selbstbezeichnung ab ca. 1980 als »Autonome« zurück, deren späteres politisches Selbstverständnis musikalisch etwa von Yok Quetschenpaua, einem Einpersonen-Projekt mit Akkordeon, verkörpert wurde.

Ich habe zwar bei weitem nicht alles aus der deutschen Punkszene dieser Zeit abgehört und daraufhin gescannt, ob politisches Aufgebehren darin auch irgendwie vor dem Hintergrund von Klassenauseinandersetzungen und Arbeitskämpfen verhandelt wird. Abgesehen davon, dass weder die Orte, wo Punkrock gespielt wurde, Begegnungsstätten der Werktätigen waren noch das Publikum in zahlenmäßig signifikantem Umfang aus Malocherinnen und Malochern bestand, kann mit ziemlicher Sicherheit konstatiert werden, dass ein individualistischer – klassenpolitisch gesehen eher kleinbürgerlicher – Ansatz im Deutsch-Punk der 1980er vorherrschend war. Der Musik-Journalist Martin Büsser, der sich selbst der »undogmatischen« Pop-Linken zurechnete und in dieser Szene auch recht einflussreich war, schrieb dazu: »Anarchie war einer der wichtigsten Slogans der ersten Punkgeneration … Anarchie bedeutete, sich gegenüber jeglicher staatlichen und gesellschaftlichen Autorität zu emanzipieren und einfach das zu tun, was einem Spaß macht – ›Be yourself‹.«[193]

Sprung zurück: Bergarbeiterstreik

Rund hundert Jahre früher, im Mai 1889, dem elften Jahr des Sozialistengesetzes, streikten 90.000 Bergarbeiter des Ruhrgebiets, denen sich zeitweilig 60.000 weitere Kumpel aus anderen Steinkohle-Revieren Deutschlands anschlossen. Der Streik für Lohnerhöhungen, die Acht-Stunden-Schicht, die Zulassung von Arbeiterausschüssen und die Beseitigung der Lohnabzugsschikanen war anfänglich nicht von der Gewerkschaft selbst getragen, die ja auch noch aus der Illegalität heraus agieren musste. Die beruflichen Fachvereine, in denen die sozialdemokratischen Gewerkschafter fortwirkten, initiierten die flächendeckenden Arbeitsniederlegungen aber mit, obwohl sie, unter ständiger Bedrohung ihrer politischen Auflösung, sich äußerlich auf die Wahrnehmung rein berufsspezifischer Anliegen zu beschränken hatten.[194]

> Seid einig, seid einig! – dann sind wir auch frei
> vom Druck, der so lang' uns umwunden;
> erkennt doch die Macht von der Brudertreu'
> von der Kraft, die wir endlich gefunden.
> Wir sind ein Riese, wenn wir geeint –
> und können dann trotzen jedwedem Feind.

Das schrieb der Bergarbeiterdichter Heinrich Kämpchen. Es ist die dritte Strophe seines »Glück auf, Kameraden« (oder: »Zum Kampfe für unser gutes Recht«)[195], das er zur Ermutigung der Streikenden

193 Büsser (2000), S. 48

194 Däubler (2006), S. 121

195 Steinitz (1955), Bd. 1, S. 287; Gründler/Baier u. a. auf: Diverse (1979)

schrieb, und das zunächst als Gedicht in der *Bergarbeiter-Zeitung* abgedruckt wurde. Es wurde später als das »Internationale Knappenlied« bekannt und wurde auf die Melodie von Christian Jakob Zahn nach Schillers »Reiterlied« gesungen.[196] Kämpchen selbst, der bereits im Alter von 13 Jahren »auf Zeche« arbeitete, wurde zum Streikführer gewählt. Nach Beendigung des Streiks, der nur sehr geringe materielle Erfolge für die Kumpel einbrachte, wurde er gemaßregelt und bekam bis zu seinem Lebensende keine Arbeit mehr als Bergmann.[197] Sein »Schicksal«, sprich: Berufsverbot, beschrieb er im Lied »Auf der schwarzen Liste«, das Frank Baier im Jahr 1977 vertonte und fortschrieb.[198] Er lebte bis zu seinem Tod als Kostgänger bei einer Familie in Linden bei Bochum, und er schrieb noch viele bedeutende Texte zu Bergmanns- und Arbeiterliedern.

Der politische Ertrag des großen Bergarbeiterstreiks war aber bedeutend: Bis dahin hatten die Kumpel noch stark unter dem Einfluss der katholischen Kirche und ihrer Zentrumspartei gestanden. Doch ihr entschiedenes Eintreten für die Rechte der trotz Verbots Streikenden brachte den Sozialdemokraten so große Sympathien ein, dass sie bei den Wahlen zum Reichstag 1890 ihre Stimmenanteile in Essen, Bochum und Dortmund um das Sieben- bis Achtfache steigern konnten.[199] Die Gewerkschaften wurden nun zu Massenorganisationen, und auch im Bergbau gründete sich mit dem »Alten Verband« eine rasch wachsende, nationale Gewerkschaft – die Keimzelle der späteren IGBCE (IG Bergbau, Chemie, Energie).

Erfurter Programm

Im Januar 1890 fiel eine weitere Verlängerung des Sozialistengesetzes, nicht zuletzt wegen dessen offenkundiger Unwirksamkeit, bei der Reichstagsmehrheit durch. Obwohl der Sozialdemokratie mit

196 Baier/Wiegandt (2012), S. 135

197 Dithmar (1993), S. 242

198 Baier/Wiegandt (2012), S. 27; Baier (1981)

199 Engelmann (1977), S. 279

der von Bismarck 1883/84 eingeführten gesetzlichen Kranken- und Unfallversicherung, sowie 1889 der Alters- und Invalidenversicherung, umfassende »Zuckerbrot«-Zugeständnisse gemacht worden waren, ließen sich die Arbeiter nicht davon abhalten, die Partei – unter der gleichzeitig geschwungenen Ausnahmegesetz-»Peitsche« – massenhaft zu wählen. So endete die zwölfjährige Illegalität, und bei der Wahl im Februar erzielte die SAPD knapp 1,5 Millionen Stimmen und wurde zur stärksten Partei – wenn auch nicht zahlenmäßig im Reichstag, was der höchst undemokratischen Ausgestaltung des Wahlgesetzes zu verdanken war. Im März wurde aber der Reichskanzler Bismarck vom Kaiser daraufhin entlassen.

In Erfurt wurde 1891 vom Parteitag ein neues Programm angenommen. Danach nannte sich die Organisation nun Sozialdemokratische Partei Deutschlands (SPD), und sie legte sich formal auf marxistische Grundsätze fest.[200] Der »Sozialistenmarsch«[201] von Max Kegel, zu dem Carl Gramm die Musik schrieb – wie so oft, einen vierstimmigen Chorsatz für Männer (Bässe und Tenöre) – wurde eigens dem Erfurter Parteitag gewidmet. Das Stück setzte sich schnell durch und galt von da an als Parteihymne, die auf allen offiziellen Veranstaltungen der SPD gesungen wurde – in der Regel aber wohl einstimmig.

Vom Sozialistenkongress der Zweiten Internationale 1889 in Paris wurde der 1. Mai zum Internationalen Kampftag der Arbeiterklasse erkoren. An diesem Tag sollte in erster Linie für den Achtstundentag demonstriert werden. In diesem Sinne wurden in der Folgezeit viele Lieder zum 1. Mai geschrieben. Zum Beispiel von Max Kegel: »Am 1. Mai«[202], eine Umdichtung des »Mailieds«[203] von August Geib, auf die Melodie des nationalistischen, im Krieg gegen Frankreich von den Preußen geschmetterten »Die Wacht am Rhein« von Karl Wilhelm (»Es braust ein Ruf wie Donnerhall«). Die vierte

200 Hobsbawm (2017), Bd. 3, S. 173

201 Kegel (2006), S. 113; versch. Interpreten auf: Diverse (2011), Teil1, CD2

202 Kegel (2006), S. 20

203 Dithmar (1993), S. 79

Strophe geht: »Die Arbeitszeit, so lang und schwer / Den Geist und Leib bedrückt sie sehr / Darum, zu lindern Not und Plag' / Erstreitet den Achtstundentag!«

Die »Achtstunden-Marseillaise«[204] von Ernst Klaar wurde auf die Melodie der »Marseillaise« kurz nach der Proklamierung des 1. Mai zum Arbeiterkampftag geschrieben, auf Flugblättern gedruckt und gesungen: »Zum Siegeszug / Die Trommel schlug / Acht Stunden sind genug!« Infolge der Erfahrungen aus den »Hamburger Maikämpfen« von 1890, als die Unternehmer die Streiks der Arbeiter für den Achtstundentag mit drastischen Aussperrungen beantworteten, gründete sich mit der »Generalkommission der Gewerkschaften Deutschlands« ein Gremium, das einem ersten Dachverband ähnelte. Zum Vorsitzenden wurde Carl Legien gewählt. Und ein Jahr später gründete sich mit dem Metallarbeiter-Verband die Vorläuferorganisation der heutigen IG Metall.[205]

Mit dem Sieg über das Sozialistengesetz bekam die Arbeiterbewegung weiter massenhaften Zulauf. Das Wirken von Clara Zetkin, ab 1892 Chefredakteurin der Zeitschrift der proletarischen Frauenbewegung *Die Gleichheit*, und die Zulassung von Arbeiterinnen in den Gewerkschaften, ab 1894 auch als Vertrauensleute[206], ermöglichte zudem eine weitere, erhebliche Öffnung und Verbreiterung der sozialistischen Bewegung. Die Unternehmerseite begann sich ihrerseits in Verbänden zusammenzuschließen. Für diese galt die 1890 vom Generalsekretär des »Centralverbands deutscher Industrieller« ausgegebene Devise: »Niemals werden deutsche Arbeitgeber sich bereitfinden, mit den Vertretern von Arbeiterorganisationen auf dem Fuße der Gleichberechtigung zu verhandeln.«[207] Zu ihrem »Instrumentenkasten« gehörten Streikversicherungen, Schwarze Listen, Aussperrungen und Erpressungen zum Gewerkschaftsaustritt sowie das organisierte Anwerben von Streikbre-

204 Kegel (2006), S. 95

205 Gimbel in: Deppe/Fülberth/Harrer (1989), S. 71 f.

206 Hervé (1998), S. 66

207 zitiert bei Däubler (2006), S. 123

chern.[208] Außerdem konnten Gewerkschafter nach § 153 der Gewerbeordnung bis zu drei Monate Freiheitsstrafe bekommen, wenn sie Kollegen durch »Ehrverletzung« zur Streikteilnahme veranlassten, und selbst die Bestrafung des einfachen Streikposten-Stehens wegen »groben Unfugs« nach dem Strafgesetzbuch wurde höchstrichterlich abgesegnet.[209] Mit echter »Koalitionsfreiheit« war es also nicht weit her. Die staatlichen Behörden griffen zudem weiterhin auf Berufsverbote zurück. Im öffentlichen Dienst der meisten Gliedstaaten des Deutschen Reichs durften Sozialdemokraten weder Eisenbahner noch Postbeamte oder Friedhofsgärtner werden, geschweige denn Lehrer oder Universitätsdozenten.[210]

Revisionismus

Parallel dazu entwickelte sich in den Gewerkschaften langsam ein allgemeines Legalitätsstreben. Dies war verständlich vor dem Hintergrund, dass die Streikkassen, und damit die finanzielle Absicherung der Kolleginnen beim Arbeitskampf, prinzipiell nur gesichert werden konnten, wenn man vorsichtig agierte und keinerlei unnötige Veranlassung für neue Verbote gab. Die sich zentralisierenden Verbände verwalteten daneben auch noch weitere Gelder ihrer Mitglieder, z. B. solche, die der Arbeitslosenversicherung dienten, welche es öffentlich-rechtlich noch nicht gab. So wurde es notwendig, einen internen Verwaltungsapparat und eine Art hauptamtliche »Gewerkschaftsbürokratie« aufzubauen. Diese Funktionärsgruppe entwickelte aber auch ein persönliches, berufssicherndes Eigeninteresse an einer langfristigen, ungefährdeten Tätigkeit. Da die Berufsfunktionäre in aller Regel auch gleichzeitig Positionen und Einfluss auf die Partei hatten, begann sich auch dort ein Hang zur Übervorsicht und Anpassung zu etablieren. Das gipfelte in der ideologischen Auseinandersetzung von Reformisten gegen Marxisten.

208 Gimbel in: Deppe/Fülberth/Harrer (1989), S. 66

209 Däubler (2006), S. 124

210 Abendroth (1997), S. 133

»Die Bewegung ist alles – das Endziel ist nichts«, war, verknappt ausgedrückt, das Credo der Reformisten um Eduard Bernstein, der die stetige Verbesserung der Lebens- und Arbeitsbedingungen der Arbeiterklasse durch Reformen über alles andere stellte, das Ziel eines revolutionären Bruchs, hin zum Sozialismus, verwarf, und somit zentrale Grundsätze des Marxismus revidierte (»Revisionismus«).[211] Dagegen stand an erster Stelle Rosa Luxemburg, die 1898 in Deutschland – als »Berufsrevolutionärin« für die SPD – zu arbeiten begann, mit ihrer Kernaussage: Ohne den Kampf um die politische Macht gibt es auch keine Aussicht auf soziale Gerechtigkeit.[212]

Vor diesem Hintergrund, und mit ausgelöst durch die Kämpfe der Russischen Revolution von 1905, entwickelte sich in der deutschen SPD die weiter vorn bereits erwähnte Debatte über den Massenstreik. Die sächsischen Textilarbeiterinnen in Crimmitschau hatten schon im Sommer 1903 einen Streik um Arbeitszeitverkürzung und Lohnerhöhung begonnen. Nach massenhafter, aber erfolgloser Aussperrung gingen die Textilbarone dazu über, Streikbrecher mit einer wöchentlichen Prämie von zwei Mark zu ködern. Da entstand, von einer unbekannten Autorin, spontan und aus der Situation heraus, das »Neuste Streiklied 1903« – auf die Melodie von »In Böhmen liegt ein Städtchen«.[213]

Man will euch nur betören
mit zwei Mark Prämien noch,
dass ihr zurück sollt kehren
bedingungslos ins Joch.

Im Verlauf des Streiks entstanden noch viele andere Streiklieder, zumeist Parodien bekannter Volkslieder. Aber trotz der unermüdlichen

211 Fülberth (2010a), S. 34

212 Dath (2010), S. 19f.

213 Steinitz (1962), Bd. 2, S. 281; Rundfunkchor Berlin auf: Diverse (1974)

Kampfbereitschaft der Arbeiterinnen, und nach monatelangem, entbehrungsreichem Arbeitskampf – das Sächsische Innenministerium verhängte im Dezember sogar den Belagerungszustand –, würgte die reformistische Gewerkschaftsführung im Januar 1904 den Streik ab. »Es stand zu befürchten, dass eine Weiterführung zur Vernichtung der gesamten Crimmitschauer Industrie geführt hätte, da sich die Abnehmer zur Konkurrenz wandten«, begründete Carl Legien das Zurückweichen der Gewerkschaft[214] – heute würde man wohl sagen: »sozialpartnerschaftlich und standortpolitisch besonnen«.

Streiklieder

Der zweite große Bergarbeiterstreik im Ruhrgebiet von 1904/05 um den Achtstundentag, höhere Löhne und die Anerkennung der Arbeiterorganisationen war insofern ein »politischer« Massenstreik, da er allein wegen der hohen dortigen Konzentration des Kohlebergbaus enormen Druck auf die gesamte Volkswirtschaft und den Staat entfaltete. Er fand zudem eine breite nationale wie internationale Solidarität.[215] Schon im Januar 1904 hatte Heinrich Kämpchen seinen »Weckruf« geschrieben, darin die Stimmung der Kumpel erkannt und den Streik schon mal in Liedform ausgerufen: »Mann der Berge, aufgewacht / ob im Stollen oder Schacht / eingehüllt von Pulverdampf / rüste dich zum Freiheitskampf.«[216] Es ist auf die Melodie von Peter Heinz, auf Herweghs »Bundeslied«, geschrieben.

Neben dem, im Exkurs zur anarchistischen Linie bereits erwähnten, Stück »Der Revoluzzer« von Mühsam gibt es im Zusammenhang mit Massenstreiks auch noch ein bemerkenswertes Gedicht von Mordechai Gebirtig, dem »Vater des jiddischen Liedes«, von 1905 mit dem Titel »General-Shtrayk«[217] – also: Generalstreik.

214 Legien, zitiert bei: Adamek (1981), S. 143

215 Schmidt/Seichter in: Deppe/Fülberth/Harrer (1989), S. 97

216 Dithmar (1993), S. 105, 243; Baier (2015)

217 Kahn (2021)

Gebirtig lebte zu der Zeit im zum kaiserlichen Österreich gehörenden Krakau. Er war Mitglied der Sozialdemokratischen Partei in Galizien. Sein Stück wurde vertont und, wie ich finde, sehr schön auf Jiddisch gesungen von Daniel Kahn. Die deutsche Übersetzung ist von Uwe von Sellmann[218]. Darin heißt es:

> Alle Läden und Fabriken,
> alles, was Nutzen bringt der Welt:
> Eisenbahnen und Dampfmühlen,
> alles, ja alles, steht heut still.
> …
> Von 'ner Welt, wo's Volk wird herrschen
> – diese schwarzen starken Hände!
> Und die roten Fahnen rauschen.
> Wie schön ist der Moment!

Mordechai Gebirtig wurde 1942 im »Krakauer Ghetto«, noch vor seiner unmittelbar bevorstehenden Deportation ins Vernichtungslager Auschwitz, von einem deutschen Besatzungssoldaten auf offener Straße erschossen.

Die hier genannten Liedbeispiele aus der Zeit der Massenstreik-Debatte beziehen, zumindest implizit und vielleicht auch unbeabsichtigt, Stellung auf Seiten der damaligen SPD-Parteilinken, also der Genossinnen um Rosa Luxemburg. Der Streik wird als Mittel und Voraussetzung für die schlussendliche Emanzipation durch die Machtübernahme der Arbeiterinnen angesehen und als solcher besungen. Gewerkschaftsbürokratie und SPD-Führung einigten sich dagegen auf den Bernstein'schen Reformkurs, wonach umfangreiche Streiks und überhaupt solche, die über eine ökonomische Zielsetzung hinausgingen, generell vermieden werden sollten. In den folgenden Jahren verstärkten sich die Gegensätze zwischen den Revisionisten und den Marxistinnen in der SPD immer weiter. Sie gip-

218 Sellmann (2018), S. 87

felten schließlich 1914 in der Zustimmung zu den Kriegskrediten durch die deutliche Mehrheit der SPD-Reichstagsfraktion. Die opportunistische Führung der deutschen Sozialdemokratie war nun offen ins Lager der Monopolbourgeoisie übergelaufen. »Ich kenne keine Parteien mehr, ich kenne nur noch Deutsche!« Mit diesem bekannten Zitat von Wilhelm II. quittierte die herrschende Elite das Entgegenkommen der politischen Vertretung der von ihr ausgebeuteten Klasse.

Empor zum Licht

Die deutsche Arbeitersängerbewegung hatte inzwischen munter weiter musiziert und dabei enormen Zulauf erhalten. Zählte die nach dem Sozialistengesetz 1892 gegründete »Liedergemeinschaft« anfänglich noch 9.150 Mitglieder, hatte der Nachfolgeverband, der Deutsche Arbeiter-Sängerbund (DAS), bei seiner Gründung im Jahr 1908 bereits 100.000 Mitglieder.[219] Im Verlag der Liedergemeinschaft waren bereits 52 Chorlieder im Druck als Partituren für die Arbeiterchöre erschienen.[220] Die Ausbreitung des Reformismus innerhalb der Arbeiterbewegung machte sich nun aber auch in den Gesangsvereinen bemerkbar. Hatte man in der Frühzeit der Arbeiterchorbewegung noch keinerlei Dissens über die Notwendigkeit der politischen, mithin der von der Masse mitgesungenen, »einfachen, packenden Tendenz-Lieder« im Repertoire der Männerchöre, so trat nun die akkurate Pflege eines mehrstimmigen Chorsatzes »durch eine Gruppe auserwählter Sänger« und »der musikalische Vortrag als Selbstzweck« – wie zur Zeit des Sozialistengesetzes – immer mehr in den Vordergrund.[221] Und Hand in Hand damit ging eine Hinwendung der Chöre zum »kleinbürgerlich-sentimentalen Gassenhauer« und »trivialem Schmarren«.[222] So kam es zu Beginn des 20. Jahrhunderts zu einem

219 Lammel (1970), S. 66

220 Lammel (1984), S. 47

221 Duncker zitiert nach Lammel (2002), S. 120, 132

222 Duncker zitiert nach Lammel (2002), S. 120

fortwährenden Gegeneinander innerhalb der Musizier-Praxis der Arbeiterchöre; zwischen einer solchen, bei der das Ausüben im Vordergrund stand (Singen der Kampflieder), und einer anderen, die das aufmerksame Zuhören erforderte (Pflege der mehrstimmigen Chorliteratur).

Dieses »Schisma« aufzulösen, traten Laienkomponisten auf den Plan, welche den bürgerlichen Musikstil der Männerchor-Sätze nachahmten – zu verschwommen-schwülstigen Texten, die aber doch versuchten, auch das Denken und Fühlen der Arbeiter zu reflektieren. So wurden Pathos und fortschrittliche Poesie zu einer Symbiose verkleistert, die noch heute für viele als charakteristisches Merkmal der Arbeiterlieder dieser Zeit gilt. Inbegriff und typischer Vertreter dieses »linken Teils der Arbeitersängerbewegung, der sich immerhin bemühte, eine Tendenzkunst zu schaffen«[223], war der Wuppertaler Chordirigent Gustav Adolf Uthmann, im Brotjob Krankenkassenbeamter, der sich im Abendstudium seine musikalischen Kenntnisse im Komponieren und Dirigieren angeeignet hatte. »Empor zum Licht«[224] mit dem Text von Emanuel Wurm ist ein charakteristisches Beispiel für solch einen »Tendenz-Hybriden« zwischen Arbeiterkampflied und Liedertafelei: »Herbei, herbei aus Stadt und Land / Nehmet den Hammer in eure Hand / Schmiedet und schmiedet, die Kette springt / Das neue Jahrhundert ihr euch erringt / Erwache, Volk erwache! / Empor zum Licht!«

Uthmann komponierte insgesamt rund vierhundert Chorlieder. Trotz dieser durchaus verdienstvollen Arbeit beflügelte der damit verbundene Musikstil in der Folgezeit die spießig-kleinbürgerliche Männer-Gesangs-Vereinsmeierei innerhalb des DAS, welche, autonom und losgelöst von den politischen Kämpfen der Klasse, den »gehobenen Stil« der apolitischen Chorliteratur pflegen

223 Eisler (1973), S. 216

224 Lammel (1984), S. 72; Browier-Hamann-Quartett auf: Diverse (2011), Teil 1, CD 2

wollte.[225] Knapp 200.000 Mitglieder zählte der Deutsche Arbeiter-Sängerbund zu Beginn des Ersten Weltkriegs, im Jahr 1914, von denen nur etwa 50 bis 60 Prozent in Partei oder Gewerkschaft organisiert waren.[226]

Aber auch der neue Stil der deutschen Jugendbewegung, des 1901 in Berlin-Steglitz gegründeten »Wandervogel«, hatte seine Auswirkungen auf die Lieder der Arbeiterbewegung im beginnenden 20. Jahrhundert, insbesondere der sich nun gründenden Lehrlingsvereine. Die durch die Wälder streifenden zwölf- bis neunzehnjährigen Jugendlichen aus den bürgerlichen Milieus praktizierten bald ihre eigene Fahrtenlied-Kultur und hatten mit dem »Zupfgeigenhansl«[227] ihr Liederbuch aus romantischen Volks- und Studentenliedern sowie vertonten, älteren Balladen und Schnurren im Tornister, die zu Laute oder Gitarre am Lagerfeuer gesungen wurden.[228] Im Jahr 1907 schrieb, auf die Melodie von »Zu Mantua in Banden«, der Lehrer Heinrich Arnulf Eildermann das Lied »Dem Morgenrot entgegen«[229]. Es gilt als das früheste und bedeutendste Lied der organisierten Arbeiterjugend: »Wir reichen euch die Hände / Genossen, all zum Bund / des Kampfes sei kein Ende / eh' nicht im weiten Rund / der Arbeit freies Volk gesiegt / und jeder Feind am Boden liegt / Vorwärts, du junge Garde / des Proletariats.«

Noch typischer im Stil der Jugendbewegung gehalten ist »Wann wir schreiten Seit' an Seit'«[230] von Hermann Claudius (Text) und Michael Englert (Musik) aus dem Jahr 1916, das auf der Gründungsversammlung der »Freien Jugend Hamburg-Altona« erstmals öffentlich aufgeführt wurde.[231]

---

225 Dowe in: Ritter (1979), S. 129, 136 ff.

226 Dowe in: Ritter (1979), S. 122 f.

227 Breuer (1983)

228 Laqueur (1962), S. 41 f.

229 Adamek (1981), S. 144; Wader (1977)

230 Adamek (1981), S. 150; Hein & Oss (1975)

231 Lammel (1984), S. 59

Birkengrün und Saatengrün:
Wie mit bittender Gebärde
hält die alte Mutter Erde,
dass der Mensch ihr eigen werde,
ihm die vollen Hände hin.
…
Mit uns zieht die neue Zeit!

Im Grunde ist es überhaupt kein Arbeiterlied. Es wurde aber in der Folgezeit zu einem beliebten Lied des sozialistischen Jugendverbands »Die Falken«, der Gewerkschaften, der Wandervogel- und Naturfreundebewegung, der Arbeiterjugendbewegung ganz allgemein, und es wurde nach dem Zweiten Weltkrieg bei den Ostermärschen, regelmäßig am Ende von Gewerkschaftstagen, besonders der IG Metall, und von den 1960er Jahren bis 2021 zum Abschluss auf den Bundesparteitagen der SPD gesungen.[232] Es geht daher allgemein als Arbeiterlied durch, und es wird seit Jahrzehnten in diversen Liedersammlungen und auf entsprechenden Alben als solches mitgeschleppt.

Erster Weltkrieg
In den letzten Jahren vor dem Ersten Weltkrieg hatte auch die erlebnishungrige Künstlerbohème aus den Rändern der bürgerlichen Hochkultur die anrüchigen Vergnügungsviertel der Großstädte für sich entdeckt – Kneipen, Tanzsäle, Varietés und Bordelle. Dort hatte sich, nicht zuletzt getrieben durch das Medium der Musikbühne, bereits ein bunter Schmelztiegel der »niederen« Kulturen herausgebildet, der sich nun anschickte, im Schlepptau der neuen technischen Verbreitungs- und Vervielfältigungsmöglichkeiten, die Welt der Künste zu erobern. Es entstanden drum herum zahlreiche Lokale im Graubereich zwischen Künstlerkneipe und Bohème-Kabarett, so z. B. »Der hungrige Pegasus« in Berlin oder das Kabarett im Mün-

232 Nilius (2022), S. 85 f.

chener »Simplicissimus«.[233] Die deutsche Künstlerbohème galt damals als tendenziell »pro-proletarisch«, wobei deren Sympathien für Arbeiterklasse und Sozialismus meist weniger politisch als avantgardistisch-subversiv motiviert waren.[234] In diesem Umfeld sind einige politische Bänkellieder, z. B. von Frank Wedekind oder auch von Klabund entstanden. Als Arbeiterlieder im hier zu erörternden Sinne kann man aber im Grunde nur eine Handvoll Stücke des Anarchisten Erich Mühsam bezeichnen, auf den schon eingegangen wurde. Sein 1916, mitten im Ersten Weltkrieg geschriebenes »Soldatenlied«[235] sei hier noch erwähnt, in dem es heißt: »Wir töten, wie man uns befahl / mit Blei und Dynamit / für Vaterland und Kapital / für Kaiser und Profit / […] Sieg allen in der Heimatschlacht! / Dann sinken Grenzen, stürzt die Macht / und alle Welt ist Vaterland / und alle Welt ist frei!«

Der nationale Rausch, in den auch Teile der Arbeiterklasse 1914 grenzübergreifend gefallen waren, verflog schon bald wieder. In Deutschland begann der von der Mehrheits-SPD (MSPD) mit Krautjunkern und Kapital geschlossene »Burgfrieden« bereits 1915 arg zu bröckeln. Durch den Krieg waren die Unternehmergewinne durch die Decke gegangen. Die chemische Industrie fabrizierte nun nicht mehr nur Farben und Arzneimittel, sondern Kriegsmaterial wie Senf- und Chlorgas im großen Stil. Und der »Kanonenkönig« Krupp in Essen galt, mit seinen inzwischen rund 100.000 Werktätigen, als die Waffenschmiede des Deutschen Reichs. Weil viele der männlichen Beschäftigten an der Front waren, bestand die Belegschaft nun immer mehr aus Frauen. Im Hinterland wurde gehungert, denn die Granaten drehenden, Kochgeschirr pressenden und Uniformen schneidernden Arbeiterinnen verdienten nur halb so viel Lohn wie ihre nun massenhaft in den Schützengräben niedergemetzelten Männer.[236] Es kam zu ersten Aktionen von unten gegen den Krieg,

233 Kreuzer (2000), S. 213

234 Kreuzer (2000), S. 289

235 Mühsam (2020), S. 25; Die Grenzgänger und Frank Baier (2006)

236 Engelmann (1974), S. 444

wie z.B. die Demonstration gegen Teuerung und Krieg von 1.500 Frauen vor dem Berliner Reichstag im Mai 1915, die von berittener Polizei aufgelöst wurde.[237]

Die gewerkschaftliche Arbeiterbewegung war in Lethargie verfallen. Ihre Funktionäre hielten mehrheitlich an der Stillhalte-Übereinkunft mit dem Kapital fest. Spontane Streiks wurden von der Gewerkschaftsspitzen und den Unternehmensleitungen gemeinsam bekämpft.[238] In der SPD selbst wurde über die Kriegsbeteiligung und den geschlossenen Burgfrieden aber heftig gestritten, wobei sich um 1916 drei Fraktionen herausbildeten: Die Mehrheits-SPD, die daran festhielt und weitere Kriegskredite bewilligte; die »Sozialistische Arbeitsgemeinschaft« und spätere USPD (»U« für »Unabhängig«), die dagegen war; und die bis zur Novemberrevolution ebenfalls zur USPD gehörende »Gruppe Internationale« (Spartakusbund), die für eine Rückkehr zu den marxistischen Grundsätzen sozialistischer Politik eintrat, und aus der sich dann die KPD gründen sollte.

Als die Streikbewegungen im Ausland anwuchsen und sich parallel dazu jene im Inland, ohne Beteiligung der Gewerkschaftsführung, entfalteten, und als dann in Russland im Februar 1917 der erste Stoß der Revolution den Zarismus hinwegfegte, da gewann die Opposition auch in Deutschland an Kraft. In diesem Zusammenhang konstituierte sich die USPD als organisatorisch eigenständige Partei. Mit dem Sieg der Russischen Revolution im November (Oktober, nach dem in Russland geltenden Kalender), dem Erfolg der proletarischen Massen und der Machtübernahme der Arbeiter-, Soldaten- und Bauerndeputierten wurde dann eine welthistorische Wende eingeleitet, die sofort auch die Opposition in Deutschland ergriff und die Kraft der Arbeiterbewegung neu entfachte. Ihren vorläufigen Höhepunkt erreichte diese Entwicklung in den Januarstreiks von 1918, der größten Streikbewegung

237 Hervé (1998), S. 78

238 Abendroth (1997), S. 154

während des Ersten Weltkriegs, die das Gefüge des deutschen Imperialismus ernsthaft erschütterte.[239] Der Streik wurde von den Munitionsarbeiterinnen getragen und von der Berliner Spartakusgruppe sowie den »Revolutionären Obleuten« vorbereitet. Letztere Gruppierung war entstanden aus den Vertrauensleuten der Metallarbeitergewerkschaft in den vorhergehenden Streiks, die nicht von der Gewerkschaftsführung mitgetragen worden waren. Sie standen in heftiger Opposition zur (M)SPD, und sie hatten die Belegschaften ihrer Betriebe hinter sich.[240] Allein in Berlin streikten 400.000 Arbeiterinnen und wählten 414 Betriebsvertrauensleute, die sich zum Groß-Berliner Arbeiterrat zusammenschlossen. In diesem bekamen allerdings neben Vertretern der USPD auch Vorstandsmitglieder der MSPD (u. a. Friedrich Ebert und Philipp Scheidemann) zentrale Entscheidungsfunktionen. Mit deren Hilfe, und durch brutale Polizeigewalt, wurde der Streik schließlich ohne nennenswerten Erfolg abgewürgt. Was blieb, war eine enttäuschte und von Gewerkschaftsführung und Sozialdemokratie betrogene Arbeiterbewegung, deren revolutionäre Kader in der Folge weiter auf das Räteprinzip setzten, das sie, nach russischem Vorbild, vor allem zur Streikführung auf betrieblicher Ebene für effektiv hielten.[241]

Revolution

Es folgte die Novemberrevolution, ausgehend von der Kriegsflotte und den Kieler Matrosen, die den Befehl der Admiräle, zu einer letzten verzweifelten Seeschlacht auszufahren, verweigerten, aus den Kesseln der Kriegsschiffe die Feuer rausrissen und rote Flaggen hissten. Innerhalb weniger Tage erhoben sich Millionen deutscher Arbeiterinnen und Soldaten in den Städten und Industriegebieten des Reichs und bildeten landauf landab, nach dem Vorbild

239 Streisand (1983), S. 272

240 Abendroth (1997), S. 158 ff.

241 Abendroth (1997), S. 161

der Oktoberrevolution, Arbeiter- und Soldatenräte. In Berlin rief die Spartakusgruppe zum Kampf, und die Führung der SPD unternahm jedwede Anstrengung, revolutionäre Aktionen der Arbeiterinnen und Soldaten abzuwenden, die jetzt massenhaft ihre Garnisonen verließen und auf die Straßen strömten. »Wenn der Kaiser nicht abdankt, dann ist die soziale Revolution unvermeidlich. Ich aber will sie nicht, ja, ich hasse sie wie die Sünde«, sagte Friedrich Ebert, der nun die historische Chance auf sich zukommen sah, die von ihm bislang gestützte Reichsregierung selbst zu übernehmen und rettend weiterzuführen.[242] Am 9. November dankte der Kaiser ab und floh nach Holland. Die Revolution erfasste am selben Tag endgültig auch die Hauptstadt Berlin, und Karl Liebknecht konnte vom Balkon des kaiserlichen Stadtschlosses die »freie, sozialistische Republik Deutschland« ausrufen. Reichskanzler Max von Baden übergab die Regierungsgeschäfte an Ebert von der SPD, »damit Ruhe und Ordnung gewahrt werden«, und der ließ Scheidemann von einem Fenster des Reichstagsgebäudes die »deutsche Republik« ausrufen.[243]

In diesen Tagen entstand, spontan und von unbekannter Herkunft, das Spottlied »Der Kaiser hat in Sack gehaun«[244]. Es wurde in stets abgewandelter Form von Groß und Klein auf den Straßen gesungen:

> O Tannenbaum, o Tannenbaum,
> der Kaiser hat in Sack gehaun.
> Er fängt bei Krupp in Essen an
> und jeht dann mit dem Henkelmann.

Auf ihren Kundgebungen und Demonstrationen sangen die Arbeiter aber zumeist die traditionellen Lieder aus den Anfängen der

242 zitiert bei Haffner (2010), S. 73, 76

243 Haffner (2010), S. 87 ff.

244 Lammel (1970), S. 139, 232

sozialistischen Bewegung und nun auch »Die Internationale«[245], die in der Übersetzung von Luckhardt inzwischen in diverse Liedersammlungen der Arbeiterbewegung aufgenommen worden war.[246]

Am 10. November wurde eine provisorische Regierung aus drei Vertretern der SPD und dreien der USPD gebildet, wobei Ebert in diesem Gremium die dominierende Figur war und quasi allein durchregierte. Von Beginn an schmiedete er, gemeinsam mit der Obersten Heeresleitung, ein Bündnis gegen die Weiterführung der Revolution und für die Bekämpfung des Bolschewismus. Der Burgfrieden hielt weiter, und am 15. November wurde zwischen Gewerkschaften und Unternehmerverbänden das »Legien-Stinnes-Abkommen« geschlossen (benannt nach dem zwischenzeitlichen Vorsitzenden der gewerkschaftlichen Generalkommission, Carl Legien, und dem Vertreter der vereinigten Arbeitgeberverbände und obersten »Ruhrbaron« Hugo Stinnes). Das enthielt zwar umfangreiche, soziale und politische Zugeständnisse an die Arbeiterbewegung, wie den Achtstundentag, das unbeschränkte Koalitionsrecht, die Einführung von Betriebsräten sowie den Abschluss von Tarifverträgen in allen Gewerbezweigen. Dafür versprachen die Gewerkschaftsführer aber im Gegenzug, auf alle Struktureingriffe, insbesondere Enteignungen in den Betrieben zu verzichten und alle sozialistischen Bestrebungen zu bekämpfen.[247] Die revolutionären Massen begriffen dieses Doppelspiel der Mehrheits-Sozialdemokratie und es kam zu massiver Gegenwehr, auf die die herrschenden Kräfte wiederum mit bürgerkriegsähnlichen Maßnahmen reagierten.

Am Heiligabend-Morgen griffen, auf Befehl Eberts, die restlichen, der Gegenrevolution zur Verfügung stehenden Truppen des Heers das Berliner Stadtschloss an, in dem die revolutionäre Volks-

245 Lammel (1970), S. 102; Wader (1977)

246 Lammel (1970), S. 55, 223

247 Harrer/Roßmann in: Deppe/Fülberth/Harrrer (1989), S. 184

marinedivision der Roten Matrosen Quartier bezogen hatte. Die Stellung konnte jedoch gehalten werden. In den darauffolgenden Tagen konstituierte sich die Kommunistische Partei Deutschlands (KPD), vollzog den vollständigen Bruch mit der in der Übergangsregierung mitmachenden USPD und verabschiedete ihr von Rosa Luxemburg erarbeitetes Programm zum 1. Januar 1919. (Sie war erst am 9. November aus der Haft entlassen worden.)

In den dann von der Konterrevolution provozierten Januarkämpfen in Berlin richteten die von Ebert herbeigerufenen und von Gustav Noske (SPD) kommandierten Freikorps und Heerestruppen ein Blutbad unter den revolutionären Kräften Berlins an: Der »Spartakusaufstand« in den Straßen, Betrieben und den besetzten Zeitungshäusern Berlins endete mit einer furchtbaren Niederlage. Beinahe die komplette Führung der KPD wurde von reaktionären Truppen ermordet, und der Weiße Terror verübte Massenmorde und Misshandlungen an tausenden linken Arbeitern. Wilhelm Pieck, Mitbegründer der KPD und 30 Jahre später erster Präsident der DDR, konnte den Freikorps-Soldaten gerade eben entkommen. Aber Rosa Luxemburg und Karl Liebknecht fielen der Konterrevolution in die Hände und wurden ermordet.

Nur kurze Zeit später entstand daraufhin das Lied »Auf, auf zum Kampf«[248]: »Dem Karl Liebknecht haben wir's geschworen / der Rosa Luxemburg reichen wir die Hand.« Der Verfasser ist unbekannt, die Melodie geht zurück auf ein altes Soldatenlied mit demselben Titel von 1870/71. In dem hieß es noch: »Dem deutschen Kaiser haben wir's geschworen«.[249] Es ist, wie viele andere Arbeiterlieder auch, im sogenannten Kontrafaktur- oder Parodieverfahren entstanden. Das hatte den Vorteil, dass es, als bereits bekanntes Lied, durch die Veränderung mitunter nur weniger Worte, schnell adaptiert werden konnte. So wurde es künftig auf vielen Demonstrationen gesungen; natürlich auch bei der ab 1920 jährlich im Januar zum Gedenken an

248 Stern (1976), S. 210; Wader (1977)
249 Dithmar (1993), S. 160

Liebknecht und Luxemburg stattfindenden zum Sozialistenfriedhof in Berlin-Friedrichsfelde.

Auch unmittelbar nach den Januarkämpfen 1919, und aus der eigenen Erfahrung heraus, wurde von dem Schlossergesellen und Kommunisten Richard Schulz das »Büxensteinlied«[250] geschrieben – auch im Parodiefahren, diesmal auf die Melodie des Soldatenliedes »Argonnerwald um Mitternacht«, das während des Ersten Weltkriegs als sogenanntes »Kampflied des Stellungskriegs« Berühmtheit erlangt hatte.[251] Büxenstein bezieht sich auf die gleichnamige Großdruckerei im Berliner Zeitungsviertel. Die Spartakisten hatten sich dort hinter Barrikaden aus Zeitungsstapeln verschanzt und wurden von den Noske-Truppen gestürmt:

> O Spree-Athen, o Spree-Athen!
> Viel Blut, viel Blut hast du geseh'n.
> In deinem Friedrichsfelde ruht
> so manches tapfere Spartakusblut.

4.
Revolutions- und Weimarer Jahre (1919 bis 1933)

Am Ende hatte das Monopolkapital in den nicht einmal 50 Jahren des Deutschen Kaiserreichs die Arbeiterbewegung tief gespalten, blutig gegeneinander aufgehetzt und einen Teil davon in seine Großmachtpolitik integriert. Im afrikanischen »Schutzgebiet Deutsch-Südwest« hatte es an den Herero und Nama seinen ersten Völkermord verübt (1904-1907) und das »Katastrophenzeitalter« mit seinem »Griff nach der Weltmacht« (Fritz Fischer) im Ersten Weltkrieg – mit geschätzten 17 Millionen Toten – eingeläutet. Eine schaurige Bilanz. Es sollte aber noch schlimmer kommen.

250 Lammel (1970), S. 143; Jäger auf: Diverse (1970)
251 Dithmar (1993), S. 158, 259

Nachkrieg: Krise und Kämpfe

Unter Quasi-Belagerung durch den Weißen Terror wurden am 19. Januar 1919 die Wahlen zur Nationalversammlung abgehalten, an denen nun zum ersten Mal auch Frauen teilnehmen durften. Die SPD wurde mit Abstand die stärkste Kraft im Parlament, die USPD kam auf knapp 8 Prozent, während die KPD nicht an den Wahlen teilgenommen hatte. Die Nationalversammlung konstituierte sich im Februar im politisch beschaulichen Weimar, und mit großer Mehrheit wurde Friedrich Ebert zum Reichspräsidenten gewählt. Deutschland wurde nun zur Republik. Der Adel wurde von den Schalthebeln der Macht entfernt, der Großgrundbesitz der meisten Dynastien bestand aber fort. Die bürgerlichen Herren der Banken und Fabriken wurden ohnehin nicht angetastet. Im August 1919 wurden in der Weimarer Reichsverfassung die Betriebsräte verankert, die aber, ganz anders als im russischen Räte(=Sowjet)-System, keine wirklichen Mitbestimmungsrechte erhielten, sondern mehr als Vermittlungsinstanz zwischen Unternehmer und Belegschaft fungieren sollten.[252] Die freien Gewerkschaften schlossen sich zum Allgemeinen Deutschen Gewerkschaftsbund (ADGB) zusammen. Daneben bildeten nun die Angestelltengewerkschaften den Allgemeinen freien Angestelltenbund (AfA).

Die revolutionäre Periode dauerte in Deutschland dennoch bis 1923 an. Auf Anordnung der Reichsregierung gingen Militär und Freikorps-Soldaten deutschlandweit und konzertiert gegen alle entstandenen Räterepubliken vor. Es existierten, auch dank Noskes Rekrutierung, weit über hundert namentlich nachweisbare Freikorps mit insgesamt etwa vierhunderttausend Mann, jedes einzelne auf seinen Führer eingeschworen, funktionierend in Gesinnung und Geist der künftigen SA und SS.[253] Die Bremer Räterepublik wurde bereits Anfang Februar 1919 von Freikorps und Reichswehr zerschlagen. In den Berliner März-Kämpfen 1919 wurden in blutigen Straßen- und

252 Harrer in: Deppe/Fülberth/Harrer (1989), S. 188

253 Haffner (2010), S. 191

Häuserschlachten mindestens 1.200 Arbeiter brutal umgebracht.[254] Wie die Münchner Räterepublik im April 1919 durch die Weißen Truppen niedergemetzelt wurde, ist bereits weiter vorn dargestellt worden.

Es folgte im März 1920 mit dem Kapp-Putsch der Versuch, die ohnehin beschränkten Errungenschaften der Novemberrevolution komplett zu kassieren und eine Militärdiktatur zu errichten: Die protofaschistischen Freikorps sollten nach Inkrafttreten des Versailler Vertrags stark dezimiert werden. Das wurde u.a. von den Generälen Lüttwitz und Ludendorff zum Vorwand genommen, auf Berlin marschieren zu lassen, um es – mit finanzieller Unterstützung der reaktionärsten Industriekreise – zu besetzen. Die Regierung floh zunächst nach Dresden, dann nach Stuttgart. Aber die Gewerkschaften und alle Arbeiterparteien, einschließlich der MSPD, riefen zum Generalstreik auf, um den Putsch abzuwehren.[255] Der Streik erfasste das ganze Land, legte es komplett lahm und nahm der Putschregierung jede Möglichkeit zu regieren; die Staatsmaschine lief leer. Die Regierung des von den Putschisten eingesetzten, national-reaktionären Politikers Wolfgang Kapp konnte sich nicht halten.

In diesem größten Massenstreik, den Deutschland jemals erlebt hat, waren die Arbeiterinnen der verschiedenen Fraktionen kurzzeitig wieder im solidarischen Kampf gegen die Reaktion vereint. Ihre Organisationen verpassten und verspielten aber einmal mehr die historische Chance, der allgemeinen Stimmung der Massen folgend, eine gemeinsame Arbeiterregierung zu bilden.

Ihren Höhepunkt erreichte die Bewegung im bewaffneten, revolutionären Kampf der Roten Ruhrarmee: Binnen einer Woche war das gesamte Ruhrrevier von den »Rotarmisten« besetzt. Das rief nun wieder die alte SPD-geführte Regierung und die bürgerlichen Kräfte auf den Plan. Gegen den Widerstand der KPD und Teile der USPD wurde der Generalstreik abgebrochen und der Ruhrarmee ein kurz-

254 Bartel u.a. (1984), Bd. 2; S. 695 f.

255 Bartel u.a. (1983), Bd. 1, S. 554 f.

fristiges Ultimatum zur Waffenniederlegung gestellt. Es wiederholte sich einmal mehr das Vorgehen der Konterrevolution nach dem bekannten Muster: Die Reichswehr setzte Verbände und Freikorps ein, die noch kurz zuvor geputscht hatten, und die metzelten, gnadenlos und rachelüstern, buchstäblich alles nieder, was ihnen in die Quere kam. In den von ihnen besetzten Gebieten des Ruhrgebiets errichteten sie eine regelrechte Schreckensherrschaft.[256]

> Im Jahre 1920 – grub man ein Massengrab.
> Man senkte die Rotgardisten zu Hunderten hinab.

So heißt es im Lied »Im Ruhrgebiet da liegt ein Städtchen«[257], das auch auf die Melodie von »In Böhmen liegt ein Städtchen« gesungen wurde und das zu dieser Zeit, 1920, entstanden ist. So auch »Es zog ein Rotgardist hinaus«[258] von Johannes Leschinsky auf die Musik des Volkslieds »Zwei Freunde reichen sich die Hand«[259], in dem es heißt: »Davon erzählt kein dickes Buch / was sich am Lippeschloss zutrug / wo eine kleine tapf're Schar / für Freiheit und Recht gefallen war.«

»Bei Duisburg sind viele gefallen«[260], endet mit: »Stahlhelm, wir schwören dir Rache / für vergossenes Arbeiterblut / Es kommen die Zeiten der Rache / dann bezahlt ihr's mit eigenem Blut« – getextet von verschiedenen, anonymen Verfassern auf die Melodie eines alten Soldatenlieds.[261]

Diese Lieder aus der Zeit des Kapp-Putschs sind versammelt auf einem 2006 erschienen Konzept-Album der Grenzgänger und Frank Baier, wie auch »Der alte Muhs«[262] von Johannes Leschinsky (auf die Volksweise »Der arme Waisenbub«):

---

256 vgl. den zitierten Bericht bei: Haffner (2010), S. 232 f.
257 Steinitz (1962), Bd. 2, S. 513; Die Grenzgänger und Frank Baier (2006)
258 Leschinsky auf: Die Grenzgänger und Frank Baier (2006)
259 Steinitz (1962), Bd. 2, S, 536
260 Baier/Wiegandt (2012), S. 40; Die Grenzgänger und Frank Baier (2006)
261 Steinitz (1962), Bd. 2, S. 423
262 Baier/Wiegandt (2012), S. 169; Die Grenzgänger und Frank Baier (2006)

Schweigend brach die Nacht herein,
man grub den stillen Schläfer ein.
Nur der Mond, der schaut herab
und küsst ein einsam Rotgardistengrab.

So herrschte also erstmal wieder »Ruhe und Ordnung« im Land.

Offensiven

Viele SPD-Anhänger wandten sich nach diesem abermaligen Paktieren mit der Reaktion von der Partei ab. Bei den Juni-Wahlen 1920 verlor die SPD die Hälfte ihrer Stimmen aus der Arbeiterschaft an die USPD.[263] Die beschloss mehrheitlich die Vereinigung mit der KPD, die im Dezember 1920 vollzogen wurde. Die Kommunisten hatten nun eine Massenpartei mit rund 300.000 Mitgliedern.[264] Der verbliebene, rechte Flügel der USPD blieb bis 1922 eigenständig und schloss sich dann wieder mit der SPD zusammen.

Im März 1921 führten staatliche Repressionsorgane eine organisierte Provokations-Aktion durch. Um die vielen, revolutionären Arbeiter in Mitteldeutschland zu entwaffnen, ließ der sozialdemokratische Oberpräsident Sachsens Truppen ins mitteldeutsche Industrierevier marschieren und dort, unter anderem in den Leuna-Werken der BASF, eine Durchsuchung nach Waffen durchführen. Die Arbeiter wehrten sich dagegen – offensiv und bewaffnet –, und die KPD rief parallel dazu zum Generalstreik auf.[265] Bei den nun losbrechenden Märzkämpfen spielte der bereits erwähnte Max Hoelz als Kommandant der aufständischen Arbeiter eine wichtige Rolle. Durch das weitgehende Ausbleiben solidarischer Streikaktionen in den anderen Landesgebieten, und durch das Fehlen einer einheitlichen Zielsetzung und Führung der Kämpfe, konnte auch dieser Aufstand durch die Reichswehr blutig niedergeschlagen wer-

263 Abendroth (1997), S. 200
264 Bartel u.a. (1984), Bd. 2, S. 1102
265 Abendroth (1997), S. 205

den. Mit den üblichen Folgen: Über hundert Arbeiter wurden getötet, mehrere tausend eingekerkert und zu hohen Haftstrafen verurteilt.[266]

Das »Leunalied«[267] entstand in diesem Zusammenhang. Es hat keinen eindeutigen Verfasser, und es ist auf dieselbe Melodie eines älteren Soldatenliedes und nach demselben Muster getextet wie auch schon »Bei Duisburg sind viele gefallen« und noch einige andere anverwandte Variationen aus den Kämpfen der frühen 1920er Jahre.

Bei Leuna sind viele gefallen,
bei Leuna floss Arbeiterblut,
da haben zwei Rotgardisten
einander die Treue geschworen.

Das »Leunalied« gehörte zu den beliebtesten, meistgesungenen und auch am häufigsten verbotenen Liedern im Weimarer Staat.

Aus der Erfahrung dieser Niederlage revidierte die KPD ihre zuvor beschlossene, aber in Mitteldeutschland jäh gescheiterte »Offensivpolitik« und legte sich zunächst auf die »Einheitsfrontpolitik« fest. Die basierte auf der Erkenntnis, dass die Mehrheit der werktätigen Bevölkerung in der SPD und im sozialdemokratisch geführten ADGB organisiert war und für revolutionäre Aktionen erst noch gewonnen werden mussten. Deshalb sollten Übergänge dahin in Zusammenarbeit mit den anderen Arbeiterorganisationen ausgelotet werden und es sollte, wo es ging, auf die Bildung von Einheitsfront- oder Arbeiterregierungen orientiert werden.[268]

Inzwischen hatte die Inflation, die bereits mit der Kriegsniederlage und dem Anwerfen der Notenpresse zur Zahlung der Kriegsanleihen und Reparationen grassierte und die einer enormen

266 Bartel u. a. (1984), Bd. 2, S. 697

267 Steinitz (1962), Bd. 2, S. 423; Chor des Republikensembles der Vopo auf: Diverse (2011), Teil 2, CD 4

268 Fülberth (1994), S. 64

Umverteilung nach oben gleichkam, nochmal erheblich an Fahrt aufgenommen. Hatten die Gewerkschaften Lohnerhöhungen erkämpft, wurden diese wenige Tage später durch die galoppierenden Preise bereits wieder aufgefressen.

Wegen der immer größeren ökonomischen Probleme Deutschlands forderten die Siegermächte nun auch Sachleistungen als Kriegsreparationen ein. Im Januar 1923 marschierten belgische und französische Truppen ins Ruhrgebiet ein, besetzten die staatlichen und wirtschaftlichen Kommandohöhen, trennten die Gebiete ökonomisch vom Reich ab und sicherten sich so enorme Anteile an der Steinkohleförderung sowie der Eisen- und Stahlproduktion Deutschlands. Die Regierung in Berlin rief lediglich zu passivem Widerstand dagegen auf und bereitete die Reichswehr auf Kampfhandlungen vor. Die SPD bekannte sich dabei wieder einmal zur Burgfriedenspolitik, während die KPD zusammen mit den französischen Kommunistinnen der KPF die internationale Arbeiterschaft zum gemeinsamen Vorgehen gegen die deutsche wie die französische Schwerindustrie aufriefen.[269]

Aber auch innerhalb der SPD waren viele mit dieser einmal mehr auf Opportunismus setzenden Politik ihrer Führung nicht mehr einverstanden. Im Frühjahr und im Sommer 1923 kam es unter maßgeblichem Einfluss der KPD zu großen Streikkämpfen im Reichsgebiet. Auf Länderebene, in Thüringen und Sachsen, bildeten sich sozialdemokratisch geführte und von Kommunisten gestützte Arbeiterregierungen. Eine revolutionäre Situation schien herangereift. Die KPD beschloss, dass im Fall des Einmarschs der Reichswehr in Sachsen und Thüringen der bewaffnete Kampf dagegen geführt werden sollte.[270] Die Ruhrbesetzung wurde aber inzwischen durch einen Deal mit den Ruhrbaronen beendet, und als Reichspräsident Ebert im Oktober 1923 in Sachsen die Reichswehr in Bewegung setzen ließ und die Arbeiterregierung per Dekret für abgesetzt

---

269 Bartel u.a. (1984), Bd. 2, S. 944

270 Fülberth (1994), S. 65

erklärte, zog die linke SPD-Basis nicht mehr mit. Der Generalstreik fiel aus, und die KPD musste den geplanten bewaffneten Aufstand wieder abblasen. Der dazu nach Hamburg entsandte Emissär wurde unterwegs geschnappt und kam nicht an. Deshalb brach, isoliert und von Anfang an chancenlos, der Hamburger Aufstand vom 23. Oktober 1923 los. In blutigen, zwei Tage andauernden Barrikadenkämpfen wurden die Hamburger Arbeiter, von denen nur 300 bewaffnet waren, von einer großen Übermacht an Reichswehrsoldaten und Polizei geschlagen.[271] Ein unbekannter Barrikadenkämpfer schrieb danach »In Hamburg fiel der erste Schuss«[272], auf die Melodie vom »Lied der Schwarzen Husaren«[273] (aus den Befreiungskriegen gegen Napoleon von 1815):

In Hamburg fiel der erste Schuss,
zum Barrikadenkampf rief Spartakus.
Hamburgs Toten haben wir's geschworen,
euer Blut ging nicht umsonst verloren.
Wir schwenken die Fahne, die rote, zum Gruß
und folgen euch mutig: Jung-Spartakus!

Danach blieben viele Kämpfer wieder für Jahre ins Zuchthaus gesperrt. Der Hamburger Aufstand markiert den Endpunkt der revolutionären Nachkriegskämpfe in der Weimarer Republik, und für die junge Sowjetunion beendete er die Hoffnung auf eine unmittelbare, sozialistische Weltrevolution. Die KPD geriet in eine schwere Krise. Für die Gewerkschaftsbewegung kam es infolge der Niederlage zu großen Rückschlägen: Arbeitszeitverlängerung, Lohnkürzungen und Aushöhlung der Tarifautonomie.[274] Und obwohl die SPD bei den Reichstagswahlen 1924 ihren Stimmenanteil deutlich steigern konnte, kam es zu einer politischen Rechtswende. Bei der

271 Bartel u. a. (1983), Bd. 1, S. 447
272 Stern (1976), S. 220; Degenhardt auf: Diverse (1970)
273 Breuer (1981), S. 222
274 Harrer in: Deppe/Fülberth/Harrer (1989), S. 230 f.

Reichspräsidentenwahl im April 1925 gewann der erzreaktionäre Monarchist, Weltkriegsveteran und kaiserliche Generalfeldmarschall Paul von Hindenburg. Er trat die Nachfolge des verstorbenen Friedrich Ebert an, mit der verfassungsmäßigen Befugnis, den Ausnahmezustand zu verhängen und per Notverordnungen zu regieren. »Die Republik auf Abruf«, ahnte Kurt Tucholsky da schon.[275]

Als böses Omen konnte das Ereignis am 13. März 1925 in Halle verstanden werden, als Ernst Thälmann, der selbst zu den Reichspräsidentenwahlen kandidierte, im Volkspark bei einer Kundgebung auftrat. Die Polizei stürmte die Veranstaltung, und der Kommandeur ließ kurzerhand wahllos in die Menge der Versammelten schießen. Der Überfall forderte viele Verwundete und zwölf Tote, darunter Fritz Weineck, ein Hornist des Spielmannszugs des Roten Frontkämpferbunds.[276] Als »Der kleine Trompeter«[277] wurde er in dem berühmten Lied der Arbeiterbewegung besungen und unsterblich:

Von all unsern Kameraden
war keiner so lieb und so gut
als unser kleiner Trompeter,
ein lustig' Rotgardistenblut.
…
Da kam eine feindliche Kugel
bei einem so fröhlichen Spiel.
Mit einem seligen Lächeln
unser kleiner Trompeter, er fiel.

Das Lied ist, wie auch das »Leunalied«, von einem unbekannten Verfasser, und auf die Melodie eines älteren Soldatenliedes (»Hu-

275 Tucholsky (1985), S. 97

276 Steinitz (1962), Bd. 2, S. 544

277 Lammel (1970), S. 150, 235 f; Wader (1977)

sarenblut«) von Thomas Hagedorn geschrieben, als Kontrafaktur des Originaltexts von Victor Gurski. In der späteren, mündlichen Überlieferung des Lieds vom Kleinen Trompeter findet sich auch regelmäßig, wie beim Leunalied, eine angehängte »Rache-Strophe«, die es im Grunde erst, von einem harmlosen Trauerlied um einen Rotgardisten, zum revolutionären Arbeiterlied qualifiziert:[278]

Dann hoben wir drohend die Fäuste:
Wir stehen zur Rache bereit!
Wir werden nicht ruhen, nicht rasten,
bis die Welt ist vom Elend befreit.

Rationalisierungen

Die ökonomische Situation der Weimarer Republik stabilisierte sich in den Folgejahren: Ganz anders als die gerupfte und zerrissene Arbeiterbewegung hatte die Gegenseite, die deutsche Groß- und Schwerindustrie, in der Krisen- und Inflationsphase der frühen 1920er ihre Macht restaurieren können. 1926 wurden die »Vereinigte Stahlwerke AG« durch die Fusion diverser deutscher Montankonzerne (Kohle, Eisen, Stahl) gegründet. Aus den sechs führenden Chemieunternehmen war bereits 1925 der IG-Farben-Konzern entstanden, der seinerseits auch Anteile an der Stahlwerke AG hielt.[279] Elektrizität und Verbrennungsmotoren waren inzwischen die zentralen Technologien der seit dem Ersten Weltkrieg einsetzenden »Zweiten Industriellen Revolution«. Sie waren zum einen die Voraussetzung für die sich entwickelnde und bald florierende neue Informations- und Unterhaltungsindustrie, zum anderen aber auch der Treibstoff für umfassende Rationalisierungen in der industriellen Produktion.[280] Daraus erklärt sich, dass die Arbeitslosigkeit selbst während der boomenden Jahre noch durchschnittlich

278 Steinitz (1962), Bd. 2, S. 541

279 Roßmann in: Deppe/Fülberth/Harrer (1989), S. 239 f.

280 Roßmann in: Deppe/Fülberth/Harrer (1989), S. 240 ff.

bei 10 bis 12 Prozent lag[281], was für die Werktätigen neben der gesteigerten Arbeitshetze eine permanente Existenzunsicherheit mit sich brachte. Durch die gesteigerte Arbeitsintensität und neue Effizienzanforderungen in den Betrieben, z. B. Fließband- und Akkordarbeit, kam es zu einem hohen Anstieg der Berufskrankheiten und Betriebsunfälle.[282]

Die sozialdemokratische Führung des ADGB stand dieser fordistischen Rationalisierungswelle trotzdem ausgesprochen positiv gegenüber. Sie setzte große Hoffnungen in die Verbindung von rationeller Massenproduktion mit vergleichsweise hohen Löhnen, nach dem Vorbild der Ford-Werke in Detroit (USA), als Lösung aller kapitalistischer Krisenprobleme.[283] Anders als die marxistischen Ökonomen, die schon 1927/28 eine in kurzer Zeit bevorstehende Wirtschaftskrise prognostizierten, glaubte die SPD fest an die Dauerhaftigkeit des konjunkturellen Aufschwungs und setzte auf das Konzept einer »Wirtschaftsdemokratie«, wonach durch die parlamentarische Ordnung der Weimarer Republik die Arbeiterbewegung in die Lage versetzt würde, den Kapitalismus schrittweise und friedlich zu demokratisieren und letztlich in eine sozialistische Gesellschaft zu transformieren.[284]

Die KPD beantwortete diesen illusionären, neuerlichen Reformismuskurs der Sozialdemokratie, ihrerseits fehlerhaft, mit einer Abkehr von der Einheitsfrontpolitik. Zunächst ging man innergewerkschaftlich auf Oppositionskurs, indem eigene Listen bei Betriebsrätewahlen aufgestellt und eigene Streikkomitees bei regionalen Arbeitskämpfen einberufen wurden. Das führte zu rigorosen Ausschlusswellen von Kommunisten, die dann von der KPD in einigen Industriezweigen mit der Gründung von oppositionellen Verbänden beantwortet wurde und schließlich in der Revolutionären Gewerkschafts-Opposition, der RGO-Politik mündete – der

281 Hobsbawm (2000), S. 121

282 Kuczynski (1992), Bd. 5, S. 175 ff.

283 Roßmann in: Deppe/Fülberth/Harrer (1989), S. 256 ff.

284 Abendroth (1997), S. 229 ff.

Herauslösung einer eigenen kommunistischen Klassengewerkschaft aus dem ADGB.

Die kapitalistische Rationalisierungsoffensive in der Produktion brachte aber auch noch mit sich, dass die Zahl der industriellen Angestellten, also der »Kopfarbeiterinnen« in den Büroetagen – da, wo Akten geordnet und Karten gelocht wurden, wo geplant, gerechnet, geschrieben, konfektioniert und administriert wurde – stark anwuchs. Zudem war in den Großstädten, in Handel, Banken, Versicherungen und Verkehr, inzwischen ein Heer von Angestellten beschäftigt, das zu gut einem Drittel aus Frauen bestand. Und die verdienten in der Regel 10 bis 15 Prozent weniger als die Männer, was für die Ausbeutungsrate der Unternehmen ein willkommener Segen war. Im Jahr 1929 gab es insgesamt 3,5 Millionen Angestellte, d.h. auf jeden fünften Arbeiter kam eine Angestellte, und auch die Beamtenzahl war stark angestiegen.[285] Diese neue Angestelltengeneration lebte jedoch, anders als man es bis dahin gewohnt war, nicht mehr als kleinbürgerlicher Mittelstand, sondern unter mit dem Industrieproletariat durchaus vergleichbaren Bedingungen.[286] Die Hierarchien waren in den Büros mitunter noch stärker ausgeprägt als in der traditionellen Produktion – vom Abteilungsleiter über den Bürovorsteher, der einfachen Stenotypistin bis zur ungelernten Aushilfe – bei ständigen Leistungskontrollen, Zeugniserteilungen, Personalakteneinträgen, Zwangsversetzungen etc.[287]

Viele dieser Angestellten lebten aber in der beständigen Hoffnung auf sozialen Aufstieg, und sie sahen sich selbst, als so geheißene »Kopfarbeitende«, grundsätzlich als bessergestellt, höherqualifiziert und kultivierter an als das klassische Industrieproletariat. Von dessen ordinären Gewohnheiten und politischen Haltungen wollte man sich dringend absetzen. So wurde dann für manch einen die permanente Enttäuschung der darauf basierenden Erwartungen zur

285 Kracauer (1971), S. 11 f.

286 Kracauer (1971), S. 13

287 Kracauer (1971), S. 38 ff.

frustrierenden Alltagserfahrung. Die vermeintlich deklassierte Angestelltenschicht stellte schon bald einen nicht unwichtigen Teil der sozialen Basis dar, die für den Aufstieg und die politische Durchsetzung des deutschen Faschismus zwar nicht ursächlich, aber doch Voraussetzung war.[288]

In Italien war mit Mussolini bereits 1922 der Faschismus an die Macht gelangt. In Deutschland prägten paramilitärische Nazi-Banden, bewaffnete SA- und SS-Horden, durch Überfälle auf Zeitungsredaktionen, Versammlungen und Demonstrationen der Arbeiterbewegung, oder auf jüdische Geschäfte, seit Mitte der 1920er Jahre das öffentliche Geschehen.

> Drohend stehen die Faschisten
> drüben am Horizont!
> Proletarier, ihr müsst rüsten!
> Rot Front! Rot Front!

So heißt es im Refrain von »Der rote Wedding«[289], das Erich Weinert als Reaktion auf den »Berliner Blutmai« 1929 schrieb, und das Hanns Eisler kurz darauf für die Berliner Agitproptruppe »Der Rote Wedding« vertonte.

> Hier wird nicht gemeckert, hier gibt es Dampf,
> denn was wir spielen ist Klassenkampf
> nach blutiger Melodie!

Es galt in Berlin unter freiem Himmel ein Versammlungs- und Demonstrationsverbot, das diesmal mit dem Verweis auf zurückliegende Straßenschlachten zwischen dem kommunistischen Roten Frontkämpferbund (RFB) und der faschistischen SA begründet worden war. Die KPD rief dennoch zur friedlichen 1.-Mai-Demonstration

---

288 Kühnl (1971), S. 82 ff.

289 Stern (1976), S. 226; Stütz auf: Diverse (1970)

in Berlin auf, so wie man es fast 40 Jahre lang getan und auch durchgezogen hatte, und der Polizeipräsident Zörgiebel (SPD) schickte seine Polizei ins »Gefecht«. Anstatt, wie sonst üblich, zu hauen und zu knüppeln, schossen die Uniformierten jetzt blindwütig nicht nur in den Demonstrationszug, sondern auch in die Wohnungsfenster der Arbeiterfamilien in Wedding und Neukölln. Die Folge: 31 Tote und Hunderte Verletzte.[290] Die zweite Strophe der Urfassung des »roten Wedding« geht demnach:

> Links, links, links, links!
> Trotz Zörgiebels Polizei,
> links, links, links, links!
> Wir gedenken des Ersten Mai.
> Der herrschenden Klasse blut'ges Gesicht,
> der rote Wedding vergisst es nicht
> und die Schande der SPD.

Eine Folge davon, dass die SPD einmal mehr die Erfüllungsgehilfin der Bourgeoisie gegeben, die eigenen Klassengenossinnen zum wiederholten Male verraten hatte, und die faschistisch durchsetzte Polizei auf die Demonstrierenden schießen ließ, war, dass sich in der KPD nun die verheerende Sozialfaschismusthese mehrheitlich durchsetzen konnte. Danach stellte die Sozialdemokratie so etwas wie den linken Flügel des Faschismus dar. Und der sei jetzt genauso mit aller Macht zu bekämpfen. Die Regierung nahm den »Berliner Blutmai« dagegen zum Anlass, den Roten Frontkämpferbund (RFB) in ganz Deutschland zu verbieten. Der setzte seine Arbeit danach illegal fort.[291]

Kampflied vs. »Le Lied«

Dieser grundsätzliche und nicht mehr überbrückbare Dissens zwischen den Organisationen der Arbeiterbewegung machte auch vor

290 Kuczynski (1992), Bd. 5, S. 201
291 Abendroth (1997), S. 234 ff.

der proletarischen Singe-Bewegung nicht Halt. Er manifestierte sich dort in erbitterten Grabenkämpfen zwischen den Exponenten der kleinbürgerlich-reformistischen Liedertafel-Kultur und den Verfechtern des revolutionären, einstimmig vorzutragenden Klassenkampflieds. 1929 zählte der Deutschen Arbeiter-Sängerbund (DAS) 212.000 Mitglieder.[292] Und die Singe-Praxis darin bestand inzwischen hauptsächlich im Einüben und Aufführen von komplexer, mehrstimmiger Chor-Literatur, die aus bürgerlicher Klassik, der Achtundvierziger-Volkslied-Tradition und immer häufiger auch aus religiösen Oratorien bestand. So existierte, unter dem beherrschenden Einfluss der Regierungspartei SPD auf die Bundesleitung des DAS, im Grunde kaum mehr ein Unterschied zu den Gepflogenheiten und der Aufführungspraxis der bürgerlichen Gesangsvereine – in Kneipensälen oder Gasthäusern, mit Stuhlreihen-Anordnung und Häppchen in der Pause – häufig mit Tanzvergnügen im Anschluss. Es überwog die reine Darbietungsform mit vermeintlich unpolitischem Kunst-, Liedertafel- und Volksliedgesang.[293] Die sozialistischen Tendenzlieder wie z. B. »Empor zum Licht« oder das aus dem Russischen von Hermann Scherchen übertragene »Brüder, zur Sonne, zur Freiheit«[294] blieben den immer mehr in den Hintergrund tretenden »politischen Auftrittsverpflichtungen« der Arbeitersänger-Vereine vorbehalten – bei den jährlichen Mai-, März-, Revolutions- und Antikriegsfeiern. Zudem schloss der DAS auch noch eine Interessen- und Arbeitsgemeinschaft mit dem reaktionären bürgerlichen Deutschen Sängerbund (DSB). Beide Verbände fühlten sich gleich tief in der deutschen Gesangstradition verwurzelt, sahen sich künstlerisch veredelt und gleichermaßen patriotisch wie lyrisch beseelt, und sie lehnten beide die leichtlebige, vergnügungsorientierte, verantwortungslose Zügellosigkeit der modernen, städtischen Freizeitkultur der »Goldenen Zwanziger« ab.[295]

292 Klenke/Walter in: Klenke/Lilje/Walter (1992), S. 153

293 Klenke/Walter in: Klenke/Lilje/Walter (1992), S. 96, 109 ff.

294 Stern (1976), S. 132; Diverse auf: Diverse (1970)

295 Klenke/Walter in: Klenke/Lilje/Walter (1992), S. 133, 214 f.

Wie sowas dann geklungen haben mag, davon liefert die eindrücklichste »Hörprobe«, wie ich finde, Kurt Tucholskys kurze Glosse »Le Lied«[296]. Er beschreibt darin, wie ein französischer Musik-Satiriker im Jahr 1926 auf einer Pariser Kabarettbühne die Kunst-Volkslied-Tradition des deutschen Erbfeinds persiflierte:

> »Der Eichwald rauschet, der Himmel bezieht sich, im Bass ringt dumpf die Verdauung [...] vor mir sehe ich Herrn Amtsrichter Jahnke, der am Klavier lahnt und mit seinem weichen, gepflegten Bariton unterm Kalbsbraten hervorbrüllt [...] und ich höre so etwas wie *schrrrrachchchchchttttt –!* [...] die Lanzen schmettern hoch in der Luft, das Banner jauchzet im kühlen Wein, frei fließt der Bursch in den deutschen Rhein [...] der Neckar braust, der Adler loht, im deutschen Hintern sitzt das Schrot, es knallt das Ross, ein donnernd Halt, o deutscher Baum im Niederwald, mit eigenhändiger Unterschrift des Reichspräsidenten –!«

Und das Ganze, im inneren Ohr, vorgestellt als vierstimmiger Männerchorsatz.

Es kann also kaum verwundern, dass sich vor dem Hintergrund der heraufziehenden Wirtschaftskrise, der explodierenden Arbeitslosenzahlen, akuter Kriegsgefahr und der immer offeneren Bedrohung durch den faschistischen Aufmarsch eine revolutionäre Opposition gegen diese bräsig-konformistische Linie der SPD-gesteuerten Verbandsführung aufbaute. Ende der 1920er Jahre begann der Vorstoß der kommunistisch geprägten Arbeitersänger-Fraktion, und man trat mit eigenen Listen bei den Vorstandswahlen an, bildete eigene Organisations- und Publikationsstrukturen, agitierte und arbeitete systematisch und dezidiert gegen die jetzt auch als »sozialfaschistisch« bezeichnete SPD-Hegemonie im Sänger-Bund.[297] Die Leitungsgremien reagierten mit dem Ausschluss der

---

296 Tucholsky (1985), S. 356 ff.

297 Klenke/Walter in: Klenke/Lilje/Walter (1992), S. 200 ff.

Oppositionellen, die daraufhin im Jahr 1931 die »Kampfgemeinschaft der Arbeitersänger« ins Leben riefen. In ihr dirigierten und komponierten so herausragende, fortschrittliche Vertreter der »Neuen Musik« wie Hanns Eisler, Stefan Wolpe, Karl Rankl oder Wladimir Vogel – bis der Faschismus sie kurze Zeit später in die Illegalität zwang. Neue A-cappella-Chöre von Eisler wie z. B. »Auf den Straßen zu singen«[298] (Text: David Weber) oder »Ändere die Welt, sie braucht es«[299] aus dem Lehrstück »Die Maßnahme«, in Zusammenarbeit mit Bertolt Brecht, gehören in diesen Zusammenhang. Und diese Lieder zeigten einen völlig neuen, revolutionären Musikstil der »Kampfgemeinschaft«. Ganz sicher auf hoher Stufe, kompositionstechnisch ausgefeilt und nicht umsonst von großem Interesse in der damaligen Kulturdiskussion[300], waren dies aber ganz gewiss keine Massenlieder, und nur die leistungsfähigsten Arbeiterchöre waren nach vielem Proben überhaupt in der Lage, diese und andere Chorkompositionen einigermaßen fehlerfrei und überzeugend darzubieten.

Agitprop – Agitation und Propaganda

Eingängige und singbare Lieder für die proletarischen Massen, wie das schon erwähnte »Der rote Wedding«, entstanden dagegen im Radius der Agitproptruppen. Solche wurden, nach sowjetischem Vorbild, ab Mitte der 1920er Jahre zur Unterstützung der politischen Massenarbeit der KPD im ganzen Land gegründet. Unter der Maxime »Kunst ist Waffe« (Friedrich Wolf) wurden dabei, zumeist von Laienschauspielerinnen und -sängern, szenische Programme aufgeführt. Mit sogenannten »Kollektivreferaten« sollte, durch den Wechsel von Sprechchor, Einzelsprechern, szenischer Demonstration, Instrumentalstück und Lied, das Publikum unmittelbar belehrt, zum Klassenkampf mobilisiert und – jedenfalls

298 Rundfunkchor Leipzig auf: Diverse (1974)

299 Brecht (1981), S. 1144; Hanns-Eisler-Chor (1975)

300 Eisler (1973), S. 225

zunächst noch – zur Bildung der Einheitsfront gegen den drohenden Faschismus aufgerufen werden.[301] Die Musik zu den meisten Agitpropszenen hatte ihre Wurzeln dabei nicht, wie bei den Arbeiterchören, in der bürgerlichen Konzertmusik, sondern war der neueren Unterhaltungsmusik der Tanzlokale und Kabarettbühnen entlehnt – Chansons, Balladen, Couplets, Schlager, Tango und Swing. So boten die Agitproptruppen auch jungen Musikern und Autoren, die der kommunistischen Partei nahestanden, die Möglichkeit, sich in der politischen Praxis vor Publikum künstlerisch zu entwickeln. Es entstanden hunderte von Liedern und Szenen, von denen die allermeisten wohl gar nicht dokumentiert und überliefert sind, in Arrangements für Singstimme und kleines Orchester, je nach vorhandenen Instrumenten, bestehend aus: Klavier, Akkordeon, Mandoline, Gitarre, Schlagzeug, Banjo, Geige etc. – sehr häufig im Parodieverfahren auf bekannte Schlager. Gerne wurden auch auf die Melodien sowjetischer Lieder neue Texte verfasst, wie z. B. beim Stück »Wir schützen die Sowjetunion«[302], das eine Adaption eines populären sowjetischen Kampflieds aus dem Bürgerkrieg darstellt. Die Agitproptruppe »Sturmtrupp Alarm« hatte es von einer Reise in die Sowjetunion mitgebracht und entsprechend umgetextet:

Wir hassen euch, ihr Drohnen
auf Gut, Fabriken und Bank.
Ihr Räuber der Nationen,
wir sind euer Untergang.

Und richten sie die Gewehre
gegen die Sowjetunion,
dann rüsten rote Heere
zum Kampf, zur Revolution!

301 Lammel (1970), S. 59 ff.; Grabe in: Arbeiterliedarchiv u. a. (1984), S. 114
302 Lammel (1970), S. 182, 243; Süverkrüp auf: Diverse (1970)

Das Herausstechende an der Blütezeit des einstimmigen Arbeiterlieds mit großer Massenresonanz war aber, dass bald auch Texter und Komponisten aus den kritischen Teilen der bürgerlich-gebildeten Schichten zu den Agitproptruppen stießen. In den 1920ern hatten Volksballade, Bänkelsang und Moritat in der literarischen Kabarettkunst und im Varieté eine Renaissance erlebt. Nicht von ungefähr eröffnet »Die Dreigroschenoper«, mit der Bertolt Brecht, beinahe über Nacht, weltberühmt wurde, mit dem Moritatensänger auf dem Jahrmarkt von Soho.[303]

Das politische Kabarett diente den kritischen, linksliberalen Milieus der gehobenen städtischen Angestellten- und Beamtenkreise als intelligente und zeitgenössische Form der Unterhaltung. Viele der Lyriker, Texter und Satiriker wie beispielsweise Kurt Tucholsky, Walter Mehring oder Erich Weinert schrieben aber nicht nur für die Kabarettbühnen und linksbürgerliche Blätter, sondern waren auch in proletarischen Massenzeitungen präsent und beliebt, und so kam es zu einer Art Brückenschlag. Einen weiteren initialen Schub gab der prominente kommunistische Theaterintendant und Regisseur Erwin Piscator, der im Jahr 1927 in Berlin sein Theater am Nollendorfplatz gründete. Er baute dort ein sogenanntes »Dramaturgisches Kollektiv« auf, in das er, neben den schon genannten Autoren, u.a. auch Bertolt Brecht, Erich Mühsam oder Egon Erwin Kisch berief.[304] Es entstanden in diesem Piscator-Kollektiv erste gemeinsame Arbeiten z.B. mit dem Schauspieler und Sänger Ernst Busch und dem Komponisten Hanns Eisler, die eng mit der sozialistischen Arbeiterkultur verbunden waren. So war es nur noch ein kurzer Sprung, dass viele der »Klassen-Überläufer« auch Stücke, Szenen und Lieder für die roten Agitproptruppen schrieben und so dabei halfen, das Massenlied der kommunistischen Arbeiterbewegung auf ein neues künstlerisches Niveau zu heben.

303 Brecht (1982), S. 167

304 Mittenzwei (1997), S. 299f.

Hanns Eisler hatte seine Ausbildung bei Arnold Schönberg in Wien erhalten und schon dort, zum Broterwerb, Arbeiterchöre dirigiert. Als er 1925 nach Berlin gekommen war, waren seine älteren Geschwister, Ruth Fischer und Gerhart Eisler, schon einflussreiche KPD-Funktionäre. Er beantragte seine Parteimitgliedschaft 1926, wurde Ende 1927 Mitglied der Agitproptruppe »Das Rote Sprachrohr« und arbeitete dort bis Anfang 1929 als Komponist, Klavierspieler und Dirigent.[305] Hier entstand neben dem Truppenlied »Wir sind das rote Sprachrohr«[306] (Text: Maxim Vallentin) auch das Abwerbelied »Drum sag der SPD ade«[307] (Text: David Weber) für den Wahlkampf 1928:

> Genosse, lass den Bonzen sein, du weißt ja, wie er ist.
> Drum sag der SPD ade und werde Kommunist.

Die meisten Kompositionen, die Eisler für die Agitpropszenen des »Roten Sprachrohr« geschrieben hat, sind leider verlorengegangen.[308] Überliefert sind aber viele andere solcher Eisler-Songs, z. B. auf Texte von Weinert, wie »Der heimliche Aufmarsch«[309]: »Dann steigt aus den Trümmern / der alten Gesellschaft / die sozialistische Weltrepublik …« oder das »Kampflied für die IAH«[310], die Internationale Arbeiterhilfe: »Denn der Kampf wird nur gewonnen / wenn hinter den roten Armeen / die Proviantkolonnen / der Arbeiterhilfe steh'n …«

Und einige weitere auf Texte von David Weber wie z. B. das »Stempellied«[311] oder die »Ballade von der Krüppelgarde«[312]:

305 Mittenzwei (1997), S. 387
306 Das Rote Sprachrohr auf: Diverse (2011), Teil 3, CD 7
307 Ditmar (1997), S. 177, 266; Berliner Singakademie auf: Diverse (2011), Teil 3, CD 7
308 Grabe in: Arbeiterliedarchiv u. a. (1984), S. 112
309 DT 64 (1971), S. 14; Busch (1970)
310 Busch auf Diverse (2011), Teil 3, CD 8
311 Stern (1976), S. 230; Busch (1970)
312 Busch auf: Diverse (2011), Teil 3, CD 8

Wir sind die Krüppelgarde,
die schönste Garde der Welt.
Wir zählen fast eine Milliarde,
wenn man die Toten mitzählt.
...
Wir sind die Krüppelgarde,
das stärkste Bataillon.
Die allererste Reihe
in der Front der Revolution.

All diese Stücke wurden auch von Ernst Busch, der zuvor schon auf den Kabarettbühnen Berlins mit Liedern von Tucholsky, Mühsam, Brecht oder Wedekind für Aufsehen gesorgt hatte, interpretiert und auf Schallplatte eingesungen.[313]

Vor Fabriktoren, auf Demonstrationen und Versammlungen, auf Stempelstellen oder einfach von der Lastwagenpritsche herunter, auf Plätzen oder dem platten Land – Agitproptruppen wie »Das Rote Sprachrohr«, »Der Rote Wedding«, »Roter Blitz«, »Kolonne Links« oder die »Die Roten Raketen« entfalteten in der Zeit bis zur Machtübernahme des Faschismus eine durchschlagende Wirkung, gerade und vor allem auch unter den jüngeren Arbeiterinnen und Arbeitslosen.[314] Dieser Erfolg wurde von stetigen Zensur- und Verbotsmaßnahmen seitens der Polizei begleitet. Ein gemeinsames Agieren und enges Zusammenwirken mit den Gruppen des »bewaffneten Arms« der KPD, des RFB, der ja ebenso in Sachen Agitation und Propaganda für die Partei unterwegs war, stellte dabei nicht nur irgendeine militärisch-revolutionäre Folklore dar, sondern war wegen der permanent drohenden Überfälle durch SA-Schlägertrupps oder die faschistisch infiltrierten staatlichen Ordnungskräfte schlicht notwendig. Der RFB hatte seinerseits Schalmaienkapellen, Spielmannszüge und Blasorchester in seinen

313 Voit (2010), S. 35

314 Funk-Hennigs (1995), S. 86 ff.

Reihen, die bei seinen Demonstrationen und Kundgebungen Arbeitermärsche spielten.

Es gab auch sozialdemokratische Spieltruppen im Umkreis ihres Kampfbunds »Reichsbanner Schwarz-Rot-Gold«, die aber hauptsächlich den Ansatz verfolgten, die Weimarer Republik als solche zu sichern und gegen einen monarchistischen Gegenschlag zu schützen. Ihr Lieder-Repertoire enthält darüber hinaus, abgesehen von einigen bekannten Liedern aus dem Kanon der Arbeiterbewegung, keinerlei klassenkämpferisches Moment gegenüber dem Kapital; nicht auf betrieblicher Ebene, ganz zu schweigen von einem antikapitalistischen Impuls oder gar einer sozialistischen Perspektive.[315]

Der feindliche Aufmarsch

Nachdem am »Schwarzen Freitag«, dem 25. Oktober 1929, die New Yorker Börse crashte und die schwerste internationale Wirtschaftskrise losbrach, die der Kapitalismus bis dahin gekannt hatte, gingen die Arbeitslosenzahlen noch einmal sprunghaft nach oben. Viele Unternehmen gingen bankrott und das Bankensystem kollabierte. Die Reichsregierung wälzte die Krisenkosten des Monopolkapitals durch wiederholte Notverordnungen, wie üblich, auf die arbeitende Bevölkerung ab. Nachdem eine Mehrheit der Abgeordneten die Aufhebung dieser Notverordnungen verlangt hatte, welche die parlamentarischen Kompetenzen in verfassungswidriger Weise aushebelten, löste Hindenburg kurzerhand den Reichstag auf und ordnete Neuwahlen an. Ein Staatsstreich, der im Kern darauf abzielte, der Republik den Garaus zu machen und ein reaktionäres Rollback hin zur Monarchie und die Rückkehr der Hohenzollern an die Spitze des Staates zu ermöglichen.[316] Die beiden Arbeiterparteien, KPD und SPD, steckten indessen weiter in ihrem destruktiven »Bruderkampf«. Die KPD hielt an der Sozialfaschismusthese fest und orientierte auf den außerparlamentarischen Kampf gegen

---

315 vgl. die Beispiele bei Dithmar (1997), S. 170 ff. und auf: Diverse (2016)

316 Engelmann (1975), S. 188

Monopolkapital und faschistische Bewegung – auch unter Bildung einer »Einheitsfront von unten«, aber nicht in Zusammenarbeit mit den Spitzen von SPD und ADGB. Die SPD dagegen entschied, außerparlamentarisch die Füße still zu halten, und setzte alles auf die legalistische Karte des parlamentarischen Wahlerfolgs. Die Folge war, dass die Faschisten nach und nach eine Massenbasis eroberten mit Schwerpunkt in der Angestelltenschicht, weil sie am lautesten, und ungehindert von den Ordnungskräften, auf die Straßen gehen und dort nicht zuletzt mit ihrer rassistischen Demagogie verfangen konnten. Bei den Septemberwahlen 1930 erhielt die NSDAP 6,4 Mio. Stimmen und wurde zweitstärkste Partei hinter der SPD, die über 5 Prozentpunkte ihres Stimmenanteils einbüßte. Reichskanzler Brüning (Zentrum) konnte sich im Amt halten und wurde von der SPD – als »kleineres Übel« – toleriert, und das inklusive seiner Notverordnungen. So war die tief gespaltene Arbeiterklasse, demoralisiert in den Betrieben und einmal mehr im Stich gelassen von der sozialdemokratischen Führung, extrem geschwächt. Und das reaktionäre Krisenmanagement der Bourgeoisie konnte weiter, mit der bereits in Trümmern liegenden Weimarer Verfassung, unbeirrt Richtung Katastrophe marschieren. Mit der Krisenverschärfung vergrößerte sich auch die faschistische Anhängerschaft, und der SA-Straßenterror gegen die Kräfte der Arbeiterbewegung und gegen alles Jüdische nahm immer brutalere Ausmaße an. Das Ganze wurde ständig begleitet von weiteren Zensur- und Verbotsmaßnahmen der staatlichen Repressionsorgane gegen die linken Kräfte. Im März 1931 erließ Hindenburg die »Verordnung zur Bekämpfung politischer Ausschreitungen«, die einem Versammlungs- und Publikationsverbot für Kommunistinnen gleichkam.[317] Dadurch wurden auch Aktionen und Auftritte der Agitproptruppen verboten und diese in die Illegalität abgedrängt.

Auch aus diesem Grund nutzte die KPD vermehrt das neu entstandene Massenmedium Schallplatte, um ihre Agitation auf

317 Funk-Hennigs (1995), S. 99

parteieigenem Label, auch durch Arbeiterlieder der Agitproptruppen, den Massen zu Gehör zu bringen. Weil nur in wenigen Arbeiterwohnungen ein Grammophon vorhanden war, wurden die Schellack-Scheiben vor allem in Kneipen, in Wohnsiedlungen vom Lautsprecherwagen, in Hinterhöfen und Hinterzimmern abgespielt.[318] Radiosendungen waren inzwischen in vielen Haushalten zu empfangen und auch äußerst populär, aber kommunistische Inhalte hatten natürlich keinen Platz in den Programmen der Funkhäuser unterm Dach und unter Kontrolle der Reichs-Rundfunk-Gesellschaft. Aber die kommerzielle Schallplattenindustrie wurde bald auf das Duo Eisler/Busch aufmerksam, die in dieser Zeit sehr eng zusammenarbeiteten und ausgiebig über die Kabarett-, Varieté-, Kneipen- und Kellerbühnen Berlins tingelten.[319] Ab Herbst 1930 veröffentlichte das Label »Gloria« zunächst das »Stempellied« und dann noch eine ganze Reihe weiterer Kampflieder und Balladen des richtungsweisenden Erfolgsduos Eisler/Busch in Auflagen zwischen 1.000 und 3.000 Stück, was in dieser Zeit äußerst beachtlich war.[320]

Nicht von der kapitalistischen Filmindustrie, aber vom kommunistischen Medienunternehmer Willi Münzenberg, der als sowas wie der »Propaganda-Chef der Kommunistischen Internationale« galt, erhielt die Mannschaft um Eisler und Brecht, die schon bei der »Maßnahme« erfolgreich zusammengearbeitet hatte, im Sommer 1931 die Möglichkeit, einen Jugendfilm herzustellen. Bei »Kuhle Wampe«[321], dem »ersten proletarischen Tonfilm« über die Not der Arbeitslosigkeit und darüber, was sie für die Arbeiterfamilien bedeutete, führte Slatan Dudow die Regie. »Das Rote Sprachrohr« hatte einen Cameo-Auftritt[322], und Ernst Busch war der charismatische Hauptdarsteller – und natürlich, am Ende des Films, der Interpret

318 Funk-Hennigs (1995), S. 102

319 Voit (2010), S. 41 ff.

320 Voit (2010), S. 52, 399, Fn. 51

321 Dudow (2020)

322 Dudow (2020), 0:55:11-0:57:05

des »Solidaritätslieds«[323], das Brecht und Eisler eigens für diesen Film dem Sänger gewissermaßen auf den Leib geschrieben hatten. Ohne Zweifel ein Jahrhundert-Hit:

> Vorwärts, und nicht vergessen,
> worin unsere Stärke besteht!
> Beim Hungern und beim Essen
> vorwärts, nie vergessen
> die Solidarität!

Der ursprüngliche, im Film gesungene Text wurde später häufig umgearbeitet. Die heute bekannte, endgültige und am häufigsten gesungene Fassung des »Solidaritätslieds« hat Brecht erst 1949 verfasst:

> Auf, ihr Völker dieser Erde,
> einigt euch in diesem Sinn:
> dass sie jetzt die eure werde
> und die große Nährerin.

Auch die an die Bildung der Einheitsfront appellierende Strophe hat Brecht später hinzugefügt: »Unsre Herrn, wer sie auch seien / sehen unsere Zwietracht gern / denn solang sie uns entzweien / bleiben sie doch unsre Herrn.«

Im »Sound« der Neuen Sachlichkeit, zu einer einfachen, mit ein paar Akkorden hinterlegten Melodie, blies dieses Gassenhauer-Stück in wenigen Strophen plus Refrain metaphorisch ganze Schichten von Staub und Patina von der überkommenen Kultur der Männergesangsvereine, und stellte die Weichen neu, für alles, was in Sachen Arbeiterlied noch folgen sollte. Im historischen Rückspiegel und in Kenntnis des weiteren katastrophalen Geschichtsverlaufs

---

323 Dithmar (1993), S. 128 ff., 247 f. (versch. Versionen); Busch auf: Diverse (2011), Teil 3, CD 8; Dudow (2020), 1:11:06-1:12:17

verwundert natürlich die zum Ausdruck gebrachte Siegesgewissheit – so kurz vor der faschistischen Machtübernahme.

Dennoch: Die kommunistische Partei hatte durch ihre kulturpolitischen Anstrengungen und Kämpfe in den späten Zwanzigerjahren, insbesondere im Zusammenwirken des Gespanns Brecht-Eisler-Busch, künstlerische Meilensteine im Genre des Arbeiterlieds setzen können, die danach weit über Deutschland hinaus Beachtung fanden und auch keineswegs nur von Arbeiterinnen oder Arbeitslosen rezipiert und gewürdigt wurden. Die Sozialdemokratie dagegen hat in den Jahren der Weimarer Republik für sich zum einen die Politik des Klassenkampfes als Kernstück ihrer Parteiarbeit, und zum anderen, als Folge davon, auch das Arbeiterlied in seiner eigentlichen Bestimmung preisgegeben. Im Drang nach gesellschaftlicher Teilhabe und politischer Anerkennung als mitwirkende Kraft im organisierten Kapitalismus (Rudolf Hilferding), assimilierte sich die SPD auch kulturell immer weiter an die Gepflogenheiten und Ausdrucksformen der bürgerlichen Gesellschaft. Sie hat dabei, wie von der Bourgeoisie gefordert, ihre Musik von der Politik, insbesondere der klassenkämpferischen, so gut sie eben konnte, freigeschaufelt.

In der »Bildgebung« sehr anschaulich – natürlich inszeniert, aber sicher nicht fern der Realität – ist dies in zwei Szenen aus der TV-Serie »Rote Erde 2« erfasst:[324] Während die Kommunistinnen mit Schalmeienkapelle, den »roten Wedding« intonierend, und Transparenten gegen Großkapital und Hitler auf der Straße marschieren – und von den Nazis angegriffen werden –, singt der sozialdemokratische Männerchor im Sälchen der örtlichen Kneipe, mehrstimmig und schief, das alberne Bergarbeiter-Couplet von »Schmitz seine Hippe«[325]: »…denn sie gab die Kaffeemilch / und auch die Kaffeebohnen / Schmitz seine Hippe ist weg, holla hija ho…«

324 Emmerich (2014), DVD 6, Teil I, 1:28:54-1:29:21 bzw. Teil II, 0:31:54-0:32:55

325 Baier/Wiegandt (2012), S. 185, 391

Faschismus an der Macht

»Kuhle Wampe oder: Wem gehört die Welt« kam, nachdem der Film mehrmals von der Zensur beschnitten worden war, im Mai 1932 in die Kinos und wurde zu einem beachtlichen Publikumserfolg.

Der bei den Präsidentenwahlen wiedergewählte Hindenburg, der von SPD und ADGB als »kleineres Übel« unterstützt worden war, führte Neuwahlen herbei, bei denen Hitlers Nazi-Partei die mit Abstand stärkste Parlamentsfraktion wurde. Da sich aber keine Regierungsmehrheit finden konnte, wurde der Reichstag wieder aufgelöst und am 6. November nochmal gewählt.

Diese Wahl verlief jedoch für die rechten Kräfte anders als geplant: Nicht zuletzt durch den großen Streik gegen Lohnabbau bei der Berliner Verkehrsgesellschaft (BVG), der am 3. November begann, verschoben sich die Kräfteverhältnisse signifikant, obgleich die ADGB-Führung ihre Streik-Unterstützung verweigerte.[326] Es kam nämlich diesmal tatsächlich zu einer »Einheitsfront von unten«, an der sich, von der RGO initiiert, 80.000 Arbeiter aus ganz Berlin beteiligten, ohne dass es dadurch zu einem irgendwie gearteten, politischen Bündnis mit den Faschisten gekommen wäre.[327] ADGB- wie SPD-Führung, die unter allen Umständen einen Streikerfolg der RGO verhindern wollten, setzten von Beginn an alles daran, den Streik abzuwürgen. Nach fünf Tagen musste dieser ergebnislos beendet werden, mit der Folge, dass die BVG-Direktion zur Strafe 3.000 Arbeiter auf die Straße setzte.

Ein anderes Streikergebnis war aber, dass auch aufgrund der massenhaften Mobilisierung und der real gewonnen Erfahrungen in der direkten Klassenauseinandersetzung der faschistische Aufstieg im Reichstag zurückgeworfen werden konnte. Die Nazis verloren erheblich an Wählerstimmen und die KPD gewann nicht unwesentlich dazu, sodass auf einmal wieder beide Arbeiterparteien

326 Gedenkstätte Ernst Thälmann (2022), S. 5 ff.

327 Abendroth (1997), S. 275 f.; Gedenkstätte Ernst Thälmann (2022), S. 12, 20 ff.

zusammengenommen die relative Reichstagsmehrheit besaßen. Wäre man hier zur gemeinsamen Einheitsfrontpolitik gelangt, so hätte womöglich noch eine Chance bestanden, den faschistischen Durchmarsch an die Schalthebel der Macht zu verhindern. Aber fatalerweise kam es dazu nicht.

Das Kapital befürchtete aber jetzt den weiteren, stetigen Zerfall der faschistischen Bewegung, die sie dringend in der Krise benötigte. Nämlich »fürs Grobe«: nach innen die totale Zerschlagung der Arbeiterbewegung und die Auflösung all ihrer Organisationen sowie nach außen die uneingeschränkte Bereitschaft zur Kriegsführung. Hitler an die Macht zu bringen, setzte sich als politische Hauptlinie des deutschen Monopolkapitals durch. Am letzten Januarwochenende 1933 wurde der zwischenzeitliche Reichskanzler Schleicher von Hindenburg »gegangen« und Hitler am 30. Januar zum neuen Regierungschef ernannt. Die SPD- und die Gewerkschaftsführungen lehnten alle Angebote der KPD zum gemeinsamen, politischen Generalstreik gegen Hitler ab. Sie wollten auf »legalem Weg« gegen Hitler vorgehen und hofften dabei auf die von den Nazis angekündigten Neuwahlen im März. Eine weitere vertane Chance zur Einheitsfront.[328]

Am 20. Februar kam es dann zu einem bemerkenswerten »staatsmonopolistischen Lehrstück« im Reichstagspräsidenten-Palais Hermann Görings: Rund 25 führende Industrielle bzw. deren »Consiglieri«, die Topmanager, fanden sich ein, um dort so etwas wie Hitlers faschistischen »Businessplan« anzuhören: Gustav Krupp, Günther Quandt, Wilhelm von Opel, Friedrich Flick und einige mehr. Deren Namen, auch die auf den ersten Blick etwas weniger schillernden, standen – und stehen teilweise noch – für die Monopolkonzerne der deutschen Wirtschaft, die da heißen oder hießen: BASF, Bayer, Opel, IG Farben, Siemens, Krupp oder Allianz. Hitler legte ihnen das Regierungsvorhaben der Nazis in Umrissen dar: Ersetzung der Demokratie durch eine Diktatur, Zerschla-

328 Abendroth (1997), S. 286 f.

gung der Arbeiterbewegung und »Erledigung« des Marxismus, Etablierung eines straffen Führerprinzips in den Betrieben sowie eine rasche Wiederaufrüstung.[329] Das direkt vor Ort sich anschließende »Fundraising« der Dynastienvertreter für den Wahlkampf der NSDAP erbrachte drei Millionen Reichsmark. »Tolle Sache! … Heute macht die Arbeit Spaß!«, notierte Goebbels am Tag darauf in sein Tagebuch.[330]

Es folgte, nur eine Woche später, der Reichstagsbrand, der unmittelbar und ohne jeden Beweis den Kommunisten in die Schuhe geschoben wurde. Noch in derselben Nacht kam es zu wahllosen Massenverhaftungen – unter den Abgeholten z. B. auch die Journalisten und Schriftsteller Erich Mühsam, Egon Erwin Kisch und Carl von Ossietzky. Nach den Märzwahlen, der Annullierung aller kommunistischen Mandate, und dem kurz darauf verkündeten »Ermächtigungsgesetz« fanden sich bald unzählige Sozialdemokraten, Anarchisten, Kommunisten und führende Gewerkschafter, die nicht ins Ausland emigrieren wollten, denen die Mittel dazu fehlten oder die die Flucht einfach nicht rechtzeitig geschafft hatten, in den Zuchthäusern und dann den Konzentrationslagern der deutschen Faschisten wieder.

Das »Einheitsfrontlied«[331] von Brecht und Eisler entstand bereits in der Emigration, im dänischen Svendborg bzw. in London Ende 1934. Ein herausragendes Lied mit einem bestechenden Text, das vielfach und von verschiedensten Künstlern und Chören interpretiert wurde und bis heute seinen festen Platz im Kanon der internationalen Arbeiterlieder hat. Es wurde in Straßburg uraufgeführt, bei der Ersten Internationalen Arbeitermusik- und Gesangs-Olympiade 1935, und dort gesungen von Ernst Busch und einem Massenchor aus 3.000 Arbeitern.[332] Als direkte »Botschaft mit Nutzanweisung« kam es da allerdings zu spät:

---

329 Engelmann (1975), S. 272; Vuillard (2018), S. 17; de Jong (2022), S. 13 ff.

330 zitiert bei: de Jong (2022), S. 16

331 Adamek (1981), S. 202; Commandantes (2004)

332 Dithmar (1993), S. 237

Drum links, zwei, drei!
Drum links, zwei, drei!
Wo dein Platz, Genosse, ist!
Reih' dich ein in die Arbeitereinheitsfront,
weil du auch ein Arbeiter bist!

Erst 1935, auf dem VII. Weltkongress der Kommunistischen Internationale in Moskau, wurde die Sozialfaschismusthese verworfen und nunmehr auf eine Volksfrontpolitik, also auf ein Bündnis auch mit linksbürgerlichen Kräften gegen den Faschismus, orientiert.

5. Widerstand gegen den Faschismus (1933 bis 1945)

Bereits in den ersten Wochen und Monaten nach der Machtübertragung an die Faschisten wurden außer der NSDAP alle anderen Parteien verboten, die Gewerkschaften aufgelöst und die staatlichen Institutionen mit den Gliederungen der Nazi-Partei verschmolzen. Auch die Kulturorganisationen der Arbeiterbewegung wurden in die Illegalität gezwungen oder lösten sich auf.

Zugleich wurde, wie dem Großkapital versprochen, die Aufrüstung enorm forciert und die Schwer-, Elektro- und Chemieindustrie – Krupp, Thyssen, Siemens, Rheinmetall, IG Farben – mit Großaufträgen bedacht.[333]

Bis zum Angriff auf Polen und dem Beginn des Zweiten Weltkriegs hatten die Nazis außerdem den allergrößten Teil der jüdischen Betriebe und Vermögen »arisiert« – also enteignet, und das Eigentum daran an nicht-jüdische, im Sprachgebrauch der Nazis: »arische« bzw. »deutschblütige« oder »artverwandte« Unternehmen und Banken übertragen.[334]

333 Streisand (1983), S. 358 ff.

334 Barkai (1988), S. 80 ff., 87, 119, 151, 167

Im Januar 1934 wurden mit dem »Gesetz zur Ordnung der nationalen Arbeit« die deutschen Unternehmer zu »Führern des Betriebes« mit Befehlsgewalt gemacht, und die Arbeiter und Angestellten zur »Gefolgschaft« mit unbedingter Gehorsamspflicht degradiert.[335] Frauen wurden systematisch – durch Verbot des »Doppelverdienertums« und der Gewährung von »Ehestandsdarlehen« an Männer, deren Frauen ihren Beruf aufgaben – aus dem Arbeitsleben gedrängt. Nach einer Statistik der Gestapo vom April 1939 befanden sich 308.000 Deutsche, davon etwa 15 bis 20 Prozent Frauen, aus politischen Gründen in Haft.[336] Über 90 Prozent gehörten der Arbeiterbewegung an.

Begriffe wie »Nürnberger Gesetze« (1935), »Reichspogromnacht« (1938) oder »Wannseekonferenz« (1942) stehen schließlich für ein nie zuvor in der Geschichte dagewesenes Menschheitsverbrechen; die Vernichtung und industrielle Ermordung von über 6 Millionen Jüdinnen und Juden sowie 500.000 Roma und Sinti durch die deutschen Faschisten.

Eine zentrale Bedeutung für den Fortgang der Geschichte im internationalen Maßstab hatte die Niederlage der antifaschistischen Kräfte im Spanischen Bürgerkrieg im April 1939. Die im Jahr 1936 gewählte »Frente Popular« (Volksfront) verteidigte, im Bündnis mit der Sowjetunion, der internationalen Arbeiterbewegung und rund 40.000 bewaffneten Interbrigadisten, die spanische Republik. Sie unterlagen gegen den von General Franco im Interesse der reaktionären Kräfte geführten Militärputsch, welcher von den deutschen und italienischen Faschisten mit Truppenverbänden und Luftwaffe maßgeblich unterstützt wurde. Eine historische Weichenstellung: Für die Nazis war damit der Weg zum großen Krieg freigeräumt, und drei Jahre später beherrschte der Faschismus Europa vom Atlantik bis zur Wolga.[337]

---

335 Kühnl (1996), S. 93

336 Abendroth (1968), S. 145 f.; Hervé (1998), S. 111

337 Kühnl (1996), S. 129 f.

Illegalität

Die Zahl derer, die im Untergrund gegen den Faschismus arbeiteten, ist unüberschaubar. Sozialdemokraten und Anarchistinnen, Parteilose und viele Kommunistinnen, nicht wenige mit jüdischem Hintergrund. Sie versteckten geflohene KZ-Häftlinge, halfen Deserteuren, schrieben Flugblätter, fälschten Pässe, sabotierten die Kriegsmaschinerie, und sie versuchten, sich mit opponierenden Teilen des Bürgertums zu verbinden und mit ihnen zu kooperieren. Es liegt auf der Hand, dass unter den Bedingungen des klandestinen Widerstands keine Arbeiterlieder im hier behandelten Sinn komponiert und getextet worden sind. Und die älteren Lieder konnten natürlich auch nicht offen gesungen werden. Sie wurden höchstens einmal leise gesummt oder gepfiffen, als nonverbale Erkennungszeichen oder als Mut machende Selbstvergewisserung der Kämpfenden während ihrer illegalen politischen Tätigkeit »im Dunkeln«.

Dagegen nutzten die Nazis, neben den alten Landsknecht-Liedern oder denen der Jugendbewegung, auch die Eingängigkeit und die Popularität einiger Lieder der Arbeiterbewegung für ihre Zwecke. Sie texteten und funktionierten sie kurzerhand um, in der Absicht, die Gesellschaft bis in den letzten Winkel im faschistisch-ideologischen Sinn gleichzuschalten. Aus »Auf, auf zum Kampf« wurde so z. B. im Refrain: »Dem Adolf Hitler / haben wir's geschworen …« und aus dem »Leunalied«, bezogen auf den Münchner Hitler-Putsch von 1923: »In München sind viele gefallen / in München war'n viele dabei …«

Es sollen dennoch, auch wenn es sich nicht um eigentliche Arbeiterlieder handelt, hier ein paar Beispiele des Musikschaffens aus dem antifaschistischen Widerstand gegeben werden, schon um einen Eindruck davon zu vermitteln, wie sich die Bedingungen des Klassenkampfs schlagartig verändert hatten, und dass ein »Weiterkämpfen« für den harten Kern der Arbeiterbewegung trotzdem ohne Alternative war: So entstanden z. B. einige spontane Spottlieder, z. B. auf die Musik von Norbert Schultzes »Lilli Marleen«[338]:

338 Lammel (1970), S. 192

Unter der Laterne
vor der Reichskanzlei
hängen alle Bonzen,
der Führer hängt dabei.
Und alle Leute bleiben stehn,
sie wollen ihren Führer sehn!

Und auch einige defätistische Soldatenlieder wurden in den letzten Kriegsjahren der Nazizeit getextet und kursierten wohl vor allem unter den Soldaten selbst. Auf die Melodie der »Loreley« von Friedrich Silcher hieß es: »Den Landser auf wunden Füßen / ergreift ein wilder Zorn / bald wird er nach hinten schießen / und nimmer weiter nach vorn.«[339]

Aber auch eigenständige Lieder, aus dem Widerstand und davon handelnd, wurden verfasst, wie z. B. »Mein Vater wird gesucht«[340]. Hans Drach hat es im Exil im sowjetischen Dnjepropetrowsk geschrieben, und er schickte die Verse zu der nach Prag emigrierten Gerda Kohlmey, die die Musik dazu komponierte:

Oft kam zu uns SA
und fragte, wo er sei.
Wir konnten es nicht sagen,
sie haben uns geschlagen,
wir schrien nicht dabei.

Außerhalb Deutschlands wurden natürlich während des Spanischen Bürgerkriegs zahlreiche, wichtige Lieder geschrieben und gesungen, die, auch wenn es sich nicht um deutsche Arbeiterlieder handelt, sowohl in den damaligen Kämpfen als auch in der Geschichte der Arbeitermusikbewegung einen hohen Stellenwert hatten und haben. Um auch hiervon ein knappes Bild zu skizzieren

339 Lammel (1970), S. 204

340 Lammel (1970), S. 190; Zupfgeigenhansel (1977)

– immerhin waren die Auswirkungen auf die Repertoireentwicklung beachtlich –, seien ein paar Song-Beispiele aus den Kämpfen und Erfahrungen der Interbrigaden in Spanien zwischen 1936 und 39 erwähnt:

Ernst Busch nahm von März 1937 bis Juli 1938 als Sänger und Kulturarbeiter für die Internationalen Brigaden am Spanischen Bürgerkrieg teil. Er sang vor den Kämpfern, in Lazaretten und Schulen, nahm Schallplatten auf, sang im Radio und fing dort auch an, seine eigenen Texte zu schreiben.[341] So z. B. »Hans Beimler, Kamerad«[342] auf die Melodie von »Der gute Kamerad« von Friedrich Silcher, als Hommage an den kommunistischen Politiker und Münchener Revolutionskämpfer, der als politischer Kommissar der »Thälmann-Brigade« 1936 in Madrid gefallen war: »Eine Kugel kam geflogen / aus der ›Heimat‹ für ihn her / Der Schuss war gut erwogen / der Lauf war gut gezogen – / ein deutsches Schießgewehr.«

Auch Eisler hielt sich 1937 für ein paar Wochen in Madrid und in Murcia auf. Er komponierte dort einige neue Lieder, u. a. in Zusammenarbeit mit dem Dichter Ludwig Renn, der das Thälmann-Bataillon kommandierte.[343] Im französischen Exil entstand derweil »Die Thälmann-Kolonne«[344] von Paul Dessau (Musik) und seiner Frau Gudrun Kabisch (unter dem Pseudonym »Karl Ernst«, Text) als Lied für die 11. Interbrigade, in der viele deutsche Antifaschisten gegen die Franco-Diktatur kämpften. Es wurde später in viele Sprachen übersetzt:

Spaniens Himmel breitet seine Sterne
über unsre Schützengräben aus,
und der Morgen grüßt schon aus der Ferne,
bald geht es zu neuem Kampf hinaus.

341 Voit (2010), S. 125, 128 f., 141 f.

342 Lammel (1984), S. 214; Busch (1970a)

343 Eisler (1973), S. 395 f.

344 Lammel (1970), S. 196; Busch (1970a)

Aus den Lagern

Selbstredend wurden auch in den Strafgefangenen-, Konzentrations- und Vernichtungslagern, den Zuchthäusern, Gefängnissen und Ghettos der Nazis keine neuen Arbeiterlieder getextet oder komponiert. Die bekannten Stücke aus der Arbeiterbewegung wurden aber bisweilen zur eigenen Ermutigung gesummt oder in streng geheimen Zusammenkünften unter Genossen leise gesungen.[345] Aber Lieder, die den Lageralltag beschreiben, von Ohnmacht und Angst handeln, Täter anklagen und Opfer betrauern, die Hoffnung, Solidarität und Humanität beschwören – ob als Gebrauchslyrik, Kabarett-Song, Kontrafaktur oder eigenständiges Kunstlied, solche entstanden durchaus in den Lagern. Viele davon sind wahrscheinlich überhaupt nicht dokumentiert oder überliefert, da ihre Autorinnen ermordet wurden, und ihr Nachlass vernichtet. Einiges aber schon, und auch davon soll hier eine kurze Anschauung gegeben werden:

»Die Moorsoldaten«[346] ist sicherlich das bekannteste Stück, das aus diesem Zusammenhang überliefert ist. Es entstand bereits 1933 im Emslandlager, KZ Börgermoor, und es wurde von Johann Esser und Wolfgang Langhoff (Text) sowie Rudi Goguel (Musik) für eine Art Revue-Vorstellung zur Aufmunterung der Lagerinsassen geschrieben[347]: »Einmal werden froh wir sagen / Heimat, du bist wieder mein / Dann zieh'n die Moorsoldaten / nicht mehr mit dem Spaten / ins Moor.« Hanns Eisler bezeichnete es als eines der schönsten Lieder der internationalen Arbeiterbewegung, und er bearbeitete die Melodie 1935 für den Vortrag durch Ernst Busch, der es wiederum 1937 in sein Spanienliederbuch aufnahm und es unter den Interbrigadisten verbreitete. Im Lager selbst wurde das Lied bereits nach zwei Tagen verboten, aber es wurde in Abschriften heimlich verbreitet, so dass es überhaupt den Weg nach draußen finden konnte.[348]

345 Lammel (1970), S. 79 f.

346 Adamek (1981), S. 190; Wader (1977)

347 vgl. den Bericht von Langhoff in: Adamek (1981), S. 192 ff.

348 Eisler (1973), S. 277 ff.

»Im Walde von Sachsenhausen«[349], dessen Verfasser unbekannt ist, wurde, wohl auf die Melodie eines russischen Volkslieds, 1936 im KZ Sachsenhausen getextet.

Kameraden, wir kehren einst wieder
ins Leben, in die Freiheit zurück.
Lasst froh erklingen die Lieder,
nach dem Dunkel kommt wieder das Licht!

Auch andere KZs hatten ihre speziellen Lagerlieder – z.B. das »Buchenwaldlied«, »Neuengammer Lagerlied«, »Lichtenburger Lagerlied«, »Dachau-Lied« – die oft auf Befehl der Lagerleitungen von den Häftlingen geschrieben und gesungen werden mussten, und in deren Texte häufig verdeckte, mitunter auch kaum verschlüsselte, antifaschistische Botschaften »geschmuggelt« wurden.[350]

Von ganz anderer, persönlicher und sehr melancholischer Art ist dagegen das anrührende Lied »O bittre Zeit«[351], das Eva Lippold, Widerstandskämpferin und spätere Nationalpreisträgerin der DDR, in ihrer Einzelzelle im Zuchthaus Jauer schrieb und komponierte:

Wie bin ich so alleine.
O bittre Zeit,
die töricht ich verweine.
Doch groß ist unser Leid,
groß ist der Menschen Leid.

In den Zuchthäusern und Konzentrationslagern, den Gaskammern und Vernichtungslagern der deutschen Faschisten sind etwa 11 Millionen Menschen unterschiedlicher Nationalitäten ermordet wor-

349 Dithmar (1993), S. 208, 275 f.; Die Grenzgänger (2015)

350 vgl. z.B. Dithmar (1993), S. 201 ff., 271 ff. und die Kompilation: Diverse (2006); Die Grenzgänger (2015)

351 Lippold auf: Diverse (2006) CD 1

den, und der Zweite Weltkrieg forderte allein in der Sowjetunion rund 27 Millionen Tote. Eine entsetzliche Bilanz. Der Roten Armee und den Streitkräften der Westalliierten gelang es, den Faschismus militärisch zu besiegen und Deutschland nach zwölf Jahren vom Nazi-Terror zu befreien.

Die deutschen Eigentümer-Dynastien hatten durch den organisierten Völkermord in dieser Zeit als Großindustrielle, Bankiers, Autokonstrukteure, Textil- oder Nahrungsmittelhersteller durch enorme Rüstungsaufträge und den Einsatz von Zwangs- und Sklavenarbeiterinnen sowie die Übernahme jüdischer Unternehmen große Gewinne und Extra-Profite eingestrichen. Ihre Namen lauten Siemens, Krupp, Quandt (AFA, heute: Varta, BMW), Flick (Daimler-Benz), von Finck (Allianz) Porsche-Piëch (VW und Porsche), Dierig (Textilien, bekannt aus dem Weberaufstand 100 Jahre zuvor), Oetker oder Bahlsen (Lebensmittel), um nur ein paar davon zu nennen. Konkrete »Kooperationen« in Sachen Zwangsarbeit, koordiniert über das SS-Wirtschaftsverwaltungs-Hauptamt, in sogenannten Außenlagern gab es beispielsweise zwischen dem KZ Auschwitz und der IG Farben (Bayer, Agfa, BASF), Dachau und BMW, Sachsenhausen und Daimler-Benz, Ravensbrück und Siemens, Langenbielau und Dierig, Neuengamme und Quandts AFA, Porsche und Dr. Oetker.[352] Im Außenlager »Dora« von Buchenwald schufteten sich die Zwangsarbeiter beim Bau der staatlichen Produktionsanlagen für die Nazi-»Wunderwaffe« V2 buchstäblich zu Tode.

Die Häftlinge aus dem KZ Buchenwald befreiten ihr Lager selbst am 11. April 1945 von der SS, noch bevor die US-Armee das Gelände erreichte. Der ein paar Tage später von den Überlebenden bei einem Appell zum Totengedenken dort geleistete »Schwur von Buchenwald« fasst zusammen, was unabhängig von Nationalität, Parteizugehörigkeit und Weltanschauung die gemeinsame Lehre aus dieser Epoche der Geschichte ist: »Wir stellen den Kampf erst ein, wenn auch der letzte Schuldige vor den Richtern der Völker

352 de Jong (2022), S. 24, 212

steht! Die Vernichtung des Nazismus mit seinen Wurzeln ist unsere Losung. Der Aufbau einer neuen Welt des Friedens und der Freiheit ist unser Ziel.«[353]

Am 2. Mai wehte die sowjetische Fahne über dem Berliner Reichstag. Am 8. Mai kapitulierte die deutsche Wehrmacht.

6. Arbeiterlieder in der DDR (1945 bis 1990)

In der sowjetischen Besatzungszone (SBZ), dem Gebiet der späteren DDR, wurden zunächst sämtliche Nazi-Kriegsverbrecher, derer die sowjetische Militäradministration habhaft werden konnte, vor Gericht gestellt und verurteilt, insgesamt 18.300. Und bis Anfang 1947 waren, ganz anders als in den Westzonen, über 300.000 Personen mit beruflicher Vergangenheit im faschistischen Staatsapparat aus öffentlichen Ämtern und verschiedenen Führungsetagen entlassen worden.[354] Außerdem ließ die UdSSR als Kriegsentschädigung zahlreiche Fabrikanlagen demontieren, Maschinen und Apparate abziehen sowie Rohstoffe und Fertigprodukte aus den ostdeutschen Firmenlagern abtransportieren.

Die Tätigkeit antifaschistisch-demokratischer Parteien und freier Gewerkschaften wurde erlaubt, und so begannen zunächst KPD und SPD, kurze Zeit später auch CDU und LDPD (Liberale) mit ihrer (Re-)Organisation, und es wurde, auf Initiative der KPD, der Freie Deutsche Gewerkschaftsbund (FDGB) als Einheitsgewerkschaft der SBZ gegründet. Die vier Parteien bildeten zunächst den sogenannten »antifaschistisch-demokratischen Block«, leiteten zusammen die Landes- und Provinzialverwaltungen, und sie führten die Boden- und die Industriereform durch. Also die entschädigungslose Enteignung derjenigen Teile der Bourgeoisie, die dem Faschismus an die Macht verholfen, ihn gestützt und von seinen

353 Drobisch (1978), S. 208
354 Roesler (2012), S. 15

Verbrechen profitiert hatten. 2,1 Millionen Hektar Besitz an Grund und Boden wurde, unter der Losung »Junkerland in Bauernhand«, an Landarbeiter, Kleinbauern und Flüchtlinge aus den Ostgebieten übereignet, die sich bald in Landwirtschaftlichen Produktionsgenossenschaften (LPG) organisierten. Die Betriebe gingen größtenteils in Staatseigentum über. Dazu gehörten die Werke der Kriegsverbrecher Krupp und Flick, der IG Farben und der AEG.[355] Im April 1946 schlossen sich KPD und SPD zur Sozialistischen Einheitspartei (SED) zusammen und zogen damit, jedenfalls formal, die Lehre aus dem Versagen der sowohl organisatorisch wie auch im politischen Handeln gespaltenen Arbeiterbewegung seit 1914 und der unterbliebenen Einheitsfrontpolitik gegen den aufziehenden Faschismus.

Durch die Währungsreform und die Einführung der D-Mark in der »Trizone« 1948 wurden bald die Weichen in Richtung Kalter Krieg und deutsche Teilung gestellt. Die Sowjetunion begann damit, ihre Besatzungszone in den »Ostblock« zu integrieren, was nicht ohne Auswirkungen auch auf die weitere Entwicklung der SED blieb, die sich schon bald nach dem Vorbild der KPdSU umstrukturierte und in der die kommunistischen Kader tonangebend wurden.[356] Diese waren großteils kurz zuvor aus den Konzentrationslagern und Zuchthäusern, der Emigration oder der Illegalität zurückgekommen. Als Reaktion auf die Gründung der BRD im Mai wurde im Oktober 1949 die Staatsgründung der DDR vollzogen. In der Regierung dominierte von Beginn an die SED, wenn auch ihr festgeschriebener Führungsanspruch erst 1967 in die DDR-Verfassung aufgenommen wurde.

Die Wirtschaft der DDR wurde nach sowjetischem Vorbild von der Staatlichen Planungskommission zentral geplant und geleitet, während Arbeiterinnenvertreter vor Ort – Vertrauensleute, Betriebsgewerkschaftsleitung oder Brigadiere – lediglich auf Betriebs-

355 Stars (1977), S. 58 ff., 69

356 Roesler (2012), S. 24 f.

ebene Mitbestimmungsrechte ausüben konnten. Betriebsräte waren schon 1948 wieder abgeschafft worden.[357] Die gewerkschaftliche Rolle des FDGB, in dem fast alle Werktätigen organisiert waren, als Interessenvertretung und Schutzorganisation der Arbeiter, beschränkte sich in der gesellschaftlichen Praxis hauptsächlich auf die Verwaltung der Sozialversicherung, Kulturförderung und den Feriendienst.[358] Die Ausübung der Mitbestimmung bei der Verfügung über die Produktionsmittel sollte über Repräsentanten des FDGB in der Staatlichen Planungskommission und ihre Vertreter im Parlament, der Volkskammer, und darüber vermittelt »an den Schalthebeln der Macht«, gewährleistet werden. Die tatsächliche Verfügungsgewalt übte aber ohne Zweifel das Politbüro und das ZK der SED aus.[359]

Theoretisch fehlte es in der DDR, da der antagonistische Klassengegensatz zwischen Kapitalisten und Arbeiterklasse aufgehoben war, an den gesellschaftlichen Voraussetzungen für das Entstehen von Arbeiterliedern. Das reflektiert in seinem Refrain auch »Das Lied der Gewerkschaften«[360] – geschrieben von Heinz Rusch und komponiert von Kurt Schwaen im Jahr 1953:

> Wir sind die Pfeiler, die Hämmer, Motoren
> im Werke, das niemand als uns nur gehört!
> Wir planen und schaffen, dem Volke verschworen,
> und wachen, dass keiner den Frieden mehr stört.
> Brüder am Werke, Millionen bauen am neuen Geschlecht,
> hüten die Felder, Maschinen, hüten der Arbeiter Recht.

Ohne Klassenantagonismus und kapitalistische Produktionsverhältnisse auch keine neuen Arbeiterlieder, so könnte man konstatieren, abhaken und es dabei bewenden lassen. Da aber in den 40 Jahren

357 Roesler (2012), S. 23

358 Roesler (2012), S. 23, 125 f.; Müller (1990), S. 341

359 Fülberth (2010a), S. 73 f.

360 Lammel (1967), S. 143; Solistenvereinigung auf: Diverse (2011), Teil 4, CD 11

des Bestehens der DDR natürlich tausende Lieder geschrieben und gesungen worden sind, und gar nicht wenige davon auch inhaltlich, hin und wieder kritisch Bezug auf die Produktion, den konkreten Arbeitsplatz, allgemein Betriebliches und womöglich auch auf gesellschaftliche Verteilungsfragen genommen haben, möchte ich im Folgenden dennoch ausloten und darstellen, wo und in welcher Form so etwas entstanden sein könnte, das dem Begriff vom Arbeiterlied unter den sozialistischen Verhältnissen der DDR am nächsten kommt.

Feierliches

In den Anfangsjahren der DDR wurde von offizieller Seite zunächst vor allem an die Tradition der alten Kampflieder angeknüpft. Diese wurden, zur Bewahrung des proletarischen, kulturellen Erbes, gespielt und gesungen – auf Partei-, Gewerkschafts- und Festveranstaltungen, auf Mai- und Gedenkdemonstrationen, im Rundfunk und auf Schallplatten. Nicht selten in pompös-pathetischen, »staatstragenden« Arrangements – mit großen, professionellen Chören und Orchestern. Ins Programm wurden dabei gern auch solche Lieder genommen, die voller Hoffnung und in »historischem Optimismus« die sozialistische Zukunft besungen hatten und nun in einen konkreten und realen Kontext eingebettet werden konnten. Ein Beispiel dafür ist das von Louis Fürnberg schon im Jahr 1937 für seine Agitproptruppe geschriebene »Du hast ja ein Ziel vor den Augen«[361], in dem es heißt: »Allen die Welt und jedem die Sonne / fröhliche Herzen, strahlender Blick / Fassen die Hände Hammer und Spaten / wir sind Soldaten, Kämpfer fürs Glück.«

Das »Lied der Werktätigen«[362] von Stephan Hermlin zur Musik von Hanns Eisler im Jahr der Staatsgründung geschrieben (auch: »Brüder seid bereit«), ist vom Gestus her zwar ein Kampflied – und

361 Lammel (1970), S. 212, 250; Jugendchor des MDR auf: Diverse (2011), Teil 4, CD 10

362 DT 64 (1971), S. 236; Hanns-Eisler-Chor (1975)

es geht ja musikalisch auch zurück auf eine Komposition für »Das Rote Sprachrohr« (das »Kominternlied« von 1929). Vom Text her aber stellt es einen Appell zum tatkräftigen Aufbau der neuen Gesellschaft dar:

> Wir standen auf Spaniens Gefilden zusammen,
> wir gingen gemeinsam durch Folter und Flammen.
> Heut bauen wir kühn unsern eigenen Staat
> des tätigen Friedens, der friedlichen Tat.

Von diesen Aufbau-Liedern gibt es einige aus den frühen DDR-Jahren, dazu gehört auch das FDJ-Lied »Bau auf, bau auf«[363], geschrieben von Reinhold Limberg im Jahr 1951.

Am ehesten Arbeiterlied-Charakter hatten wohl einige Stücke, die von Ernst Busch auf dem von ihm mit Lizenz der Sowjetischen Militärverwaltung 1946 gegründeten Plattenlabel »Lied der Zeit« (später: »Eterna«) eingesungen wurden. So Fürnbergs berühmt-berüchtigtes »Das Lied von der Partei«[364] – »Die Partei / die Partei / die hat immer Recht / Genossen, es bleibe dabei« – oder auch die bezeichnenderweise an »unsere Brüder in Westdeutschland« gerichtete »Kleine Anfrage«[365] von Helmuth Klose (Text) und Giorgi Schneerson (Musik): »Wann endlich, Brüder, seid ihr so weit / zu kämpfen und das Leben zu wagen / für euch und eure Welt?« Das Stück »Lenin«[366] ist ein einstrophiger Lobgesang auf den russischen Revolutionär, das Johannes R. Becher bereits 1927 getextet hatte und Eisler 1953 vertonte. Und schon 1949, zu Stalins 70. Geburtstag, hatte Ernst Busch zehn Titel auf fünf Schellack-Platten herausgebracht[367], die allesamt aus dem Russischen übertragene, Stalin ge-

363 Zentralrat der FDJ (1985), S. 116; Jugendchor des MDR auf: Diverse (2011), Teil 4, CD 10

364 Lammel (1971), S. 147; Busch auf: Diverse (2011), Teil 4, CD 11

365 Busch auf: Diverse (2011), Teil 4, CD 11

366 DT 64 (1971), S. 42; Busch (1970)

367 Voit (2010), S. 212 f.

widmete Hymnen darstellen, darunter »Stalin – Freund, Genosse«[368] mit der deutschen Übersetzung von Alexander Ott: »Stalin führte uns zu Glück und Frieden / unbeirrbar wie der Sonne Flug / Langes Leben sei dir noch beschieden / Stalin – Freund, Genosse, treu und klug!«

Die politische Bewertung Stalins einmal außen vor: Der kitschige Personenkult, gepaart mit der dem Text inhärenten treuherzigen Glückserwartung, die noch verstärkt wird durch das jedes musikalische Klischee bedienende Pathos im Gesangs- und Instrumentalvortrag; das zusammen lässt eine deutliche Parallele zu den frühen Parteiliedern des ADAV in seiner Lassalle-Feier-Phase des vorherigen Jahrhunderts erkennen. Man kommt daher kaum umhin, der offiziellen Liedgut-Pflege in der frühen DDR, zumindest in weiten Teilen, eine schwere Regression zu attestieren. Das lässt sich sicherlich auch mit der historischen Leerstelle erklären, dass die deutsche Arbeiterbewegung nicht aus eigener Kraft, jedenfalls ohne eigene Revolution, an die Macht gelangt war. Und die Mehrheit der Bevölkerung – auch große Teile der Arbeiter und Angestellten –, hatte ja die faschistischen Verbrechen, so sie nicht direkt daran beteiligt war, zumindest geduldet bzw. gehörte nicht dem Widerstand an. So gab es im Grunde kaum eine Eigenleistung, die zu besingen gewesen wäre. Stattdessen die Sowjetunion, der es Dank zu sagen galt, und den weiteren Staatsaufbau, dem nun alle Aufmerksamkeit gebührte. Lieder aus den Kämpfen der Arbeiter gehörten der Vergangenheit an und waren jetzt von Staats wegen und offiziell als kulturelles Erbe zu pflegen. Sie dienten der Repräsentation und der Legitimation, nach innen wie nach außen. Und so klangen sie auch.

Nachdem im Jahr 1952 eine Einigung der Siegermächte auf ein neutrales, entmilitarisiertes Gesamtdeutschland endgültig gescheitert war, wollte die SED die Weichen für den raschen Übergang zum Aufbau des Sozialismus stellen. Die UdSSR verlangte gleichzeitig, dass sich die DDR auch an den militärischen Kosten zur Ver-

---

368 Busch auf: Diverse (2011), Teil 4, CD 11

teidigung des sozialistischen Lagers beteiligte. Die Westgrenze der DDR wurde schließlich zum »Eisernen Vorhang« im Kalten Krieg. Das hatte drastische Sparmaßnahmen und Rationierungen zur Folge sowie zusätzlich eine unverhältnismäßige, generelle Erhöhung der Arbeitsnormen, was unterm Strich nichts anderes darstellte als eine erhebliche Lohnsenkung für die Werktätigen.[369] Es kam in der Folge, ausgehend von Berliner Bauarbeitern, zu Streiks und zu jenem 17. Juni 1953, den der wirklich nicht im Verdacht übertriebener DDR-Beschönigung stehende Wolf Biermann später als »schon demokratischen Arbeiteraufstand und noch faschistische Erhebung«[370] bezeichnete. Er wurde von der Sowjetarmee mit rollenden Panzern beendet. Im offiziellen Wirtschaftswunder-Westdeutschland – mit seiner Adenauer-Regierung und dem Alt-Nazi Hans Globke als Ministerialdirektor im Kanzleramt – wurde der 17. Juni 1953 zum »deutschen Schicksalstag« verklärt, Straßen und Plätze danach benannt und bereits ein paar Wochen später zum »Tag der deutschen Einheit« und gesetzlichen Feiertag erkoren – Kalter Krieg eben.

Mitinszeniert von westlichen Geheimdiensten sowie der herrschenden Klasse der BRD als angelegte Kampagne zum Regime-Change, lagen die tieferen Ursachen für den Aufstand von 1953 in der, im Vergleich zur BRD, mitunter wirklich angespannten Versorgungslage aufgrund der ungleichen Bedingungen beim wirtschaftlichen Wiederaufbau nach dem Zweiten Weltkrieg. Ohne eigene schwerindustrielle Basis und ohne Marshallplan-Hilfen wie in der BRD, hatte die DDR gewaltige Investitionen in die Infrastruktur zu tätigen sowie die gesamten Reparationen an die von den Nazis bis an die Wolga zerstörte UdSSR allein aufzubringen. Gleichzeitig fand bereits ein permanenter Abfluss von Arbeitskräften und Fachleuten in die BRD statt, auf den die SED-Führung im August 1961 schließlich mit dem Bau der Mauer und der Sperranlagen an der in-

369 Roesler (2012), S. 30ff.

370 Biermann (1977), »Diskussion über sowjetische Panzer (Sprechteil)«

nerdeutschen Grenze reagierte.[371] Das zentrale Planungssystem der sozialistischen Staatenwelt erwies sich, bei allen Versuchen der Neujustierung und Anpassung, auf lange Sicht als zu wenig effektiv, um bei der im Systemvergleich und im aufoktroyierten Rüstungswettlauf mit dem Westen permanent zu erbringenden Produktivitätssteigerung mithalten zu können. Spätestens mit der Etablierung der Mikroelektronik in der Fertigung wie in der Konsumgüterindustrie geriet die DDR immer mehr ins Hintertreffen – und auch in die westliche Schuldenfalle.[372]

Lyrikwelle und Singebewegung

Es gab auch nach dem 17. Juni 1953 noch einzelne Arbeitsniederlegungen und Unmutsentäußerungen in den Betrieben. Aber trotz Mauerbau, der von den meisten wohl als unvermeidlich hingenommen wurde, kann keine Rede davon sein, dass es in der DDR eine durchgängig niedergehaltene, fundamental-oppositionelle Bewegung gegeben hätte, die für die Abschaffung der sozialistischen Eigentumsordnung eingetreten wäre.[373] Im Gegenteil: Diejenigen, die sich gegen Einzelmaßnahmen, Missstände oder auch grundsätzlicher gegen die SED-Führung positionierten, in Wort und Schrift und Musik, zeigten sich prinzipiell einverstanden mit dem Gesellschaftssystem. Sie forderten aber mehr Teilhabe daran, mehr Mitsprachemöglichkeiten und auch eine offen zu führende Diskussion über politische Grundsatzentscheidungen. Die gängige, autoritäre Praxis des Demokratischen Zentralismus nach innen, mit dem politischen Führungsanspruch der Partei nach außen, war, vor allem für die nachkommenden Generationen, nicht mehr durchweg in Einklang zu bringen mit den von ihnen auch in der Schule gelernten emanzipativen, sozialistischen Überzeugungen und Forderungen aus der Geschichte der Arbeiterbewegung.

371 Fülberth (2010a), S. 76

372 Roesler (2012), S. 81 ff.

373 Roesler (2012), S. 54, 94

Im Nachgang zum XX. Parteitag der KPdSU im Jahr 1956, mit der Geheimrede Chruschtschows zu den Enthüllungen über die Ära Stalin, kam es auch in der DDR langsam zu einer Art Tauwetter in der Kulturpolitik.[374] In den frühen 1960er Jahren liegen dann auch die Wurzeln der DDR-Liedkultur, welche zunächst untrennbar mit dem Namen und Schaffen Wolf Biermanns verbunden ist. Er war aus einer kommunistischen Hamburger Familie 1953 als Siebzehnjähriger in die DDR gekommen und ging, auf Vermittlung Margot Honeckers, mit der er zusammen aufgewachsen war, auf ein Internat und studierte anschließend.[375] Ernsthaft Lieder zu schreiben begann er im Zuge der sogenannten Lyrikwelle, als zunächst an der Berliner Akademie der Künste, später auch in einer Veranstaltungsreihe der FDJ, angefangen wurde, auch jungen Dichtern aus der DDR eine Bühne für ihre Werke zu geben.[376] Biermann, der Mitglied in der FDJ und der SED war, überspannte mit seinen dezidiert regierungsfeindlichen und mitunter auch persönlich beleidigenden, wenn auch poetisch sehr gekonnten Texten offenbar sofort jeden Bogen des für die altvorderen SED-Kader Erträglichen. Etwa in seinem »Gesang für meine Genossen«[377]: »Jetzt singe ich für meine Genossen alle / das Lied von der verratenen Revolution / für meine verratenen Genossen singe ich / und ich singe für meine Genossen Verräter …« – oder auch in »Die hab ich satt«[378]: »Und sagt mir mal: Wozu ist gut / die ganze Bürokratenbrut? / Sie wälzt mit Eifer und Geschick / dem Volke über das Genick …«

Biermann-Lieder erschienen in der DDR daher nur in Anthologien, aber er konnte im Westen veröffentlichen und auch dort auftreten. Spätestens die Verse über die Berliner Mauer in seinem »Deutschland. Ein Wintermärchen«[379] – »Manch einer warf sein

374 Kirchenwitz (1993), S. 16 f.

375 Andert (1993), S. 19

376 König (2018), S. 45

377 Biermann (1991), S. 77; Biermann (1983)

378 Biermann (1991), S. 184; Biermann (1975)

379 Biermann (1979), S. 5; Biermann (1975)

junges Fleisch / in Drahtverhau und Minenfeld / Durchlöchert läuft der Eimer aus / wenn die MP von hinten bellt« – führten ab Ende 1965 dazu, dass Biermann-Auftritte in der DDR nicht mehr veranstaltet werden durften.[380] Und elf Jahre später, nach seinem Konzert für die IG Metall in Köln 1976, das im WDR-Hörfunk live übertragen und ein paar Tage später im Westfernsehen gesendet wurde, beschloss das Politbüro seine Ausbürgerung aus der DDR. Erst danach, im Westen, schrieb und sang Biermann auch das eine oder andere Stück, das als Arbeiterlied bezeichnet werden kann, bevor er dann, spätestens mit dem Epochenbruch von 1989/91, politisch endgültig die Seiten wechselte. Seine Texte reflektieren ansonsten vor allem den intellektuellen Überbau des DDR-Sozialismus, befassen sich kaum mit den Niederungen des Alltäglichen oder tagespolitischen Belangen.[381] Aber mit »Streik bei Thyssen«[382] für die 35-Stunden-Woche oder auch »Streikposten vor Euro-Kai«[383] widmete er sich dann doch, in seiner kurzen Phase als BRD-Linker, stellenweise den betrieblichen Kämpfen der Arbeiterklasse.

Zurück in die DDR: Die internationale Folksongwelle, die das Revival in den USA – mit Pete Seeger, Joan Baez, Bob Dylan, Phil Ochs etc. als Protagonisten – ausgelöst hatte, schwappte Mitte der 1960er auch »nach Drüben« und fand dort eine durchaus vergleichbare Resonanz. Der aus Kanada Ende der 1950er Jahre in die DDR eingewanderte Musiker Perry Friedman hatte in seinen »Hootenanny«-Programmen das Publikum methodisch dazu aufgefordert, und auch dazu gebracht, amerikanische Protestsongs, neben wiederentdeckten Volksliedern, internationaler Folklore und einigen Liedern aus der Arbeiterbewegung, mitzusingen und so selbst zum Mit-Akteur der Veranstaltungen zu werden. Der Begriff Hootenanny stammt aus der US-amerikanischen Folksongtradition, und er beschreibt in etwa eine Mischung aus Hausmusik und Jam-

380 vgl. Honecker in: Andert/Herzberg (1990), S. 316 f.; Kirchenwitz (1993), S. 25 f.

381 Mittenzwei (2003), S. 281 f.

382 Biermann (1991), S. 335; Biermann (1980)

383 Biermann (1991), S. 331; Biermann (1978)

Session. Bald luden auch DDR-Künstler zu Hootenanny-Abenden, 1966 wurde der erste Berliner Hootenanny-Klub gegründet, und weitere bildeten sich, zunächst in Berlin, dann auch in Dresden.[384] Neue politische Lieder aus der DDR entstanden aber in diesem Kontext zunächst nur sehr zaghaft. Hauptautor und zentrale Figur im Berliner Klub war zu dieser Zeit Hartmut König, dessen »Friedenslied«[385] und »Sag mir, wo du stehst«[386] gern gehört und mitgesungen wurden:

> Zurück oder vorwärts – du musst dich entschließen!
> Wir bringen die Zeit nach vorn Stück um Stück.
> Du kannst nicht bei uns und bei ihnen genießen,
> denn wenn du im Kreis gehst, dann bleibst du zurück.

Mit Arbeiterliedern im hier behandelten Sinne haben die Stücke aber nichts zu tun.

Aus dem Berliner Hootenanny-Klub wurde 1967 der Oktoberklub, und aus den Hootenannies nun die Singebewegung der DDR – im Zuständigkeitsbereich der FDJ. Die Partei hatte vor, auch mit großzügiger Vergabe von Fördermitteln, sich an die Spitze der bis dahin noch mehr oder weniger sich selbst überlassenen Szene zu setzen. Es gab Proberäume und Werkstattwochen, regionale Singezentren, Autorentreffen, und es wurden Festivals und Singeklub-Konzerte veranstaltet.[387] Der Berliner Oktoberklub blieb dabei das repräsentative, nationale »Flaggschiff« mit finanzierten Plattenaufnahmen, Auftritten im Radio und Konzertreisen, auch ins westliche Ausland.[388] Ziel war die landesweite Förderung und Pflege des politischen Lieds, und dazu sollte eine möglichst große Zahl von örtlichen Singeklubs entstehen, die sich mit der Tradition des poli-

384 Kirchenwitz (1993), S. 32 f.

385 König (2018), S. 72 f.; Oktoberklub (1967)

386 Zentralrat der FDJ (1985), S. 164; Oktoberklub (1996)

387 Kirchenwitz (1993), S. 42 f.

388 Mierau (1973), S. 251 ff.

tischen und des Arbeiterlieds auseinandersetzen, die alten Stücke singen, aber auch neue, eigene Lieder komponieren sollten. Durchs Mitmachen kam man sogar in den Genuss persönlicher Annehmlichkeiten. So konnte man sich gleichzeitig auf der richtigen Seite der Geschichte und der im Kapitalismus aufbegehrenden Jugendlichen und Studenten fühlen, die mitunter ja die gleichen Lieder sangen, und dafür auch noch von der Arbeit oder Ausbildung freigestellt werden, wenn Festivals, Werkstattwochen oder sogar Tourneen anstanden.

Der Oktoberklub wurde mit seinen über die Jahre insgesamt rund 200 Mitwirkenden zum Sprungbrett für eine Reihe der namhaftesten DDR-Musikerinnen, wie Kurt Demmler, Barbara Thalheim, Bettina Wegner, Gina Pietsch oder auch Tamara Danz – um nur ein paar zu nennen. Er rief auch das Festival des politischen Liedes ins Leben, das von 1970 bis 1990 in Berlin veranstaltet wurde und das für die internationale linke Musikszene eine bedeutende Institution wurde.

DDR konkret

Der Liedermacher Reinhold Andert war bis 1973 beim Oktoberklub, und er schrieb dafür z. B. den Song »Verbesserungsvorschlag«[389], in dem es heißt:

> Wenn gesellschaftliche Arbeit nur 'ne Pflichterfüllung bleibt,
> weil ihr jeden kleinen Einsatz in 'ne große Liste schreibt,
> und ihr sammelt fleißig Punkte für 'ne Stabü-Eins,
> und ihr seht nicht mehr das Ganze, sondern jeder Seins;
> ja dann mach doch mal einen Verbess'rungsvorschlag,
> und wenn's nicht klappt, dann steck nicht gleich zurück!

In Anderts »Lied vom Vaterland«[390] beginnt die letzte Strophe mit:

389 DT 64 (1971), S. 29; Oktoberklub (1985)

390 Zentralrat der FDJ (1985); S. 122; Oktoberklub (1973)

Kennst du das Land, wo die Fabriken uns gehören,
wo der Prometheus schon um fünf aufsteht.
Hier kann man manche Faust auf manchen Tischen hören,
bevor dann wieder trotzdem was nicht geht.

In diesen und auch in einigen anderen Liedern von Textern aus der Singebewegung – das waren tatsächlich beinahe durchgängig Männer – werden betriebliche Belange und das Leben in der Produktion thematisiert, und es sind auch Ansätze von Kritik an Missständen aufgrund von zentralen Fehlplanungen und selbstgefälligen Autoritäten erkennbar. Das Bedürfnis nach politischer Mitgestaltung in der DDR, die eigene, sozialistische Überzeugung und immer wieder auch das Beschwören des kollektiven Zusammenhalts bestimmen aber den Grundtenor der Songtexte. Es wurde aber nicht mehr in dem Maße idealisiert, wie das noch zehn Jahre zuvor gang und gäbe war und auch noch in den 1980er Jahren bei den Arbeiter- und Betriebschören der DDR praktiziert wurde, die parallel dazu und durchgängig existierten.

Im Spiegel seh ich mein Gesicht,
es ist gezeichnet von den Tagen,
von Staub und Öl, Versammlungslicht,
von Sorgen und ungelösten Fragen.
Kann das schon alles sein,
dass wir die Macht und zu essen haben,
die Steine, die wir aufgetürmt,
die Erde, die wir umgegraben.

Das ist aus der zweiten Strophe von »Kann das schon alles sein?«[391], das Bernd Rump von der Songgruppe der TU Dresden Anfang der 1970er geschrieben hat. Es steht bezeichnend für die ambivalente Haltung eines kritischen Einverständnisses mit den bestehenden,

391 Krüger (1976), S. 51

sozialistischen Verhältnissen, das in den Autorenliedern der Singebewegung gar nicht selten anzutreffen ist.

Und die war wohl auch Grund- und Ausgangslage dafür, dass von nicht wenigen Künstlern das Korsett des Gruppengesangs und das gemischte, potpourriartige Repertoire der Singeklubs bald als zu eng und zu begrenzt dafür empfunden wurde, sich an den konkreten Verhältnissen der DDR und den brennenden gesellschaftlichen Fragestellungen ästhetisch einigermaßen zufriedenstellend abzuarbeiten.

So machten sich aus den Singeklubs zum einen bald Solokünstler als Liedermacher auf den Weg, zum anderen wurden die Liedtheater gegründet; Ensembles wie Karls Enkel, aus der dann später Hans-Eckardt Wenzel hervorging, über die Brigade Feuerstein in Hoyerswerda mit Gerhard Gundermann bis zur Gruppe Schicht mit Bernd Rump und Jürgen Magister.

Es war Reinhold Andert, der schon früh den Begriff »DDR konkret« erfunden und geprägt hatte, welcher dafür stehen sollte und den Anspruch erhob, als Antithese zu den abstrakten Sozialismus-Bekenntnissen der Singebewegungs-Songs, den DDR-Alltag so zu besingen, wie er war – im Sinne eines sozialen Realismus. Ein Paradebeispiel dafür ist gewissermaßen sein Lied über den biertrinkfreudigen »Ewald, der Vertrauensmann«[392]. Im für Andert sehr typischen Strophen-Parlando, das sich viele Liedermacher, in Ost wie in West, sicher beim Kabarettisten Hanns Dieter Hüsch abgeschaut hatten, heißt es da z. B.:

> Monatsende, der Plan ist in Gefahr –
> Sonderschicht.
> Nein, sagen die Kollegen – Ewald, diesmal nicht.
> Samstag verpassen wir das Fußballspiel,
> und Montag stehen wir wieder bis Mittag rum,
> weil kein Material da ist …

392 Krüger (1978), S. 21; Andert (1978)

Im Lied »Arbeiter sein«[393] von Gerhard Gundermann, der während der gesamten Zeit seines künstlerischen Schaffens immer seinem Daytime-Job als Baggerfahrer im Tagebau nachging, heißt es 1982, auch sehr alltagskonkret aus der Produktion:

> Da können wir nicht mehr die Löcher
> im Plan zustopfen mit Parolen.
> Da muss unser Auto halt schneller fahr'n,
> sonst ist nichts mit Überholen.
>
> Da können wir unsere Hände nicht mehr
> heben, egal wofür.
> Da muss der, der uns erklären kann, her,
> sonst holen wir ihn aus der Tür.

Gundermann hatte 1976, schon um nicht mehr ständig im FDJ-Blauhemd auftreten zu müssen, den Singeklub Hoyerswerda auf die wesentlichen Mitglieder reduziert und in die Programme Spielszenen einbezogen. So konnte die Gruppe in eigener Bühnenkleidung auftreten und sich alsbald in Liedtheater Brigade Feuerstein umbenennen. Er schrieb bis zum Ende der DDR für die Brigade Feuerstein und auch danach noch viele, sehr poetische Lieder, oft mit direktem Bezug zu seinem Arbeitsplatz im Braunkohletagebau, darunter z. B. »Hoy Woy«[394] oder »Mann aus Eisen«[395].

Was die nun, im Liedermacherlied und dem der Liedtheater, vermehrt geäußerte, sanfte Gesellschaftskritik angeht, so gab es nicht selten Schwierigkeiten mit den offiziellen Stellen bei der FDJ und der SED, die einige der Texte nicht durchgehen ließen – was sich aber nur selten auf die Bühnenprogramme auswirkte, die Veröffentlichungsmöglichkeiten im Druck oder auf Tonträger aber stark

393 Arbeiterliedarchiv u. a. (1984), S. 162 f.

394 Krüger (1988), S. 55; Gundermann (1988)

395 Gundermann (1988)

einschränkte. Gina Pietsch, Sängerin bei Jahrgang 49, berichtet in ihrer Autobiografie von einem Lied mit dem Titel »Vom Brot«[396], das Werner Karma für die Band getextet hatte und dessen Aufzeichnung von den Entscheidungsträgern im staatlichen Rundfunk abgelehnt wurde. Der Text kritisiert, einigermaßen kryptisch, dass durch die Subventionspolitik der SED-Führung das Brot im Lande so billig war, dass es mitunter an die Schweine verfüttert wurde – also unterm Strich die staatliche Verteilung des Mehrprodukts: »Und Brot kannst du essen / bis dass es dich bläht / doch braucht es indessen / auch Klarheit, um wessen / Brot es da geht.« Das wurde offenbar als Affront gegen die gerade erfolgte Wende zur »Einheit von Wirtschafts- und Sozialpolitik« unter Honecker ausgelegt, und der Titel der Band aus dem Programm gestrichen. Nur ein Beispiel für den überängstlichen und höchst unsouveränen Umgang der DDR-Kulturpolitik mit auch nur hauchzarten gesellschaftskritischen Ansätzen in der Lied-Szene.

Ab den späten 1970ern wurden die Texte der DDR-Liedermacher, angelehnt an die Entwicklung bei den Kollegen im Westen – Wecker, van Veen, Danzer, Hoffmann etc. – immer innerlicher und privater. Waren die Einflüsse aus der BRD, wo das »neue politische Lied« auf den Burg-Waldeck-Festivals der 1960er seinen Ausgang genommen hatte, schon vorher erkennbar, so waren die Anklänge und Parallelen bei den solistisch singenden Liedermacherinnen der DDR, spätestens nach dem Eklat um die Biermann-Ausbürgerung 1976, nicht mehr überhörbar. Französische Chansontradition, popmusikalische Arrangements oder auch Folkrockiges erklang, und was im Westen dazu als harmlose, gesungene Befindlichkeitspoesie erschien, wurde in Ostdeutschland als provokante Absage ans sozialistische Kollektiv und den gesellschaftlichen Kitt einer Verantwortungsgemeinschaft fürs Große Ganze verstanden – und von offizieller Seite bekämpft. Was allerdings an Bettina Wegners Lied »Kinder«[397], das 1979 im

396 Pietsch (2017), S. 69

397 Wegner (1979)

Westen auf Schallplatte erschien, für die DDR gefährlich gewesen sein soll, bleibt mir schleierhaft: »Sind so kleine Hände / winz'ge Finger dran / Darf man nicht drauf schlagen / die zerbrechen dann.« Genauso, warum die Aufführung von Barbara Thalheims »Hoher Besuch«[398] im Jahr 1983 verboten werden musste: »Ich will auch irren dürfen, Seitenwege gehen / die Zukunft träumen und den blauen Süden sehen / doch oft genug ist mir, als stünd' ich hier auf Leim.«

Das kann in diesem Zusammenhang aber auch dahingestellt bleiben, denn diese Songs haben mit Arbeiterliedern wirklich nichts zu tun.

Geschenkt

Genauso wenig wie die von Stephan Krawczyk, der sich als wirklicher Regimegegner verstand und, wegen Auftrittsverbot, ab 1985 bis zu seiner Abschiebung in die BRD 1988 nur noch in Kirchen spielen durfte.[399] 1985 war Michail Gorbatschow neuer Generalsekretär der KPdSU geworden und hatte einen weitgehenden Umbau der sozialistischen Wirtschaft (Perestroika) und eine fundamentale Demokratisierung der Öffentlichkeit (Glasnost) angekündigt. Das stand im krassen Gegensatz zur praktizierten Politik der SED. Und dieser offen zu Tage tretende Dissens zwischen beiden Regierungen ermutigte viele Kunstschaffende in der DDR, von nun an auf direkteren Konfrontationskurs zu gehen. War doch die DDR in vielerlei Hinsicht, ökonomisch wie militärisch, von der Unterstützung der sowjetischen Führung abhängig. So ging man auch in der Lied-Szene immer mehr zur offenen Provokation der Staatsmacht über, konnte man doch nun damit rechnen, sich bald auf der »richtigen« Seite der Geschichte wiederzufinden. Da sich immer mehr Menschen, spätestens in den letzten Monaten der DDR-Existenz, ob durch Flucht, Ausreise über Ungarn in die BRD oder auch durch öffentliche Äußerungen, zur Wiedervereinigung bekannten,

398 zitiert bei Böning (2004), S. 251

399 Kirchenwitz (1993), S. 129 f.

und die UdSSR zudem keinerlei Bereitschaft signalisierte, die SED bei etwaigen Gegenmaßnahmen noch zu unterstützen, war offenkundig, dass ein Ende, jedenfalls der bisherigen DDR-Regierung, nun auf der Tagesordnung stand. Die nun jäh aufflammende Renitenz und der zornige Rebellionshabitus einiger Musik- und Theatergruppen[400] ist auch vor diesem Hintergrund zu sehen und zu bewerten.

Wie im Einzelnen auch immer, ob als Teil der Verhandlungsmasse im aussichtslosen ökonomischen Überlebenskampf der UdSSR[401], oder als einer von vielen Dominosteinen beim Zerfall des sozialistischen Weltsystems: die Liquidierung der DDR und ihr Aufgehen in der Groß-BRD ab 1990 war Weltpolitik im großen Maßstab. Die DDR-Oppositions- und Bürgerrechtsbewegung hatte daran jedenfalls keinerlei Anteil, und schon gar nicht die Liedermacher oder Liedtheater.

Die DDR-Punkrock-Szene, die ab Anfang der 1980er analog zu der im Westen entstanden war, hier aber von Anfang an kriminalisiert wurde, zählte insgesamt wohl niemals mehr als tausend Personen und operierte hauptsächlich im Untergrund, in der DDR also bizarrer Weise in evangelischen Kirchen.[402] Die Songtexte von Bands wie Stacheldraht, Paranoia oder Sperma Combo sind in ihrer Ausrichtung, genau wie bei ihren Kollegen in der BRD, in allererster Linie provokant, antiautoritär und individual-anarchistisch.[403]

Im Herbst 1989 kam es zu den großen Massendemonstrationen gegen die SED-Regierung. Im November wurde die Grenze geöffnet und die Regierung umgebildet und im Dezember dann schon der »Runde Tisch« mit den Gruppen und Parteien der Bürgerrechtsbewegung gebildet, zu der sich jetzt auch die anderen Blockparteien zählten. Aus den Wahlen im März 1990 ging die CDU mit über 40 Prozent als Siegerin hervor. Die Wiedervereinigung per »Bei-

400 vgl. die Schilderungen bei Kirchenwitz (1993), S. 132 ff.

401 Krenz (2019), S. 91 f.

402 Rauhut (2002), S. 112 ff.

403 vgl. die Beispiele bei Böning (2004), S. 267 ff.

tritt« der DDR am 3. Oktober 1990 war da nur noch Formsache. Der gesamte Staat wurde quasi ohne Gegenwehr an den Klassengegner übergeben.

7. Arbeiterlieder in der BRD bis zur »Wende« (1945 bis 1990)

In der Bundesrepublik waren nach 1945 zunächst fast sämtliche deutschsprachigen Lieder, welcher Art auch immer – ob Arbeiterlied oder hergebrachtes Volkslied – nicht mehr singbar. Es gab hier auch keine Brecht, Eisler, Busch, Weinert, Fürnberg, Becher etc., mit denen man hätte anknüpfen können an eine zumindest klar antifaschistische Tradition in der deutschen Vokalmusik. Der DAS gründete sich zwar 1947 wieder, bezeichnenderweise hieß er nun aber nicht mehr »Arbeiter«-, sondern »Allgemeiner« Sängerbund. Es wurden darin auch keine Chor-Lieder mehr aus der Arbeiterbewegung gesungen. Der Bund steht vielmehr sinnbildlich für das reaktionäre, deutsche Heimatbrauchtum der Adenauer-Ära, mit dem die »Generation Völkermord« ihr – für sie selbst folgenloses – verbrecherisches Handeln in zwei Weltkriegen nun im BRD-Wirtschaftswunderland zu bemänteln und zu verdrängen suchte. Der hochtönende, ergriffenheitsfordernde, wichtigtuerische und mystikverliebte deutsche Liedkitsch mit Heideröslein und silberfließenden Wiesenbächlein. Ansonsten herrschte weitgehend Grabesstille. Man spricht in diesem Zusammenhang auch von der »adornitischen Schweigezeit«, benannt nach Theodor W. Adorno, dem Theoretiker der Frankfurter Schule, der in den 1950ern gegen die Apologeten einer reaktionären Jugendmusik gesagt hatte: »Nirgends steht geschrieben, dass Singen not sei.«[404]

Bald wurde dann aber doch wieder vermehrt, auch auf Deutsch, gesungen. Der Nachkriegsschlager von Freddy Quinn, Conny Froboess, Peter Kraus und Konsorten hatte viele Freunde. Aber mit

404 Adorno (1956), S. 75

den ersten Ansätzen einer außerparlamentarischen Bewegung Ende der 1950er Jahre, gegen Remilitarisierung, Politik mit der Atombombe und NATO-Beitritt, gab es endlich auch neue und linke politische Lieder. Bis dahin wurden gesellschaftskritische Chansons in der BRD bestenfalls auf den wenigen Kabarettbühnen vor einem eher bohemistischen Publikum dargeboten, das dem spießig-reaktionären Heimatmief auf allen sonst empfangbaren Kanälen individuell zu entkommen versuchte – also ohne konkreten Zusammenhang zu Protestbewegungen oder gar Klassenkämpfen der Zeit.

In Düsseldorf hatten sich 1956 der marxistische Schriftsteller Gerd Semmer und der 22-jährige Jazz-Gitarrist Dieter Süverkrüp zusammengetan und ein satirisches Liederprogramm erarbeitet. Als die Ostermarschbewegung Anfang der 1960er Jahre Fahrt aufnahm und größer wurde, lieferte Semmer zunächst Nachdichtungen englischer Anti-Atomwaffen-Lieder, die in den Ursprüngen der Bewegung, den »Aldermaston Marches«, entstanden waren, und bald sangen Süverkrüp, die Brüder Conrads oder Fasia Jansen bei den Märschen oder Flugblattaktionen, Kneipenveranstaltungen oder Infoständen Semmer-Texte gegen die Atombombe wie den »Weltuntergangsblues«[405], »Strontium 90«[406] oder »Wir wollen dazu was sagen«[407] – und natürlich auch »Unser Marsch ist eine gute Sache«[408] von Hannes Stütz. Dieser sogenannte »Pläne-Kreis« um Semmer und Süverkrüp, der auch das gleichnamige Plattenlabel gründete, gab einen nicht unwesentlichen Anstoß für die Veranstaltung der Burg-Waldeck-Festivals von 1964 bis 1969, auf denen die Entstehung des »neuen politischen Lieds« allgemein verortet wird.[409]

405 Stern (1976a), S. 50; Jansen (2004)

406 Stern (1976a), S. 54

407 Stern (1976a), S. 62; D. Süverkrüp, I. Süverkrüp und Jansen auf: Diverse (1964)

408 Stern (1976a), S. 58; Jansen (2004)

409 Klönne in: Semmer (1999), S. 10; Schneider (2005), S. 300, 318 f.; Böning (2004), S. 59 ff.

Restauration

Bis dahin waren in der Bundesrepublik längst die alten ökonomischen und gesellschaftlichen Herrschaftsverhältnisse wiederhergestellt worden, aus denen der Faschismus 1933 an die Macht gehievt worden war. Bereiche wie Verwaltung, Justiz oder Bildungswesen der jungen BRD blieben mit Nazis durchsetzt, und die wirtschaftlichen Eliten, die Repräsentanten des Großkapitals, die Quandts und Flicks, Porsches und Piëchs, Oetkers, Krupps, Opels, Bahlsens und von Fincks, sie alle kamen durchweg mit milden Haftstrafen und ein bisschen »Entnazifizierung« davon, wenn sie nicht sogar als »entlastet« galten und ganz freigesprochen und in Ruhe gelassen wurden.[410]

Mit der Gründung des DGB im Jahr 1949 wurde eine Einheitsgewerkschaft geschaffen, die alle Fachgewerkschaften zu einer wirkungsvollen Einheit und Vertretung der gemeinsamen Interessen auf allen Gebieten zusammenfassen sollte – bis auf die der Angestellten bei der ausgegliederten DAG. Aufgrund seiner klaren antikommunistischen Orientierung und seines Selbstverständnisses als Kraft des »Dritten Weges« zwischen Kapitalismus und Sozialismus dockte der DGB gleich wieder an die sozialdemokratische Gewerkschaftstradition der Weimarer Jahre an und vertiefte so die verhängnisvolle Spaltung der deutschen Arbeiterbewegung erneut.[411] Der Antikommunismus war ohnehin Staatsräson in der Adenauer-BRD: Schon 1956 wurde die KPD wieder verboten. Und die SPD verabschiedete sich mit ihrem Godesberger Programm von 1959 als Arbeiterpartei, wandte sich vom Marxismus ab, setzte voll auf Anpassungskurs und sah sich nunmehr als Vertreterin aller gesellschaftlichen Schichten und offen für unterschiedlichste Weltanschauungen.

Wurden in der DDR von Beginn an Männer und Frauen gleich bezahlt und eine flächendeckende Versorgung mit Kinderkrippenplätzen rasch vorangetrieben, verdienten Frauen in der Bundesrepublik deutlich weniger als ihre männlichen Kollegen. Das bürgerli-

410 vgl. de Jong (2022), S. 297 f., 301 f., 303 f., 307 ff., 318 ff.

411 Deppe in: Deppe/Fülberth/Harrer (1989), S. 472

che Ideal der Hausfrauenehe mit der Frau als treuer Fürsorgerin bei Vollzeit-Mutterschaft wurde von Podien und Leinwänden gepredigt und in Massenmedien verbreitet. Noch bis 1962 durften Ehefrauen in der BRD allein kein Bankkonto eröffnen, und erst 1969 wurden verheirate Frauen rechtlich voll geschäftsfähig. Dafür zogen ab den 1960ern Telefon, Plattenspieler, Waschmaschine und Fernseher in nahezu jeden Haushalt ein, beinahe jeder Arbeiter konnte sich ein Auto leisten, und das Flugzeug wurde bald, mit der Ausweitung des Tourismus, zum Massenverkehrsmittel.

Das neue politische Lied

Es gab zwar, so in München und bei der IG Metall in Düsseldorf, seit den späten 1950ern vereinzelt wieder Gewerkschaftschöre, die auch deutsche und internationale Arbeiterlieder sangen. Die Verbindung zur Tradition der Arbeiterchöre vor 1933 blieb aber gekappt.

Einen wichtigen Durchbruch fürs politische Lied stellten dann die ab 1964 ausgerichteten Open-Air-Festivals »Chanson Folklore International« auf der genannten Burg Waldeck im Hunsrück dar – dem Heimatplaneten der politischen Liedermacherei im Westen Deutschlands: Degenhardt, Mossmann, Mey, Hüsch, Süverkrüp, Fasia, Wader, Joana – sie alle hatten ihre frühen Auftritte auf der Burg Waldeck. Der Anstoß für die Ausrichtung der Festivals kam vom Folk-Revival in den USA, wo bereits 1959 das erste Newport-Folk-Festival stattgefunden hatte, was bei einem davon enthusiasmierten, studentischen Kreis aus der Tradition der Deutschen Jugendbewegung den Wunsch auslöste, so etwas auch hierzulande auf die Beine zu stellen.[412] Auf den Waldeck-Festivals gelang es schließlich, an die von den Nazis missbrauchte, zerschredderte und unsingbar gemachte deutsche Vokalmusik wieder anzuknüpfen, indem mit einer klaren antifaschistischen Haltung und unter ständiger Bezugnahme auf das konkret Gesellschaftliche, das Politische also, ein Rahmen geschaffen wurde, in dem sich eine junge Generation deutscher Songschreibe-

412 Diethart Kerbs, zitiert in: Schneider (2005), S. 316

rinnen mit Künstlern aus Frankreich, Griechenland, Jugoslawien, Großbritannien usw. austauschen und gleichzeitig ihre eigenen Songs einem interessierten Publikum präsentieren konnten.

Analog zur Studentenbewegung radikalisierten sich auch die Burg-Waldeck-Szene und die Lieder, die dort gesungen wurden, Jahr für Jahr. Der Sozialistische Deutsche Studentenbund (SDS) war 1961 wegen Linksabweichung aus der SPD ausgeschlossen worden, und der Parteivorstand hatte einen Unvereinbarkeitsbeschluss erlassen. Seitdem begriff er sich als Teil der internationalen »Neuen Linken«, theoretisch angesiedelt irgendwo zwischen Marxismus, Kritischer Theorie, Existentialismus und Anarchismus, und er wurde zur wichtigen Organisation der Anti-Vietnamkriegs-Bewegung und Zentrum der Außerparlamentarischen Opposition (APO).

Zu Pfingsten 1968 kam es auf der Waldeck zum Eklat, als SDS-Aktivisten das Festival als »Tagung für singende Fachidioten« bezeichneten und die Forderung erhoben: »Stellt die Gitarren in die Ecke und diskutiert!«[413] Es kam zur Spaltung, und danach gab es dort keine Festivals dieser Art mehr. Die Waldeck war tot, hieß es seitdem. Aber nicht so das politische Lied. Im Gegenteil: Das nahm jetzt erst richtig Fahrt auf. Es hatte erstaunlichen Publikumszulauf, und es ergriff auch angrenzende Genres wie z. B. Rock und Jazz und das Kabarett. Schon ein paar Monate später wurden die »Internationalen Essener Songtage« veranstaltet, wo Waldeck-Künstler wie Franz Josef Degenhardt, Hanns Dieter Hüsch, Hein & Oss und Hannes Wader zusammen mit Jazzern wie Peter Brötzmann oder dem Rock-Kabarett Floh de Cologne auftraten, und zudem internationale Größen der Rock- und Jazz-Szene wie Frank Zappa oder John McLaughlin spielten. Das selbstgegebene Motto dabei hieß: »Lieder machen keine Revolution; aber Lieder begleiten Revolutionen. Lieder werden die Gesellschaft nicht verändern; aber sie können dabei helfen.«[414]

---

413 zitiert bei: Schneider (2005), S. 363

414 Kaiser (1968), S. 8

Arbeitskämpfe

Die Bewegung dieser »Neuen Linken« wurde in allererster Linie von Angehörigen der Mittelschichten und der Intelligenz getragen. Ihre linksradikalen Aktionen und Kundgebungen hatten aber sicherlich auch eine gewisse Signalfunktion für den Aufschwung der kommenden Arbeitskämpfe in der Nach-Adenauer-Ära.

Bereits 1966 war in der Bundesrepublik die erste Wirtschaftskrise nach dem Zweiten Weltkrieg ausgebrochen, mit der Folge, dass es im Ruhrgebiet zu zahlreichen Zechenschließungen kam. Aber auch in anderen Branchen wurde auf das Sinken der Profitrate mit Entlassungen und Produktionsstilllegungen sowie mit Kürzungen tariflich nicht abgesicherter Lohnbestandteile und betrieblicher Sozialleistungen reagiert.[415] »Mein Mann war Bergmann«[416] hat Fasia Jansen, Kommunistin ohne Parteibuch, da geschrieben, und darin heißt es:

Nur ein Topf steht noch auf unserem Herd.
Was essen die Herren da oben?
Am Abend der Kanzler im Fernsehen erklärt,
wie das Wirtschaftswunder zu Tal mit uns fährt.
Der Zechenherr zählt die Millionen.

Die Gewerkschaften verpflichteten sich 1967 im Zuge der gerade gebildeten Großen Koalition, mit der SPD als Regierungspartei, freiwillig, im Rahmen der »Konzertierten Aktion« – einem regelmäßig tagendem Gremium aus Gewerkschafts- und Arbeitgeberverbandsvertretern – ihre Lohnforderungen auf ein »kostenneutrales Niveau« zu begrenzen und damit den Erfordernissen einer gesamtwirtschaftlichen Konjunkturpolitik für »Stabilität und Wachstum« unterzuordnen. Im Ergebnis ein eklatanter Einschnitt in die Tarifautonomie und eine schrittweise Selbstabschaffung des

415 Deppe in: Deppe/Fülberth/Harrer, S. 581, 590
416 Stern (1976a), S. 120; Jansen (2004)

DGB als Interessenvertretung der Arbeiterklasse, die Dieter Süverkrüp in seinem Lied »Konzertierte Aktion«[417] sarkastisch so verdichtete: »Ach es wäre reizend, wenn der Herr Direktor / später seinen Herrn berichtet / dass, was der Konzern bisher für uns getan hat / uns zu großem Dank verpflichtet / Darum ist das Tor verrammelt / darum sind wir hier versammelt / haben uns mit Fahnen / Blumen und Girlanden / wohlgeordnet aufgestellt.«

Natürlich ein Arbeiterlied. Es ist aber, wie viele der zu dieser Zeit entstandenen Liedermacher-Songs, die ihre Wurzeln in der Chanson- und Kabarett-Tradition hatten, sich aber auch mit den Kämpfen der Werktätigen beschäftigten, eher ein Vortrags- als ein Mitsingstück. Das ist selbstredend kein Kriterium für bzw. gegen die Charakterisierung als Arbeiterlied. Es hat immer, zu jeder Zeit und in jedem Zusammenhang, sowohl reine Vortragslieder als auch solche gegeben, die sich – oft durch eingängige Melodien und Refrains, leicht verständliche Sprache und knapp formulierter Verse – gut dazu eigneten, auf Anhieb durch andere mitgesungen zu werden. Das »Streiklied der Fliesenleger«[418] von der Skiffle-Band »Die Conrads« zählt sicherlich zu den Vortragsliedern und entstand unmittelbar nach einem bundesweiten Ausstand in der Branche, der im Herbst 1967 mit einem Teilerfolg endete. Die Arbeitgeber hatten die Tarife gekündigt und wollten, unter dem Vorwand der Krise, die Löhne drastisch kürzen, was, trotz des neuen sozialpartnerschaftlichen Kooperativismus der Gewerkschaftsführung, wohl auch der IG Bau-Steine-Erden zu dreist war. »Für uns Arbeiter geht es darum / die Zukunft mitzubestimmen / dass nicht in zehn Jahren gefaselt wird / die alte Zeit wiederzubringen.«

Überhaupt wuchs in den Betrieben und an der Gewerkschaftsbasis der Unmut über die Orientierungsdaten für Lohnsteigerungen, die die »Konzertierte Aktion« vorgegeben hatte. In der

417 Stern (1976a), S. 130; Süverkrüp (1971)

418 Stern (1976a), S. 128; Die Conrads auf: Diverse (2011), Teil 4, CD 3

Metallindustrie hatte es 1967 und 1968 bereits 200 betriebliche Abwehrstreiks gegeben, und hier und da, wo linke Betriebsräte sich im Kampf gegen die von der Großen Koalition geplanten Notstandsgesetze engagierten, gab es sogar gesetzlich verbotene, politische Demonstrationsstreiks dagegen.[419] 1968/69 waren in Frankreich und z. B. auch in Italien, nicht unwesentlich mitinitiiert von den radikalen Studentenbewegungen, massive, auch politische Streikwellen losgebrochen, während sich die Arbeiterbewegung der BRD zum hiesigen studentischen, kulturrevolutionären Aufbruch deutlich distanzierter verhielt.

In den großen, »wilden« – d. h. außergewerkschaftlichen – Septemberstreiks in der Metallindustrie und im Bergbau 1969 entluden sich aber auch in der Bundesrepublik der Frust und die Empörung der Arbeiter gegen die erlittenen Reallohnverluste, aber auch gegen ihre eigene Gewerkschaftsführung, die den Anpassungskurs an die dem Unternehmerprofit verpflichtete Wirtschaftspolitik der Großen Koalition brav weiterfuhr. So wurden zwei Wochen lang 59 Betriebe gleichzeitig von mindestens 140.000 beteiligten Arbeiterinnen bestreikt.[420] Materielles Ergebnis der Septemberstreiks waren schließlich nicht unwesentliche Lohnerhöhungen außerhalb der gewöhnlichen Tarifverhandlungen.

Die Septemberstreiks hatten jedoch als solche, obwohl sie spontan und ohne Urabstimmungen losbrachen, keineswegs antigewerkschaftlichen Charakter. Im organisierten Zentrum der Streikbewegung standen vielmehr an der Basis aktive Gewerkschafter, Betriebsrätinnen und Vertrauensleute, die nur das unterwürfige Füße-Stillhalten ihrer Vorstände nicht mehr mittragen wollten. So ist auch Fasias »Lied vom Beitrag«[421] zu verstehen, das in dieser Zeit entstand:

---

419 Deppe in: Deppe/Fülberth/Harrer (1989), S. 590 f.

420 Deppe in: Deppe/Fülberth/Harrer (1989), S. 591

421 Stern (1976a), S. 136; Jansen (1975)

Zahl nicht nur den Beitrag,
trage auch was bei.
Mit der Gewerkschaft,
so kämpf dich frei.

Auch die Lehrlingsbewegung dieser Jahre folgte einem solchen Impuls. Befeuert durch die Studentenproteste der »Achtundsechziger«, protestierten die Arbeiterjugendlichen gegen die gängige, autoritäre, betriebliche Ausbildungspraxis – nach dem Motto »Lehrjahre sind keine Herrenjahre« –, legten sich aber auch mit der trägen Gewerkschaftsbürokratie an, die ihnen zu wenig Mitsprache ließ, und sie gründeten landesweit, zum Teil autonome »Lehrlingszentren« zur selbstständigen Wahrnehmung ihrer Interessen. Dort wurde sich aber auch über die Ausbildungsproblematik hinaus mit weitergehenden und grundsätzlichen Fragen beschäftigt. Das Stück »Hoch vom Dach«[422] von den Conrads, verfasst nach Slogans der Lehrlingsbewegung, die auf den zahllosen Demonstrationen skandiert wurden, gibt einen guten Eindruck davon: »Ausbeutung, Tag für Tag / gesichert durch den Lehrvertrag / nicht mehr brav die Schnauze halten / mitbestimmen, mitgestalten / Hoch vom Dach pfeift jede Dohle / brecht die Macht der Monopole«.

»Lehrlinge zusammenhalten«[423], das Wolf Brannasky für seine Münchner Songgruppe textete, beklagt zunächst den schlecht bezahlten und demütigenden Lehrlingsalltag, ruft dann aber auch zur Gegenwehr: »Also – Protestieren / Lehrlinge zusammenhalten / und Organisieren.«

Dagegen drückt der Politrocksong »Ich will nicht werden, was mein Alter ist«[424] von der Band Ton Steine Scherben, die als sowas wie die Soundmaschine der Lehrlingsbewegung galt, kaum mehr als das Unbehagen mit der individuellen Lebenssituation aus und ver-

422 Stern (1976a), S. 347; Die Conrads auf: Diverse (1971)

423 Stern (1976a), S. 357; Münchner Songgruppe auf: Diverse (1971)

424 Böning (2004), S. 129; Ton Steine Scherben (1971)

leiht allenfalls noch einem antiautoritären Aufbegehren Ausdruck: »Ich mach den ganzen Tag nur Sachen, die ich gar nicht machen will / Ich möchte gern mal meinem Chef die Möbel gerade zieh'n / … Ich will nicht werden, was mein Alter ist / Ich möchte aufhören und pfeifen auf das Scheißgeld / Ich weiß, wenn das so weitergeht, bin ich fertig mit der Welt.«

Inhaltlich deutlich weiter geht das ein paar Jahre später entstandene Lied zum selben Thema von Floh de Cologne auf dem Album »Prima Freiheit«. »Eddi, der Bär«[425] handelt von genau so einem rebellischen Jugendlichen, der »aufhört und pfeift auf das Scheißgeld«. Im Textverlauf wird in ein paar kurzen, kräftigen Versen aufgezeigt, dass dahinter leider nichts anderes auf ihn wartet als banale, frustrierende und in die soziale Isolation führende Jugendarbeitslosigkeit. Und es geht weiter mit der Quintessenz: »Du weißt, dass dies nicht anders wird / solange du dich duckst / du weißt, dass dies erst anders wird / wenn du nicht mehr beiseite stehst / wenn du vereint mit vielen gehst / und den hohen Herrn / in die Suppe spuckst« – also mit Klassenbewusstsein. Der Titel ist aber auch, wie die meisten Nummern der Band, und anders als bei Ton Steine Scherben, kein Eins-zu-eins-Rocksong. Er arbeitet vielmehr mit rockmusikalischen Zutaten als Mittel, um in einer Art aufklärerischem, politischem Kabarett für Arbeiterjugendliche zu funktionieren.

Linke Vorwärtsepoche

Zurück in die späten 1960er: Bei der Bundestagswahl 1969 wurde Willy Brandt (SPD) zum Kanzler einer sozialliberalen Koalition gewählt, obwohl die CDU satte 46,1 Prozent der Zweitstimmen holte. Es war der Beginn einer relativ kurzen Reformperiode der Bundesrepublik, in der die Renaissance des Marxismus an den Hochschulen auf die Arbeiterbewegung zurückwirkte, was sowohl SPD als auch Gewerkschaften deutlich nach links rücken ließ. Es kam unter

425 Dehm (1984), S. 129; Floh de Cologne (1978)

diesen Bedingungen zu einer gesteigerten Streikfreudigkeit und zu erkämpften Fortschritten für die Arbeiterbewegung: So wurden Arbeiter und Angestellte z. B. ab 1970 hinsichtlich der Lohnfortzahlung im Krankheitsfall gleichgestellt, und das 1952 bereits eingeführte, aber äußerst mangelhafte Betriebsverfassungsgesetz wurde 1972 um einige Mitbestimmungstatbestände erweitert. Betriebsräte erhielten zudem das Recht auf bezahlte Freistellung für Schulungen – etwa vom Arbeitgeber zu bezahlende Seminare bei der Gewerkschaft.[426]

Die Kommunistische Partei hatte sich bereits 1968 als DKP neu gegründet. Ihre Kader, die jetzt wieder öffentlich agieren konnten, waren bereits Mitglieder und Funktionäre der seit 1956 verbotenen KPD gewesen, kamen also zumeist aus der Illegalität. Obwohl die Partei in der Folgezeit bei Wahlen auf Bundesebene nie mehr als 0,3 Prozent der Stimmen holen konnte, war ihr politischer Einfluss in der Arbeiterbewegung der 1970er Jahre, vor allem aber auch in der linken Kulturszene nicht unerheblich. Das bereits erwähnte Schallplatten-Label Pläne war allemal DKP-nah und galt zudem als von der SED zumindest mitfinanziert. Eine schwer beweisbare, wenn auch nicht ganz fernliegende Spekulation, die das umfangreiche Verlagsrepertoire beim potentiellen Publikum in Misskredit bringen sollte. Wenn es dieses Engagement bei Pläne gegeben haben sollte – und wie auch immer es in dem Fall im Einzelnen ausgesehen haben mochte –, so erschiene es mir im historischen Rückspiegel als eine äußerst verdienstvolle und nützliche, kulturpolitische Maßnahme der DDR-Führung. Im Pläne-Katalog waren z. B. alle Alben von Dieter Süverkrüp, von Fasia, Dietrich Kittner, Floh de Cologne, Lokomotive Kreuzberg, diverse von Hannes Wader, Zupfgeigenhansel, Liederjan, Bernd Köhler (Schlauch), Frank Baier und Ekkes Frank, internationale Veröffentlichungen von Victor Jara über Abdullah Ibrahim bis Mikis Theodorakis und zudem viele thematische Kompilationen mit unterschiedlichsten Interpreten erhältlich. »Hören

426 Däubler (2006), S. 470, 549 f.

sie mal rot«[427] heißt einer dieser Polit-Sampler. Er wurde aufgenommen beim Arbeiterlieder-Festival in Essen, erschien im Jahr 1970 und steht stellvertretend für die Wiederentdeckung des tradierten Arbeiterlieds durch die damals junge, sozialistische Linke der Nach-68er-Bewegung.

In diesem Zuge entstanden auch viele Songgruppen rund um die verschiedenen sozialistischen Organisationen und diverse neue Gewerkschaftschöre im ganzen Bundesgebiet. Es wurden sowohl die wiederentdeckten, alten Arbeiterlieder gesungen als auch neues Material aus den jüngst entstandenen, sozialen Bewegungen, und mitunter auch – z. B. anlässlich von Streiks – selbst verfasste Songs. Franz Josef Degenhardt schrieb in dieser Phase seine kommunistischen Arbeiterinnen-Porträt-Stücke »Rudi Schulte«[428], »Natascha Speckenbach«[429] und das von der Kneipenwirtin »Mutter Mathilde«[430]: »Vis-à-vis vom Tor der großen Fabrik / da gibt's 'ne Kneipe, die gehört / Mutter Mathilde, sehr blond und dick / schon mancher hat bei ihr verkehrt / … und im Nebenzimmer gibt's Politik.« Mit »Oma Krug«[431] setzte Lerryn (Diether Dehm) seine sozialdemokratische Idealfigur dagegen: »Oma Krug, Oma Krug / war niemals krank genug / um nicht dabei zu sein / zumindest im Ortsverein.« Und Süverkrüp schrieb schon 1970 – für mich eines der besten Arbeiterlieder überhaupt – »Der Baggerführer Willibald«[432]. Ein Kinderlied, das erheblich Staub aufwirbelte und sogar Gegenstand zweier Landtagsdebatten wurde, weil es als »Hetzlied gegen das private Hauseigentum« von Lehrern im Schulunterricht eingesetzt worden war[433]: »Und in das Haus hinein / ziehn feine Leute ein / Die Miete ist sehr teuer / kost' siebenhundert Eier / Wer kriegt die Miete bloß? / Der Boss!«

427 Diverse (1970)

428 Degenhardt (2006), S. 112; Degenhardt (1971)

429 Degenhardt (2006), S. 130; Degenhardt (1972)

430 Degenhardt (2006), S. 133; Degenhardt (1972)

431 Stern (1976a), S. 411; Lerryn (1974)

432 Stern (1976a), S. 459; Süverkrüp (1970)

433 vgl. die Dokumentation bei: Stern (1976a), S. 272 f.

Im Auflösungsprozess des SDS ab ca. 1970 entstanden diverse, straff organisierte, größtenteils maoistische K-Gruppen, die nicht selten von jungen Akademikern aus gutbürgerlichen Familien geführt wurden, für welche die ältere, etablierte europäische Tradition, wonach »der Sohn der Familie unter den nachsichtigen Augen der Sippe seine Laufbahn in der extremen Linken beginnt, um sie in den angesehensten Positionen zu beenden«[434], sich später oftmals erneut bestätigen sollte. Daneben entwickelten sich, mit einem neuen Verständnis von gesellschaftlicher Autonomie, lose Initiativen und informelle Gruppen der Selbstverwaltung, innerhalb und außerhalb der Betriebe. In dieser Grauzone zwischen maoistischen Kleinparteien und »Neuen Sozialen Bewegungen« entstand eine freie subkulturelle, linke Szene, aus der heraus auch einzelne Arbeiterlieder hervorgingen. Auf dem Trikont-Label aus München erschienen zunächst ein paar vom italienischen Operaismus beeinflusste, autonom-anarchistische Stücke der Gruppe Arbeitersache München wie »Bei BMW wird gestreikt«[435] oder »Gewerkschaftsschmäh«[436]. Und 1974 veröffentlichte Walter Mossmann, auch bei Trikont, sein Album »Flugblattlieder«, auf dem sich, neben frühen Anti-AKW-Songs auch das eine oder andere Arbeiterlied dieser Richtung wiederfindet. Da heißt es z.B. im »Lied vom Betriebsfrieden«[437]: »Doch eines Tages in der Frühe / erfährst du dann aus der Zeitung / von den Früchten der riesigen Mühe / deiner Gewerkschaftsleitung / War das Feigheit oder Dummheit oder haben die gepennt? / Da kriegste bloß müde 8½ Prozent.«

»Wer geht voran«[438] und das »Kommunistenlied«[439] sind dagegen zwei, wie ich finde, unfreiwillig komische Exemplare aus den maoistischen Kaderorganisationen KPD/ML bzw. KABD, die in den

434 zitiert bei: Hobsbawm (2001), S. 68
435 Arbeitersache München (1972)
436 Arbeitersache München (1972)
437 Mossmann (1974)
438 Agitproptrupp der KPD/ML Hamburg auf: Diverse (2011), Teil 4, CD 12
439 Der rote Zünder auf: Diverse (2011), Teil 4, CD 12

frühen 1970ern sogar ihre eigenen Agitproptruppen unterhielten – streng nach dem Strickmuster aus den 1920ern und im Stil einer Massenpartei: »Die revisionistische DKP / Sie schwänzelt um den Hintern der SPD / … Im Kampf uns'rer Klasse weist uns den Weg / Zum Sozialismus: der KABD!«

Apropos – die Willy-Brandt-Regierung beschloss bereits 1972, zusammen mit den Ministerpräsidenten der Länder, den »Radikalenerlass«: Vom Verfassungsschutz als »Radikale« eingestuften Bewerbern musste demnach die Einstellung in den Öffentlichen Dienst versagt werden. In der Praxis bedeutete dies, dass nach millionenfachen Überprüfungsverfahren beinahe ausschließlich Mitgliedern der DKP grundsätzlich die Tätigkeit im Öffentlichen Dienst – als Postbote, Lehrerin, Lokomotivführer etc. – verwehrt wurde. »Grade hatten sie frisch tapezieren lassen«[440], sang Süverkrüp dazu:

> Warum wird so einer Kommunist?
> Wo er die Folgen voraussehen müsst,
> wie das dann ist.

Dessen ungeachtet wurde in den Folgejahren weiter viel gestreikt und auch gesungen, Arbeiterlieder geschrieben, aufgenommen und veröffentlicht: Das Zentrum der Arbeitskämpfe war dabei erneut die Metallindustrie. Nachdem die Gewerkschaftsführungen einmal mehr Tarifabschlüsse mit Reallohnverlusten zugestimmt hatten, kam es 1973 in fast 500 Betrieben zu »wilden« Streiks für Teuerungszulagen.[441] Berühmt wurde dabei der Streik der Kölner Ford-Arbeiter, bei dem überwiegend türkische sowie einige italienische und jugoslawische Kollegen eine herausgehobene Rolle spielten und gegen den der Kölner *Express* und andere Medien wie die Springer-Presse, *Bild*-Zeitung voran, mit deutschnationa-

440 Stern (1976a), S. 554; Süverkrüp (1974)

441 Deppe in: Deppe/Fülberth/Harrer (1989), S. 620

ler und rassistischer Hetze schäumten: »Türken-Terror bei Ford« (Bild).[442] Die Spaltung zwischen deutschen und ausländischen Arbeitern wurde von der Unternehmensleitung aufgegriffen, gezielt geschürt und ausgenutzt. Dadurch trug der ursprünglich schon antigewerkschaftliche Impuls des spontanen und letztlich – nach einem Angriff von prügelnden Streikbrechern – auch gescheiterten »Hausstreiks« obendrein zu einer Schwächung kollektiven Handelns im Betrieb bei. »Schluss mit Gemeinheit! Arbeitereinheit« sang dagegen demonstrativ die Bonner Singegruppe Solidarität im »Lied vom Gastarbeiter Luigi«[443]. Indessen verlieh der Streik den migrantischen Arbeitern in Westdeutschland trotz der Niederlage beachtliches Selbstbewusstsein – erstmals machten sie in größerem Maßstab Schlagzeilen und wurden als handelnde Subjekte wahrgenommen, die für ihre Rechte einstanden. Selbstverständlich wurde bei den Streikversammlungen internationales Liedgut gepflegt, und vor Ort war ihnen auch die Solidarität von Klaus Christian von Wrochem sicher, der, anarchistisch geprägt, als Klaus der Geiger auch in den folgenden Jahrzehnten vielerlei Proteste in Köln und Umgebung musikalisch flankierte.

Zur gleichen Zeit schrieb Dieter Süverkrüp »Das Küppersbusch-Lied«[444] für die streikende AEG-Belegschaft, und nach dem Streik bei Mannesmann in Duisburg, wo die Arbeiter das Verwaltungsgebäude über eine Woche lang besetzt hielten und mit Blockaden der Walzstraßen und des Werkstors ihre Forderungen durchsetzen konnten, schrieb Peter Maiwald für die Hamburger Skiffle-Band Peter, Paul & Barmbek »Die Mannesmannballade«[445]. Vom selben Arbeitskampf handelt die bemerkenswerte wie einzigartige szenische Kantate »Streik bei Mannesmann«[446], unter anderem von Hans Werner Henze (Musik) und Erika Runge (Text), auch wenn es sich

442 Bild vom 31.08.1973, zitiert bei: Gewerkschafter*innen und Antifa (2021), S. 23

443 Stern (1976a), S. 293; Bonner Singegruppe »Solidarität« (1973)

444 Stern (1976a), S. 311

445 Stern (1976a), S. 317; Peter, Paul & Barmbek (1974)

446 Diverse (1976)

dabei, jedenfalls zum allergrößten Teil, nicht um eigentliches Arbeiterliedgut handelt. Die Kantate war das Ergebnis eines Wettbewerbs für Musik Studierende im Vorfeld der X. Weltfestspiele der Jugend 1973 in Berlin (DDR), welcher die gemeinsamen Interessen von Studenten und Werktätigen betonen sollte. Die Zusage des renommierten E-Musik-Komponisten Hans Werner Henze verlieh dem Projekt, das im August am Berliner Ensemble uraufgeführt wurde, hochkulturellen Glanz, und es spiegelt die hohe kulturelle Akzeptanz und gesellschaftliche Durchdringung mit Themen und Belangen der Arbeiterklasse in jener Epoche wieder.

Die Zahl der in dieser und in der unmittelbaren Folgezeit geschriebenen Arbeiterlieder ist buchstäblich unüberschaubar: Die vielen Songs aus den Bühnenprogrammen und Rock-Opern der Floh de Cologne, von »Lucky Streik«[447] bis »Koslowsky«[448], Stücke von Schlauch (Bernd Köhler) wie das »Lied zu den Hoescharbeiterstreiks«[449] oder »Ausgesperrt«[450], »Muss Streik sein?«[451] von Ekkes Frank, Fasias »Arbeitslosen-Blues«[452] oder Frank Baiers »Ausländerfragen«[453], um nur ein paar wenige zu nennen. So manche der unzähligen, von Songgruppen und Gewerkschaftschören spontan verfassten Lieder wurden in der vom Pläne-Verlag zwischen 1976 und 1989 herausgegebenen Zeitschrift *Eiserne Lerche* abgedruckt. Das 1977 auf der »Proletenpassion« der österreichischen Folkrock-Band Schmetterlinge erschienene, historische »Jalava-Lied«[454] über den Lokomotivführer, der den als Heizer verkleideten Lenin 1917 aus Finnland nach Petrograd brachte, ging in den Kanon deutschen Arbeiterliedguts ein.

447 Floh de Cologne (1973)
448 Floh de Cologne (1980)
449 Bernd Köhler (2013), S. 44; Schlauch (1974)
450 Bernd Köhler (2019), S. 101; Schlauch (1978)
451 Stern (1976a), S. 300; Frank (1974)
452 Stern (1976a), S. 380; Jansen (1975)
453 Baier/Wiegandt (2012), S. 32
454 Schmetterlinge (1977), LP 2

Rückschlag

1974 brach die zweite Wirtschaftskrise in der Geschichte der Bundesrepublik aus, der Reformprozess erlahmte, und es vollzog sich der Übergang in eine neue Epoche des Kapitalismus. Diese war in der BRD zunächst gekennzeichnet durch ein deutlich vermindertes Wirtschaftswachstum, steigende Massenarbeitslosigkeit und die Einführung der auf Mikroelektronik basierten Informationstechnologie in Produktion und Kommunikation. Der seit 1974 amtierende SPD-Kanzler Helmut Schmidt verkündete zur Jahreswende 1976/77, dass nun nichts mehr so sein würde wie vor 1974.[455]

In den Gewerkschaften begann eine Diskussion um die »kommunistische Unterwanderung« ihrer Gliederungen und Gremien, wobei eine stetige Erosion des strikt antikommunistischen DGB-Kurses befürchtet wurde. Von höchster Stelle wurden administrative Ausgrenzungsmaßnahmen gegen Kommunisten gefordert, die aber zunächst noch am Widerstand linker Kräfte in den Gewerkschaften scheiterten.[456]

Im »Deutschen Herbst« 1977, nach der Ermordung des Arbeitgeberverbands-Präsidenten und ehemaligen SS-Untersturmführers Hanns Martin Schleyer durch die »Rote Armee Fraktion« (RAF), wurde außerdem ein, die Berufsverbotspraxis des Radikalenerlasses noch verstärkender, hoher Repressionsdruck gegen die jüngere Generation der radikalen BRD-Linken aufgebaut: »Jeden unter 35 Jahren haben wir kontrolliert. Jeder dieser verdorbenen Generation […] sollte mindestens drei Mal spüren, wie das ist, wenn eine Maschinenpistole auf ihn gerichtet wird.«[457] Diese Worte lässt der Krimi-Autor Wolfgang Schorlau im selben Zusammenhang – und wie ich vermute, sehr realitätsnah – seine fiktive Figur eines ranghohen BKA-Fahnders sagen.

455 zitiert bei: Deppe in: Deppe/Fülberth/Harrer (1989), S. 640

456 Deppe (2020), S. 54

457 Schorlau (2014), S. 77

Willy Brandts »Mehr-Demokratie-Wagen« blieb so spätestens in der BKA-Fahndungskampagne des »Deutschen Herbst« stecken. Und mit dem Aufkommen der Ökologiebewegung im Nachklapp zur Club-of-Rome-Studie »Grenzen des Wachstums« (1972) und der im Zuge der Ölkrise verstärkten Planung von Atomkraftwerken wandte sich ein Großteil der Neuen Linken nun der Umweltpolitik zu. Die neuen Kampffelder hießen bald Brokdorf, Grohnde und Gorleben. Jenseits von Klassenkampf in den Betrieben fokussierte man sich vermehrt auf die Bekämpfung der Kernenergie als solcher. Ein vormals vergleichsweise belangloser Nebenkriegsschauplatz wurde nach dem »Deutschen Herbst« zur vordringlichen Kampfzone der studentischen Generation der Neuen Linken. 1980 gründete sich daraus auf Bundesebene die Partei »Die Grünen«, welche sich als politisches Sammelbecken der »Neuen Sozialen Bewegungen« verstand – unter beinahe völligem Ausschluss der klassischen Industriearbeiterschaft.[458] Der relativ kurzlebige »ökosozialistische« Flügel der Partei stellte den »Gattungsbegriff« der Menschheit, jedenfalls für einen mittelfristigen Zeitraum, über das Gegensatzpaar von Arbeiterklasse und Kapital, und er forderte, den radikalen Umbau der stofflichen Produktion zum Hauptanliegen gewerkschaftlicher Politik zu machen – und nicht die rein tariflichen Interessen der Werktätigen oder eine bloße Arbeitszeitverkürzung.[459]

»35 Stunden sind genug« hieß dennoch die Forderung, welche die IG Druck und Papier bereits im Jahr 1977 zur Wiederherstellung der Vollbeschäftigung erhob – und zwar bei vollem Lohnausgleich. Denn mit der Computerisierung in der Druckindustrie wurde der klassische Beruf des Setzers quasi überflüssig. In den folgenden Jahren sollten sich die gewerkschaftlichen Kämpfe in der BRD im Wesentlichen um dieses zentrale Thema der Arbeitszeitverkürzung drehen. Der erste bedeutende Kampf um die 35-Stunden-Woche wurde im Winter 1978/79 in der Stahlindustrie Nordrhein-

458 Raphael (2021), S. 169

459 vgl. Ebermann/Trampert (1984), S. 196 ff., 213, 229

Westfalens geführt und endete erst nach sechs Wochen Streik und Aussperrung. Die Duisburger Songgruppe der IG-Metall-Jugend Krempeltiere sang dazu den Streik-Hit »Mit 35 Stunden geht's voran«[460] auf die Melodie des amerikanischen Traditionals »She'll be coming 'round the mountain«. Und Frank Baier schrieb die »Ballade von der Auferstehung«[461]: »Alle Hände wollen Arbeit / um den Lohn geht's diesmal nicht / Die Streiks für die Arbeitslosen / und für unsere Kinder mit.«

Das Ergebnis des langen und harten Arbeitskampfs war jedoch eine bittere Niederlage: Die gültigen Arbeitszeitregelungen der 40-Stunden-Woche wurden auf weitere fünf Jahre festgeschrieben. Die Zeichen schienen also auf Stagnation zu stehen, und schon bald hatte man sich auf das Führen reiner gewerkschaftlicher Abwehrkämpfen einzustellen.

Die allgemeine, optimistisch grundierte Aufbruchsstimmung aus der linken Vorwärtsepoche schleppte dennoch, auch bei linken Musikern, Ende der 1970er Jahre noch ein Weilchen nach. So nahm Hannes Wader beim dritten großen UZ-Pressefest der DKP in Recklinghausen 1977 sein berühmtes und überaus erfolgreiches Live-Album »Hannes Wader singt Arbeiterlieder«[462] auf – ein Best-of der revolutionären Stücke der Arbeiterbewegung von »Auf, auf zum Kampf« über »Die Thälmann-Kolonne« bis zur »Internationalen«. Franz Josef Degenhardt erfasste, auch im Jahr 1977, in seinem parodistischen Rollenlied »Arbeitslosigkeit«[463] zwar überaus hellsichtig den Geist der neuen Epoche: »Die gesamte Wirtschaft / und zwar weltweit / strukturiert sich um / … und diese wirklich echte und globale Revolution / die machen diesmal die / die da was von verstehen / und das sind die Multis / Weltkonzerne / internationales Unternehmertum / und nicht eure roten Kommissare und Gewerkschaftsbonzen / mit den Sprüchen aus der Mottenkiste von

460 Baier (2022), S. 55

461 Baier/Wiegandt (2012), S. 249; Baier (1981)

462 Wader (1977)

463 Degenhardt (1979), Nr. 122; Degenhardt (1977)

vor 100 Jahren.« – In der Schlussstrophe entgegnet das lyrische Ich dann aber dem zuvor parodierten, kapitalistischen Leistungsträger: »die Produzentenseite / aber unter einem anderen Stern / ist schon längst dabei das aufzuhalten / in Vietnam zum Beispiel / in Angola / in Iran / vielleicht bald in Italien / in Frankreich … und irgendwann werden von VEB Krupp / nach Rio oder Kapstadt / … Freundschaftsdelegationen reisen.«

Man setzte und hoffte noch auf das Fortschreiten der progressiven Entwicklung der vergangenen Dekade, jedenfalls und allenthalben im internationalen Maßstab. Aber der Streikwinter 1978/79 verdeutlichte bereits den »Umschaltmoment«, den Hannes Wader in seiner »Hafenmelodie«[464] so verdichtete:

Die wissen, dass ihr Kampf beginnt.
Die wissen, dass gekürzter Lohn
und Arbeitsplatzvernichtung drohen,
auch dass der Kampf, vereint geführt,
am Ende doch gewonnen wird.
…
Ihr versteht, das ist die Melodie
von der Solidarität.

Internationalisierung

Die Durchsetzung marktradikaler kapitalistischer Strategien – zunächst 1973 in Chile, ab 1979 im Thatcher-Großbritannien und in den USA unter Reagan ab 1981 – bewirkte, dass alsbald in allen kapitalistischen Ländern eine ähnliche Wirtschaftspolitik propagiert und, wenn auch in unterschiedlichem Ausmaß, exekutiert wurde, was retrospektiv als neoliberale Wende oder sogar als »Gegenrevolution« bezeichnet wird.[465] Mit der Entfesselung der Finanzmärkte und der Durchsetzung eines weitgehenden internationalen Frei-

464 Wader (1984), S. 403; Wader (1980)
465 Deppe (2017), S. 179 f.

handels kam es zur vermehrten Herausbildung transnationaler Konzerne sowie weltmarktbeherrschender Finanzakteure. Zwar ging man in der Bundesrepublik als Frontstaat im Kalten Krieg bzw. als »Schaufenster zum Osten« behutsamer vor; doch auch von dort wurde die Industrieproduktion immer mehr nach Südostasien oder in andere Teile der Welt verlagert, mit der Folge, dass ein hoher Druck auf das hiesige Lohnniveau und die sozialen Auflagen und Regulierungen z.B. des Arbeitsrechts aufgebaut wurde. Das alles – der gewerkschaftlich erkämpfte »Sozial-Klimbim«, aber auch Umweltschutz oder Unternehmens- und Kapitalbesteuerung – fiel nun unter der Maßgabe des weltweiten Wettbewerbs als »Standortnachteil« in die Waagschale und schmälerte den ökonomischen Erfolg. Und der wurde, durch die Dominanz der internationalen Finanzkonzerne, ohne die diese großen, globalen Räder nicht zu drehen waren, in allererster Linie über die Aktienkurse der Unternehmen definiert (Shareholder-Value). Auch das Top-Management dieser Konzerne internationalisierte sich im Zuge der Globalisierung, wobei die Clan-Strukturen der herrschenden Eigentümerfamilien – wie etwa die Quandt-Erben, die Familien Albrecht, Henkel, Merck, Oetker oder Porsche – zumeist Hauptaktionäre blieben und die zentralen unternehmerischen Entscheidungspositionen entweder selbst besetzten oder dafür Personen aus den eigenen oder benachbarten gesellschaftlichen Kreisen rekrutierten.[466] Die Klassenmacht der international operierenden Bourgeoisie gegenüber der national organisierten und durch die Krise geschwächten Arbeiterbewegung wurde so deutlich gestärkt, und die Kampfbereitschaft der Gewerkschaften erlahmte zusehends.

Zudem beschloss im Dezember 1979 der NATO-Rat in Brüssel die Stationierung neuer US-amerikanischer Mittelstreckenraketen auf dem Gebiet der BRD. Die sich dagegen formierende Friedensbewegung absorbierte die Ressourcen vieler linker Parteien und Gruppierungen, auch linker Gewerkschafter, und die Auseinander-

466 Binus/Landefeld/Wehr (2014), S. 77ff.

setzung um die Raketenstationierung und die Unterstützung des Aufrufs dagegen (»Krefelder Appell«) wurde zum Hauptaktionsfeld beinahe der gesamten Linken der frühen 1980er Jahre. Im Bonner Hofgarten demonstrierten im Oktober 1981 300.000 Menschen. Im November 1983 stimmte der Bundestag jedoch der Aufstellung der »Pershing II«-Raketen und Cruise Missiles zu.

Trotz der nunmehr eingetretenen, grundsätzlich defensiven Lage der organisierten Arbeiterbewegung erzielten die als »Heinze-Frauen« bundesweit bekannt gewordenen 29 Kolleginnen eines Gelsenkirchener Fotounternehmens im Jahr 1981 einen historischen Erfolg: Das Bundesarbeitsgericht in Kassel erkannte letztinstanzlich ihre Forderung nach gleichem Lohn an – in der Höhe, den auch ihre männlichen Kollegen erhielten. Ein Meilenstein. Vorausgegangen war ein dreijähriger, vom Betriebsrat und der IG Druck und Papier unterstützter Rechtsstreit. Fasia begleitete die Frauen und ihre Aktionen in diesen Jahren, und es entstand dabei das Lied »Wir wollen gleiche Löhne – Keiner schiebt uns weg«[467] auf die Melodie des aus der US-amerikanischen Gewerkschaftsbewegung bekannten »We shall not be moved«.

Das Ende von Kohle und Stahl

Die von der herrschenden Klasse mitorchestrierte Deindustrialisierung der Bundesrepublik begann zunächst im Steinkohlebergbau, fraß sich durch die Textilbranche und den Schiffbau und machte im Verlauf der 1980er Jahre auch vor der Stahlindustrie nicht Halt. Massenentlassungen und Betriebsschließungen waren auch hier die Folge. Zur großen bundesweiten Demonstration der Stahlkocher und Werftarbeiter 1983 in Bonn, an der 130.000 Menschen teilnahmen[468], schrieb Bernd Köhler (Schlauch) den »Stahlwerkersong«[469]:

467 Heinze-Frauen auf: Diverse (1982)
468 Raphael (2021), S. 184
469 Köhler (2013), S. 26; Köhler und Ewo² (2013)

Wir kommen aus Hattingen, Salzgitter und Kiel,
wir kommen von der Ruhr, von der Saar.
Und wir sind Stahlarbeiter und haben ein Ziel,
wir wollen leben – na klar.

Inzwischen hatte in der Bundespolitik die »geistig-moralische Wende« hin zur 16 Jahre währenden Helmut-Kohl-Kanzlerschaft stattgefunden. Zur Gegenwehr nahmen die Gewerkschaften, auch um aus ihrer eigenen Krise des Mitglieder- und Gegenmachtverlusts herauszukommen, für die Tarifrunden 1983/84 ihren fünf Jahre zuvor verlorenen Kampf um die 35-Stunden-Woche wieder auf. Es kam darum im Frühjahr 1984 zum großen Streik der IG Metall und der IG Druck und Papier. Mitglieder anderer Gewerkschaften unterstützten die Forderung durch Protestaktionen und befristete Arbeitsniederlegungen. Die Unternehmer reagierten darauf mit einer beispiellosen Aussperrungsoffensive. Im Mai demonstrierten dann 250.000 beim »Marsch auf Bonn«, und es wurden dabei auch – sowohl die alten wie auch die neueren – Arbeiterlieder gesungen. In den Tarifverträgen, die nach vielen Wochen Streik und Aussperrung schließlich im späten Sommer abgeschlossen wurden, war die 38,5-Stunden-Woche als Regelarbeitszeit festgelegt, wobei eine flexible Handhabung und Ausgestaltung auf betrieblicher Ebene – per Öffnungsklausel – vorbehalten blieb. Viele Arbeiter waren darüber unzufrieden, denn sie hatten sich von dem langen Streik mehr erhofft. Die 35-Stunden-Woche konnte letztlich erst 1995 in der Metall- und in der Druckindustrie durchgesetzt werden.

In Großbritannien wurde der große und extrem hart ausgefochtene Bergarbeiterstreik 1984/85 von der Thatcher-Regierung niedergeschlagen. Er kostete zehn Menschen das Leben, mehr als 3.000 wurden verletzt und um die 12.000 waren zwischenzeitlich inhaftiert. 80 Prozent der noch verbliebenen Bergarbeiter wurden danach entlassen.[470]

470 Raphael (2021), S. 180 ff.

In Deutschland dagegen fand die Stilllegungs- und Massenentlassungswelle im Winter 1987/88 ihren Höhepunkt – beim Kampf um die Schließung des Krupp-Stahlwerks in Duisburg-Rheinhausen. Dies, nachdem im selben Jahr bereits in Hattingen die Stilllegung der Thyssen-Hochöfen und die dortige Vernichtung von rund 3.000 Arbeitsplätzen beschlossen worden war. Bernd Köhler schrieb dagegen das Lied »Keine Wahl«[471] und nahm es zusammen mit der Mönninghoff-Songgruppe auf: »Das Feuer im Ofen / ist noch lange nicht aus / eher schmeißen wir / Thyssen und Co / aus Hattingen raus…«

Bei Krupp verkündete der Konzernchef Gerhard Cromme Ende November 1987 der Belegschaft die Schließung ihres Stahlwerks in Rheinhausen. Was ihm entgegenschlug, war nicht nur die blanke Wut der Kruppianer, sondern auch Eier und Apfelsinen, die der Betriebsratsvorsitzende Manfred Bruckschen (SPD) versuchte, mit seinem aufgespannten Regenschirm vom Aufschlagen auf dem Designer-Trenchcoat des Topmanagers abzuhalten. Der Auftakt zum längsten Arbeitskampf in der Geschichte der BRD. Wenige Tage später stürmten Stahlarbeiter das Foyer der »Villa Hügel« in Essen, des historischen Familiensitzes der Krupps – ähnlich wie 140 Jahre zuvor die schlesischen Weber das Wohnhaus der Zwanzigers. Private Sicherheitskräfte schirmten jedoch den Krupp-Aufsichtsrat ab, und nach einer Viertelstunde war der Sturm schon wieder vorbei. Aber der Kampf um Rheinhausen ging weiter: Das ganze Revier solidarisierte sich, und tags darauf wurde die Rheinbrücke zwischen Rheinhausen und Hochfeld besetzt. Heute trägt sie daher, auch offiziell, den Namen »Brücke der Solidarität«. Es folgten Warnstreiks im gesamten Ruhrgebiet, eine Lichterkette, an der sich 80.000 Menschen beteiligten, Demonstrationen und weitere Blockaden und Mahnwachen. Fasia war bei allen Aktionen dabei und sang ihre Arbeiterlieder. Auch das von Lonny Kox auf die Melodie von Ralph McTells »Streets of London« geschriebene »Es ist was los in

471 Köhler (2013), S. 18; Köhler und die Mönninghoff-Songgruppe (1987)

den Straßen von Rheinhausen«.[472] Selbstverständlich spielte sie im Februar auch beim achtstündigen Solidaritätskonzert im stillgelegten Walzwerk vor 40.000 – zusammen mit den Toten Hosen, Hannes Wader, Herbert Grönemeyer, Rio Reiser, Klaus Lage und vielen anderen Künstlern. Nach 164 Tagen endete der Kampf um Rheinhausen damit, dass die Stilllegung um zwei Jahre aufgeschoben wurde und 1.500 Arbeitsplätze, von 5.300, zunächst erhalten bleiben sollten; mit einer Niederlage also, die der Krupp-Betriebsrat so auch eingestand.[473]

Auch das Schlager-Schlachtross Gunter Gabriel hatte sich übrigens in Rheinhausen gezeigt. Und er sang dort sein lupenreines, wenn auch nicht gerade gewerkschaftlich-orientiertes Arbeiterlied – »Rheinhausen, du darfst nicht untergehn«[474]:

Kumpel unter Tage und Stahlkocher,
Millionen ohne Arbeit protestiern,
ha'm keine Zukunft für die Kinder,
stehen da wie arme Sünder,
ha'm nur dies eine Leben zu verliern.

Damit war dann auch ein Schlusspunkt gesetzt. Und zwar hinter einen ganzen Kampfzyklus von Streiks und Sozialprotesten der Arbeiterbewegung und der mit ihr verbundenen Organisationen der Linken seit dem Zweiten Weltkrieg. Das Ende des allgemein als »Fordismus« bezeichneten Modells der Kapitalakkumulation wurde besiegelt mit der letzten Schmelze in Rheinhausen. Die industriellen Kerngebiete, die über hundert Jahre das Kraftzentrum der Klassenkämpfe in Deutschland gebildet hatten, verwandelten sich zunächst in rostige Landschaften und schon bald darauf in museale Geisterstätten, die nichts mehr mit dem einstigen Industrieleben zu

472 Achenbach (2004), S. 257, 299

473 Deppe in: Deppe/Fülberth/Harrer (1989), S. 762

474 Gabriel (1988)

tun hatten. Neue Fabriken wurden nunmehr in Billiglohnländern des globalen Südens hochgezogen. Mit dem Fall der Berliner Mauer 1989, der ökonomischen Einverleibung der DDR und dem gleichzeitigen Ende des Sozialismus im Weltmaßstab endete auch das internationale Gesamtgefüge, das sich nach 1945 herausgebildet hatte, von Grund auf. Eine »Neue Weltordnung« wurde proklamiert, und mit dem US-geführten Krieg gegen den Irak auch direkt in die Tat umgesetzt. So kam das Ende des »Kurzen 20. Jahrhunderts« (Hobsbawm) unterm Strich einer großen tektonischen Verschiebung gleich – mit massiven Auswirkungen auf die Organisationen der Arbeiterbewegung auch in Deutschland und auf die Kräfteverhältnisse zwischen Kapital und Arbeit im Ganzen.

8.
Nach der Wiedervereinigung (1990 bis heute)

Die Treuhandanstalt übernahm die weitere Deindustrialisierung im Osten Deutschlands, der Ex-DDR, dem sogenannten »Beitrittsgebiet«. Das gesamte Volkseigentum wurde privatisiert und fiel in die Hände – zwar nicht unmittelbar der früheren Eigentümer von vor 1945, aber doch mitunter »über Bande« und jedenfalls zum allergrößten Teil – von westdeutschen Unternehmen. Es fand in der Folge ein systematischer, wirtschaftlicher Kahlschlag statt. Hatten doch die Großkonzerne der alten BRD, deren Manager zuhauf im Verwaltungsrat der Treuhand saßen, ein großes Interesse daran, sich die Konkurrenz vom Hals zu schaffen oder sie – am Stück – zu schlucken. Die Arbeitslosigkeit in den neuen Ländern stieg in der Folge bis auf das Doppelte des Prozentsatzes im Westen.[475]

So erwischte es beispielhaft auch 1993 in Bischofferode die Kali-Kumpel, deren Betrieb »abgewickelt«, sprich geschlossen wurde, denn die BASF, die den ehemals volkseigenen Devisenbringer-

475 Fülberth (2015), S. 85

Betrieb von der Treuhand zugeschanzt bekommen hatte, wollte die Marktpreise fürs Kalisalz oben halten und gleichzeitig die lästige Ost-Konkurrenz ausschalten. Die verzweifelten Bergleute gingen dagegen über Wochen in den Hungerstreik, aber ohne Erfolg. Die IG Bergbau beteiligte sich gar nicht erst an dem Arbeitskampf.

Der Liedermacher und Baggerfahrer Gerhard Gundermann war, ungefähr zeitgleich, persönlich von der Schließung des Lausitzer Braunkohletagebaus betroffen. Er schrieb mit Liedern wie »Engel über dem Revier«[476] oder »Brigitta«[477] dazu einen bitter-schönen Soundtrack. Keine Arbeiterlieder, aber proletarische Balladen:

> Ich war'n Bergmann weiter hab' ich nüscht gelernt.
> Ich hab dieses Land in jedem Winter treu gewärmt.
> Die Lunge ist wie'n Sack mit Kohlebrocken voll,
> im Herzen Asche in den Adern Alkohol.
>
> Ach meine Grube Brigitta ist pleite
> und die letzte Schicht lang schon verkauft,
> und mein Bagger der stirbt in der Heide,
> und das Erbeben hört endlich auf.

In Wirtschaft, Verwaltung, Wissenschaft, Militär und Justiz wurden mit dem »Beitritt« der DDR, auf der Grundlage des federführend von Wolfgang Schäuble (CDU) »ausgehandelten« Einigungsvertrags, quasi alle höheren Positionen mit West-Akademikern besetzt. Das Ost-Personal wurde »freigesetzt«.

Bleierne Jahre

Die SED hatte sich um den Jahreswechsel 1989/90 in »Partei des Demokratischen Sozialismus« (PDS) umbenannt, und ihre Führungsriege um Gregor Gysi und André Brie vertrat nun eine Linie

476 Gundermann (2018), Nr. 9; Gundermann (1998), CD 2

477 Gundermann (2019), Nr. 5; Gundermann (1992)

der raschen Distanzierung von ihrer DDR-Vergangenheit und des schnellen »Ankommens« in der Marktwirtschaft.

Im Westen standen nach der Wiedervereinigung die linke, politische und auch die kulturell-fortschrittliche Szene mit dem Rücken zur Wand. Die verbliebenen Zentren, Musiker und Aktivistinnen hatten alle Hände voll damit zu tun, auf die neu entstehende, rassistische und offen neonazistische, rechte Szene zu reagieren. Die brutalen Anschläge auf Migrantinnen-Unterkünfte in Hoyerswerda, Rostock-Lichtenhagen, Mölln, Solingen etc. und die Verschärfung des Asylrechts durch den sogenannten »Asyl-Kompromiss« im Bundestag von 1993 stehen exemplarisch für den eklatanten Paradigmenwechsel, dem sich das verbliebene, progressive Milieu in der BRD nun ausgesetzt sah. Viele Bands aus der Punkrock-Szene, von den Goldenen Zitronen (»Das bisschen Totschlag«)[478] über Slime (»Der Tod ist ein Meister aus Deutschland«)[479] bis Hass (»Lasst die Glatzen platzen«)[480], aber auch bekanntere Bands wie z. B. Die Ärzte (»Schrei nach Liebe«)[481] widmeten sich in ihren Songs diesen drastischen, neuen Umständen und verabschiedeten sich, wenigstens partiell, vom spaßbetonten Herangehen der »Fun-Punk«-Spielart aus den 1980er Jahren.

Im Milieu der freien Jugendzentren hatten Jugendliche, viele davon aus geflüchteten oder Gastarbeiterfamilien, die schwarze HipHop-Kultur aus den USA, die in den 1980ern bereits mit der Breakdance-Mode nach Europa und Westdeutschland geschwappt war, als adäquate Ausdrucksform für ihre eigene, als benachteiligt und ausgesondert empfundene, Situation entdeckt. Gruppen wie Advanced Chemistry, Fresh Familee, Microphone Mafia oder Sons of Gastarbeita gehörten dazu. Und sie hatten damit begonnen, auch auf Deutsch, zu rappen und ihre eigenen Texte zu schreiben. Zum einen womöglich angesteckt von Teilen ihrer schwarzen Vor-

478 Die Goldenen Zitronen (1994)

479 Slime (1994)

480 Hass (1992)

481 Die Ärzte (1993)

bilder aus der »Black Radical Tradition« und einem marxistischen Black-Panther-Flügel – zu dem sich z.B. Tupac Shakur (2Pac) bekannte[482] –, zum anderen durch das Aufeinandertreffen mit den sich auch in Autonomen Zentren tummelnden Punkbands, entwickelten sie in ihren Texten mitunter eine erstaunliche und, gerade vor dem Hintergrund der stattfindenden Rechtswende und dem eskapistischen Mainstream der Popkultur, bemerkenswert klare, politische Sprache, mit expliziten antikapitalistischen Ansagen. So rappte Hannes Loh von Anarchist Academy im Lied »Alle macht den Räten«[483]: »... das Kapital ist die Flamme – der Faschismus das Benzin!! / Die Entscheidungen fällen / die Großindustriellen / und erhebst du deine Faust dagegen / gibt's für dich Handschellen / ... Die Macht liegt konzentriert und zentral organisiert / Kapital und Produktionsmittel / sind akkumuliert / in den Händen weniger / und ich nenne sie die Klasse / der Ausbeuter« Und im damals viel beachteten »Leg' dein Ohr auf die Schiene der Geschichte«[484] von Freundeskreis, das auch außerhalb der linken Szene-Nische viel gespielt wurde, plädiert Max Herre für ein dezidiert anti-US-imperialistisches Geschichtsbewusstsein. Diese musikalischen Anstöße zu einer neuen Klassenpolitik von unten fanden aber keinerlei Entsprechung in einer relevanten gesellschaftlichen Bewegung. Sie ließen allerdings auch beinahe jeden Bezug zur Arbeitswelt und der betrieblichen Produktion vermissen.

Zu Beginn der 1990er Jahre kam nämlich auch, vor allem in der studentischen Linken, der französische Poststrukturalismus stark in Mode. Mit der Folge, dass die Positionen der alten, gewerkschaftlich orientierten Arbeiterbewegungs-Linken immer weiter in die Defensive gedrängt wurden. Unter dem Motto »Es lebe die Differenz« sollte die soziale Frage nicht mehr Old-School-klassenkämpferisch, sondern durch Ein-Punkt-Initiativen sowie Rand- und Opfergrup-

482 vgl. Jacob (1993), S. 67

483 Anarchist Academy (1994)

484 Freundeskreis (1997)

pen-Bewegungen angegangen werden. Was man dann später unter dem schwammigen Begriff der »Identitätspolitik« zusammenfasste. Die Love Parade marschierte und tanzte dazu allsommerlich durch Berlin als Triumphzug der neuen, bunten, politischen Vielfalt – und für Helmut Kohl, den stolzen Einheits-Kanzler.

Der TV-Mainstream der Talkshow-Debatten mahnte bald einen »Reformstau« an, womit gemeint war, dass Deutschland in Sachen neoliberaler Deregulierung der internationalen Konkurrenz hinterherhinkte. »Das Kapital ist ein scheues Reh« wurde allabendlich gewarnt – und gleichzeitig die Deutsche Post privatisiert sowie die Telekom-Aktien dem »einfachen Volk« als sichere Geldanlage und solide Altersvorsorge aufgeschwatzt. Darüber hinaus wurde noch jede Menge weiteres, öffentliches Eigentum, auf Bundes-, Länder- und kommunaler Ebene veräußert. Die Sozialdemokratie brachte sich dabei in Position, komplettierte ihre Abkehr von der alten Arbeiterklasse und bewarb sich nun offensiv als Vertreterin einer diffusen »Neuen Mitte« um Regierungsverantwortung. 1998 wurde Kohl dann tatsächlich ab- und eine SPD-Grüne-Koalition in die Regierung gewählt. »Das scheue Reh« befahl seinem neuen Personal sogleich, gewissermaßen als erste Amtshandlung, die Bombardierung Jugoslawiens – zusammen mit den NATO-Verbündeten. Der erste Kampfeinsatz deutscher Soldaten nach 1945. Ein Dammbruch – exekutiert von einer Regierung aus einstigen APO-Kämpfern, linken Gewerkschaftern und Aktivistinnen der Friedensbewegung: Schröder, Fischer, Schily, Riester, Trittin, Wieczorek-Zeul usw.

Linke Gegenwehr

Ende der 1990er Jahre formierte sich international die sogenannte »globalisierungskritische Bewegung«. Mit den Demonstrationen gegen das WTO-Treffen in Seattle (1999), den G8-Gipfel in Genua (2001) und mit dem ersten Weltsozialforum von Porto Alegre (2001) meldeten sich darin vorwiegend Vertreter einer jüngeren, oft akademisch sozialisierten Linken zu Wort – gegen die Ausplünderung des globalen Südens durch die reichen Industrienationen und deren ökologischen wie sozialökonomischen Folgen für die subalternen Klassen. Ihre länderübergreifende Organisation Attac hatte als zentrale Forderung zunächst die Erhebung einer Transaktionssteuer auf internationale Kapitalflüsse (Tobin-Steuer) sowie die demokratische Kontrolle der Finanzmärkte auf ihrer Agenda. Auch linke Gewerkschafterinnen der älteren Generation beteiligten sich an Attac-Aktionen und -Kampagnen, nachdem ihre eigenen Verbände, unter der euphemistischen Überschrift »Bündnis für Arbeit«, sich zu keiner ernsthaften Klassenauseinandersetzung mehr aufraffen mochten.[485]

Als »Sound« der Antiglobalisierungsbewegung wurde international die in ganz Südeuropa sowie Lateinamerika populäre Música Mestiza, etwa von Manu Chao (Frankreich) oder Panteón Rococó (Mexiko), wahrgenommen. Weder ihre, meist auf Spanisch gesungenen Lieder noch die Stücke der, im Herangehen in etwa vergleichbaren, deutschen Pendants, wie z. B. Irie Révoltés oder Rotes Haus, sind aber unter dem hier verwendeten Arbeiterlied-Begriff zu verhandeln. Ihre Songs drehen sich häufig um Migration, Flucht und Rassismus, und sie richten sich eher allgemein gegen Unterdrückung, Diskriminierung und soziale Ungerechtigkeit, als dass sie konkret auf die Ausbeutung von Lohnarbeit oder ein darauf bezogenes, kollektives Handeln der Werktätigen rekurrieren. Wenn man in dem Zusammenhang von einer Kategorie für die Masse der Aufbegehrenden und Unterdrückten sprechen wollte, dann wäre es womöglich am ehesten die nebulöse »Multitude« (in der deutschen Übersetzung: »Die Menge«) aus Toni Negris und Michael Hardts in globalisierungskritischen Kreisen damals stark rezipiertem Theorie-Wälzer »Empire«. Diese Multitude, so Negri/Hardt, sei nunmehr »ein Feld von Singularitäten, ein offenes Beziehungsgeflecht, das nicht homogen oder mit sich selbst identisch ist.«[486] Und dieses habe einen Kampf zu führen, als zirkulierende Bewegung

485 vgl. Deppe (2012), S. 62 ff.

486 Hardt/Negri (2002), S. 116

»in diesem glatten Raum des Empire«, in dem es »keinen Ort der Macht« mehr gäbe[487] – der Klassenkampf einer närrischen Postmoderne.

Ganz anders verhielt es sich bei einigen Titeln der Kölner Hip-Hop-Crew Microphone Mafia, die Anfang der 2000er auch bei den Kampagnen »Her mit dem schönen Leben« der DGB- und »Operation Übernahme« der IG-Metall-Jugend mitwirkten, und Songs dazu beisteuerten.[488] »Waffen und Konzerne bestimmen die Weltpolitik / jeder gestrichene Job ein wirtschaftlicher Sieg / Vollbeschäftigung ein Traum, nicht realisierbar / Der Traum könnt wahr sein, das Geld ist da / … Hoch die Fäuste, sehr geballte Ladung / Her mit der Kohle, zur langen Umverteilung«, konkretisiert die Band auf »Wissen ist Macht«[489] ihre Vorstellung von sozialer Gegenwehr.

Die Bundesregierung unter Kanzler Schröder nahm indessen unverdrossen auch noch teil an dem im Anschluss an die Terroranschläge vom 11. September 2001 von den USA ausgerufenen, »Krieg gegen den Terror« in Afghanistan, der 20 Jahre lang andauern sollte. Und Rot-Grün präsentierte im März 2003 ihre sogenannte »Agenda 2010«. Eine im Wesentlichen aus vier Gesetzen (Hartz I – IV) bestehende soziale Brandrodung mit Neuregelungen zu Zeitarbeitsfirmen, Minijobs und »Ich-AGs«, der Abschaffung der Arbeitslosenhilfe und der Verkürzung der Bezugszeit von Arbeitslosengeld. Sozialhilfe hieß nun Arbeitslosengeld II, und sein Bezug wurde an die Bereitschaft gekoppelt, auch solche Arbeiten anzunehmen, welche davor als unzumutbar hätten abgelehnt werden können. Das Ganze wurde flankiert durch eine Erhöhung der Sozialversicherungsbeiträge für die Werktätigen, die Senkung der Spitzensteuersätze für die Reichen und eine deutliche, gesetzliche Erleichterung von Kündigungen durch die Unternehmer.

487 Hardt/Negri (2002), S. 202, 404

488 Yurtseven/Pennino (2019), S. 115

489 Microphone Mafia (2003)

Dagegen formierte sich ab 2004 Protest – zum Teil aus den eigenen Reihen – und Widerstand, auch auf den Straßen. Es fanden, allerdings nur für kurze Zeit, in vielen deutschen Städten Montagsdemonstrationen gegen die »Agenda-Politik« statt, mitorganisiert von Attac, der PDS und einigen Gewerkschaftsgliederungen. Immer mehr SPD-Mitglieder traten aus, und einige davon, vorwiegend aus gewerkschaftlichen Zusammenhängen, bemühten sich um die Gründung einer neuen Partei, der »Wahlalternative Arbeit und Soziale Gerechtigkeit« (WASG). Diese fusionierte in der Folgezeit mit der PDS, und bei den von der SPD, zur Verhinderung einer weiteren Erosion ihrer Basis, initiierten Neuwahlen 2005 erhielt sie als »Die Linke« fast 9 Prozent der Stimmen und 54 Bundestagsmandate. Die SPD regierte jetzt in einer Großen Koalition mit der CDU und drehte weiter fleißig mit an der Schraube der Nach-Oben-Umverteilung: Verkürzung der Kindergeldzahlungen, Erhöhung der Mehrwertsteuer und die Heraufsetzung des Renteneintrittsalter auf 67 Jahre sind nur ein paar bemerkenswerte Wegmarken bei dieser Fortsetzung einer Politik der sozialen Verwerfungen. »Die Linke« gründete sich 2007 als Partei und versuchte, den von der SPD sozialpolitisch freigegebenen Platz in der Parteienlandschaft zu besetzen.[490]

In diesem Zuge meldeten sich auch mal wieder Liedermacher und auch Musiker anderer Genres mit klassenpolitischen Texten zu Wort. So Bernd Köhler, der bereits 2003 für die um ihre Arbeitsplätze kämpfenden Alstom-Kolleginnen in Mannheim und ihren Betriebs-Chor das Lied »Unsere Chance: Resistance«[491] geschrieben hatte: »Kollegin, Kollege – unsere Chance / ist die grenzüberschreitende Resistance / Nur wenn wir jetzt zusammenstehn / können wir am Rad der Geschichte was drehn.« Sein »Herrliche Zeiten«[492] ein Jahr später hat das Schicksal eines Agenda-2010-Verlierers zum Inhalt, der sich als Aussortierter nun auf den Ämtern wiederfand.

490 Fülberth (2009), S. 123

491 Köhler (2013), S. 50; Köhler und Ewo[2] (2013)

492 Köhler (2013), S. 116; Köhler (2007)

Die Gruppe Gutzeit aus Hamburg brachte ein Stück heraus, das den direkten Titel »Hartz IV«[493] trägt: »Ein Schrei geht durch das Land / Hartz IV macht arm und krank / Hartz IV das ist nur Dreck / pack mit an – der Dreck muss weg.« Auf demselben Album befindet sich auch ein Lied mit dem Titel »Was soll ich denn in der Gewerkschaft«[494], das die gewerkschaftliche Organisation als einzige Chance der Gegenwehr bekräftigt.

Für den trotzkistischen Rapper Holger Burner war dies weniger eindeutig. Zum selben Thema textete er in »Unser Standard«[495] zwar: »Eins ist sicher / es bleibt nicht lange friedlich hier im Land«, um in »Si se puede«[496] auf demselben Album folgendermaßen einzuschränken: »... leider ist es gerade mit der Gegenwehr / trotz der stärksten Gewerkschaften hier ähnlich schwer / denn satt zu kämpfen, damit es uns besser geht / klammern sich Gewerkschaftsführer an die SPD.«

Was hierzulande unter den Begriffen Agenda 2010 oder Hartz IV verhandelt wurde, war eine weltweite Erscheinung – als Folge des ungezügelten, internationalen Triumphzugs der neoliberalen Wirtschaftsdoktrin nach dem Ende der Systemauseinandersetzung. In den USA erschienen in diesen Jahren kurz aufeinander Alben wie Bruce Springsteens »We shall overcome – The Seeger Sessions«[497] oder Ry Cooders »My Name is Buddy«[498], die sich beinahe ausschließlich mit Arbeiterliedern und Klassenkämpfen aus der US-amerikanischen Geschichte befassten. Hierzulande brachte Hans-Eckardt Wenzel ein Album mit Übersetzungen und Bearbeitungen von Woody-Guthrie-Material heraus[499], und die Bielefelder Punkrock-Combo Commandantes sowie deren Nachfolgeband Kapelle Vorwärts CDs mit

493 Gruppe Gutzeit (2008)
494 Gruppe Gutzeit (2008)
495 Burner (2006)
496 Burner (2006)
497 Springsteen (2006)
498 Cooder (2007)
499 Wenzel (2003)

Punk-Versionen alter, deutscher Arbeiterlieder.[500] Die Grenzgänger machten gemeinsam mit Frank Baier das bereits erwähnte Album zum Ruhraufstand von 1920.[501] Bernd Köhler und Ewo² gingen auf ihren beiden Avantipopolo-Alben ähnliche Wege einer rückbezüglichen Neu-Aneignung, wenn auch musikalisch etwas anders ambitioniert.[502]

Es ist ziemlich offensichtlich, dass diese musikalischen Rückgriffe auf das Liedgut vergangener, vermeintlich erfolgreicherer Kampfepochen vor allem damit zu tun hatten, dass in der gesellschaftlichen Realität der 2000er keine Klassenorganisationen mehr bereitstanden, die so notwendigen, anstehenden Kämpfe für die jetzigen »Modernisierungsverlierer« zu führen. Eine Leerstelle, die im Grunde bis heute klafft und andauert.

Große Krise

Obwohl der Regelsatz des im Volksmund schlicht »Hartz IV« genannten Arbeitslosengelds II zu keiner Zeit relevant erhöht wurde, gab es, jedenfalls für die Darüber-Verdienenden, immer weitere Technik-Gadgets und Konsum-Flashs: Flachbildschirme und Kabel-TV mit schier unzähligen privaten Kanälen, Billigflüge in weit entfernte Länder, superschnelles Internet, Smartphones, Streamingdienste, Gaming-Konsolen etc. Das – zumindest potentiell – bereitgehaltene Zerstreuungs-Arsenal für alle aus den privilegierten Weltgegenden war so enorm, wie man es sich noch ein paar Jahrzehnte vorher bestenfalls als abgedrehte Science-Fiction hatte ausmalen können. Vieles davon konnte gewiss nur über Konsumentenkredite und buchstäblich »vom Munde abgespart« bezahlt werden. Aber es erfüllte auch seine Wirkung als das »ultimative, neue Zeug«, als welches es in millionenschweren Werbekampagnen angepriesen wurde, und dessen dringend zu erstrebender Besitz ein Entkom-

500 Commandantes (2004); Kapelle Vorwärts (2011, 2012)

501 Die Grenzgänger und Frank Baier (2006)

502 Ewo² (2007, 2009)

men aus der Tretmühle der realkapitalistischen Demütigungen versprach.

Als 2007/08 die Finanzkrise ausbrach, war dann aber auch für viele Nicht-Hartz-IV-Empfänger, prekär beschäftigte Leih- und Lohnarbeiterinnen und auch für einige Mittelschichtshaushalte die ersehnte Party erstmal vorbei. Nach der großen, zig Milliarden Euro teuren, steuerfinanzierten Bankenrettung schlug die Rezession 2009 auf die Realwirtschaft durch. Das Wachstum brach um 5,1 Prozent ein.[503] Die Große Koalition subventionierte die Automobilindustrie mit einer milliardenschweren Abwrackprämie und der flächendeckend eingeführten Kurzarbeit. Die beiden Maßnahmen gingen auf Forderungen der IG Metall zurück – »Gemeinsam für ein gutes Leben« hieß ihre Kampagne –, die so dem staatlichen Krisenmanagement beisprang, um durch diese Art von besitzstandswahrendem »Krisenkorporatismus« in erster Linie die Sicherung der Arbeitsplätze der Stammbelegschaften zu gewährleisten.

Vom neoliberalen, schlanken Staat konnte erstmal keine Rede mehr sein. Um dem aber langfristig wieder näher zu kommen, verankerte die Regierung 2009, mit Zweidrittelmehrheit im Bundestag, eine »Schuldenbremse« für die Zukunft. Mittelfristig galt es, durch eine Beggar-thy-neighbor-Politik (deutsch: ruiniere deinen Nachbarn) die Krisenkosten möglichst auf andere Staaten abzuwälzen. Das gelang der hochsubventionierten deutschen Exportwalze mustergültig, und 2011 gerieten Griechenland, Italien, Portugal, Irland und Spanien in Zahlungsnot, während Deutschland, wie es allgemein verkündet wurde, »gestärkt aus der Krise hervorging«. Die massive Kapitalflucht aus den Krisenländern Europas führte dazu, dass rund 120 Milliarden Euro in deutsche Staatspapiere flossen.[504] Massenarbeitslosigkeit, Verarmung, Kollaps von sozialer Infrastruktur, Perspektivlosigkeit für ganze Generationen – das zeigte sich in weiten Teilen, vor allem Südeuropas. Es entstand ein gro-

503 Deppe (2012), S. 85

504 Solty (2016), S. 41

ßes, gesellschaftliches Widerstandspotential in diesen Ländern, getragen hauptsächlich von einer jungen Generation. Das zeigte sich bei den sogenannten Platzbewegungen von Istanbul bis Dublin, den Indignados in Spanien und den generalstreikenden Griechen und Franzosen mitten im Herzen EU-Europas. Sie wurden alle über kurz oder lang von ihren Regierungen ausgesessen bzw. abgeräumt. Internationale gewerkschaftliche Solidarität – Fehlanzeige.

In Deutschland gab es zwar unter dem Motto »Wir zahlen nicht für eure Krise« im März 2009 eine bundesweite Demonstration mit 30.000 Teilnehmern, zu der, neben Attac und der Partei Die Linke auch einige Gewerkschaften aufgerufen hatten, aber eine weitere Dynamik ging davon nicht aus. Auch die viertätige Blockupy-Frankfurt-Aktion vor der EZB im Mai 2012, getragen von Attac und anderen linken Organisationen, an der immerhin 20.000 Menschen teilnahmen, konnte daran nichts ändern. Die Unterstützung von Gewerkschaften – bis auf Teile der GEW und ver.di – oder gar aus der SPD, die jetzt nicht mehr in der Regierung saß, war ausgeblieben.[505] Holger Burner schrieb dazu den Track »Für Euch«[506]: »Für die Menschen, die noch aufmucken / anstatt sich hier anzupassen / für die ganzen anonymen Massen / die, ausgebeutet, tausend Träume aufgegeben haben / aber ausgerechnet einen weiter auszuleben wagen / für die sozialistische Revolution …« – Die aber blieb weit entfernt.

Die Krise hatte weltweit auf einen Schlag rund 30 Millionen Arbeitsplätze vernichtet.[507] Die Bewegungen des »Arabischen Frühlings« in einigen Ländern Nordafrikas und des Nahen Ostens wurden 2011 zunächst gekapert bzw. zerschlagen. Es folgten, vor allem in Syrien, von außen angeheizte, geopolitische Stellvertreterkriege, die sich zu einem mörderischen Flächenbrand in der gesamten Region entwickelten. Die Zahl der weltweit Flüchtenden stieg im

505 Seppelt in: Attac (2012), S. 153 ff.

506 Burner (2012)

507 Solty (2016), S. 39

Jahr 2014 auf knapp 60 Millionen; die höchste Zahl seit Ende des Zweiten Weltkriegs.[508] Das blieb natürlich nicht ohne Auswirkungen auf Europa und auch die deutsche Politik. Im Jahr 2015, nach dem Merkel'schen »Wir schaffen das« und einem kurzen »Sommer der Willkommenskultur«, formierte sich ein rechter Aufmarsch auf den Straßen, und es brannten, wie in den 1990er Jahren, wieder die Asylbewerberunterkünfte. Die, zumindest in Teilen, offen faschistische Partei »Alternative für Deutschland« (AfD) wurde, sieben Jahrzehnte nach der Befreiung vom Faschismus, in jedes einzelne Landesparlament und 2017 auch mit über 80 Abgeordneten in den Bundestag gewählt. Der Rapper Disarstar schrieb zu dieser Zeit seinen hörenswerten Song »Kapitalismus«[509]:

> Männer in Somalia fahren heute nicht mehr zum Fischen raus.
> sind ohne Netze, mit AKs bestückt, auf Handelsschiffe aus,
> und das war anders, bis die Trawler aus'm Westen kam'n.
> Heut' sind da keine Fische mehr, und nix geht mehr so richtig auf.
> Regenwasser in der Subsahara gehört Großkonzern'
> wie alles and're da; Papa muss seinen Sohn ernähr'n,
> doch Perspektive fehlt, der Weg bis nach Europa schwer,
> und da nennt man ihn Wirtschaftsflüchtling, als wenn er boshaft wär'.

Und auf »Alice im Wunderland«[510] zielt er direkt und trifft – die AfD-Fraktionsvorsitzende Alice Weidel: »Du hängst mit Leuten, die den Holocaust leugnen, Alice / Aus deiner Ecke kommen Parolen, wie »Deutschland den Deutschen«, Alice / … Du hast 'n Schatten, Alice.«

Aber auch ein paar Arbeiterlieder wurden in diesen Zeiten geschrieben. So brachte die Gruppe Marbacher das Doppel-Album

508 Solty (2016), S. 45
509 Disarstar (2017)
510 Disarstar (2019)

»Wir für mehr«[511] heraus, auf dem auch einige Eigenkompositionen enthalten sind: Lieder, die zumeist konkret für lokale gewerkschaftliche Kämpfe und Aktionen vor und in den 2010er Jahren geschrieben wurden. Denn die gab's auch. Etwa bei Amazon die Streiks für einen Tarifvertrag oder die Aktionen des Pflegepersonals in vielen Krankenhäusern, ausgehend vom Erfolg der Belegschaft bei der Berliner Charité 2016, für eine tarifliche Personalbemessung.

Und Die Grenzgänger um Michael Zachcial aus Bremen haben in den vergangenen 20 Jahren, so unermüdlich wie verdienstvoll, diverse Themen- bzw. Konzept-Alben veröffentlicht, auf denen viele von ihnen ausgegrabene Arbeiterlieder vertont, arrangiert und neu eingespielt wurden, so auf »Die Lieder der Commune«[512], »Und weil der Mensch ein Mensch ist«[513] oder »Revolution«[514].

511 Marbacher (2020)

512 Diverse (2021)

513 Die Grenzgänger (2015)

514 Die Grenzgänger (2018)

IV.
Die gegenwärtige Lage

In der Corona-Krise der Jahre 2020/21 wurde erneut – mit der Scholz'schen »Bazooka«, den Steuermilliarden an Kurzarbeitergeld, Zuschüssen, Rettungsschirmen, Notkrediten an Firmen und Konjunkturpaketen –, wie schon 2008, um das System als Ganzes zu »retten«, die Reißleine gezogen. Die neoliberale Doktrin wurde mal eben wieder verworfen bzw. außer Kraft gesetzt, und die nötigen, ruinösen Kreditkosten fürs Großkapital erneut auf die arbeitende Bevölkerung und die ohnehin schon Armen umgelegt. Wegen der, mit der Pandemie begründeten, Versammlungsverbote und flächendeckenden Lockdowns lag das gesamte außerparlamentarische politische Leben dabei zwei Jahre lang mehr oder weniger brach. Aber die Produktion lief weiter, und die (Schutz-)Maßnahmen am Arbeitsplatz korrespondierten – jenseits der White-Collar-Tätigkeiten im Homeoffice – nicht mit den für den öffentlichen Raum auferlegten Regeln.

Noch bevor der Corona-Staatsinterventionismus wieder ins Fahrwasser einer abermals verschärften Austeritätspolitik zurückgefahren werden konnte, wurden nach dem Angriff Russlands auf die Ukraine im Februar 2022 sofort neue Kriegskredite in Höhe von 100 Milliarden Euro beschlossen – deklariert als »Sondervermögen Bundeswehr«. Die Inflation, die schon vor Kriegsbeginn kräftig angezogen hatte, erreichte durch die verhängten Boykottmaßnahmen vor allem gegen Gas und Öl aus Russland neue, schwindelerregende Höhen, und sie bringt auf Jahre eine breite Masse der Bevölkerung in reale, existenzbedrohende Notlagen. Es handelt sich um den größten Reallohnverlust seit 1949, also seit der Gründung der BRD. Gleichzeitig wurden und werden weitere, milliardenschwere staatliche Hilfen und Zuschüsse von der seit Dezember 2021 amtierenden »Ampel«-Regierung (SPD/Grüne/FDP) für Unternehmen aufgelegt. Und ein Ende davon ist derzeit nicht in Sicht. Immerhin: Der Mindestlohn wurde im Oktober 2022 auf 12 Euro erhöht, und »Hartz IV« trägt seit Anfang 2023 den eleganten Namen »Bürgergeld«.

Während in Frankreich, Belgien und Großbritannien heftige Arbeitskämpfe toben, sind Tarifrunden in Deutschland, bei denen es zu Arbeitsniederlegungen kommt, noch immer die Ausnahme. Die Anzahl der Konflikte, die, über Warnstreiks hinaus, zu Erzwingungsstreiks anwachsen, ist äußerst gering. Zu Beginn des Jahres 2023 zeichnete sich aber ab, dass die gewerkschaftliche Kampfbereitschaft in Bewegung geraten war.[515]

Trotzdem, noch lange keine gute Zeit fürs Arbeiterlied – mal wieder. Auch wenn Rapper wie Disarstar auf Tracks wie »Alle broke«[516] oder Main Concept in »Brecht was right«[517] mitten in der Pandemie bemerkenswerte antikapitalistische Songtexte, durchaus auf Höhe des politischen Zeitgeschehens, ablieferten. Achim Bigus brachte 2022 eine CD mit traditionellen Arbeiterliedern heraus.[518] Und auch von Diether Dehm erschien im Mai 2023 ein neues Album, auf dem einige ältere Arbeiterlieder enthalten sind – in mitunter krass umgearbeitetem Soundgewand.[519]

Mit dem Rücken zur Wand

Es bleibt festzustellen: Die Organisationen der Arbeiterbewegung, Parteien wie Gewerkschaften, konnten sich hierzulande als solche seit dem faktischen Ende von Kohle und Stahl – Strukturwandel, Deindustrialisierung, Globalisierung – sowie dem eklatanten Epochenbruch aus den Jahren 1989/91 bislang nicht wieder erholen. Das Wegbrechen des industriellen Kerns der traditionellen Arbeiterschaft auf

515 Immelt (2023), S. 9

516 Disarstar (2022)

517 Main Concept (2021)

518 Bigus (2022)

519 Dehm (2023)

der einen, sowie das Verschwinden des »unsichtbaren Verhandlungsführers« einer sozialistischen Systemalternative auf der anderen Seite, ist noch immer nicht verkraftet und verarbeitet. Der marxistische, auf den Sozialismus orientierte Teil ist, organisiert in Kleinstparteien oder Zirkeln und auch noch arg in sich selbst zerstritten, im Grunde komplett marginalisiert und im öffentlichen Diskurs kaum wahrnehmbar. Die Sozialdemokratie scheint seit den 1990er Jahren mehrheitlich und inzwischen auch dauerhaft zum Klassengegner übergelaufen zu sein. Die Partei Die Linke hat sich bei den Bundestagswahlen 2021 gerade mal eben, und nur durch drei erzielte Direktmandate, mit 4,9 Prozent der Zweitstimmen im Bundestag halten können. Und schon bald nach den Wahlen taten sich mehr denn je Spaltungslinien auf, infolge derer die Partei weiter an Bedeutung zu verlieren drohte.

Die Durchsetzung der von Bundeskanzler Olaf Scholz ausgerufenen »Zeitenwende«-Politik, mit einer neuen Blockkonfrontation, enormen Rüstungsausgaben und einer womöglich staatlich durchexekutierten, zumindest teilweisen »Entkopplung« der industriellen Produktion von den internationalen Wertschöpfungs- und Lieferketten trifft auf eine am Boden liegende, zerrüttete Linke und eine schwache Gewerkschaftsbewegung. Dass es dem Arbeiterlied in dieser gegenwärtigen Lage daher sowohl an Resonanzraum wie an Nährboden fehlt, liegt förmlich auf der Hand.

Dabei hat es in der langen Geschichte der Arbeiterbewegung durchaus vergleichbare, analoge Situationen gegeben. Vermutlich nur nicht in der Gleichzeitigkeit, wie das heute der Fall ist: Fragmentierung und Hierarchisierung innerhalb der Lohnarbeit, ideologische Spaltungen, wenig ausgeprägtes Klassenbewusstsein, verstärkter nationalistischer und faschistischer Gegendruck, – das alles ist ja durchaus schon einmal dagewesen.

Neue Klasse – alte Klasse

Die Diskussion um eine neue Klassenpolitik, die ab Ende der 2010er Jahre, auch im Umfeld der Partei Die Linke und ihrer Rosa-Luxemburg-Stiftung, mit zum Teil hohem theoretischen Aufwand geführt wurde, mag interessant und in anderem Zusammenhang auch möglicherweise von Nutzen sein: Besteht die Klasse vor allem aufgrund einer gemeinsamen, objektiven Position zu den Produktionsmitteln innerhalb der kapitalistischen Ausbeutungsverhältnisse? Oder definiert sie sich doch in erster Linie aus einer gemeinsamen kulturellen Praxis heraus? Wie lassen sich Menschen ganz unterschiedlicher Identitäten politisch vereinen, wenn sie von sehr verschiedenen und kaum miteinander in Einklang zu bringenden Erfahrungshorizonten geleitet werden?[520] Der Ausgangspunkt, dass »sich die gesellschaftliche Arbeit und die Zusammensetzung des ›Gesamtarbeiters‹ in den vergangenen 30 Jahren gravierend verändert haben«[521] und von einer neuen Dimension der Klassenzusammensetzung auszugehen ist, scheint mir dabei sonnenklar zu sein. Die steile These aber beispielsweise, nach der es sich heute um eine »Pluralität von Ausbeutungsformen und Spaltungen in mehrere Klassen von Lohnarbeiter*innen«[522] handeln soll, überzeugt mich überhaupt nicht.

Dass die Arbeiterklasse durch die Geschichte hindurch, was ihre konkrete Zusammensetzung betrifft, in ständiger Fluktuation war, und dabei immer wieder neue Dimensionen aufwies, ist gewissermaßen *die* historische Konstante, welche sich seit der Industriellen Revolution wie ein roter Faden durch die Gesellschaft und die Bewegung zieht, und die sich in den Liedern und den Kämpfen, die sie begleitet haben, fortwährend wiederfinden und nachverfolgen lässt.

Eines der besten, bezeichnenderweise eher unspektakulären Beispiele für eine vermeintlich neue, anzustrebende »verbindende Klassenpolitik« der unterschiedlichen Identitäten findet sich im britischen Film »Pride«[523] von 2014: In der Szene, in der die tanzwütige, schwul-lesbische Hipster-Community aus London beim Streik der walisischen Bergarbeiterfamilien 1984 in deren Streik-

520 Friedrich in: Friedrich/Redaktion ak (2019), S. 22

521 Riexinger (2018), S. 65

522 Dörre in: Candeias/Dörre/Goes (2019), S. 28

523 Warchus (2014), 0:53:04-0:54:50

lokal zu »Bread and Roses« einstimmt, und – zugegeben etwas verkitscht – am Ende alle, mehrstimmig singend und heulend, auf den Tischen stehen. Warum sollen Schwule, Lesben, Heten, Transen, Non-Binäre und Diverse jedweder Hautfarbe und jedweden Body-Mass-Indexes, mit oder ohne Migrationsgeschichte, nicht auch heute an Streiks und Betriebsbesetzungen zusammen teilnehmen, anstatt nur gegen ihre jeweilige Diskriminierung anzugehen und sowas wie »Teilhabe« einzufordern? Es sollte klar sein, dass Klassensolidarität nicht notwendig mit gegenseitiger Einfühlung oder gar emotionaler Zugewandtheit zu tun hat. Sie setzt vor allem die Einsicht in die Notwendigkeit gemeinsamen Handelns bei gleicher Interessenlage voraus. Man kann und sollte, heute wie zukünftig, durchaus auch mit jenen klassensolidarisch sein und gemeinsam kämpfen, die einem selbst womöglich fremd, unsympathisch oder auch sonst wie unangenehm sind. Klassenkampf ist ja – auch wenn das schön wäre – kein reines Freizeitvergnügen.

Dass klassenbewusstes, effektives Handeln, über Identitäten und kulturelle Vielfältigkeit hinweg, auch heute möglich ist, zeigen z. B. die 2022/23 mit Vehemenz ausgebrochenen Kämpfe der britischen Arbeiterbewegung: Hunderttausende aus den unterschiedlichsten Branchen streikten, und ihre Gewerkschaften forderten Lohnerhöhungen über der zweistelligen Inflationsrate. Selbst als die Regierung Soldaten als Streikbrecher einsetzte und ein neues Antistreikgesetz einbrachte, hielten sie zusammen dagegen.

Auch kann man sich den Kampfeswillen der französischen Arbeiterbewegung bei ihren imposanten, mehrtägigen Generalstreiks und den fortdauernden Massenaktionen gegen die Heraufsetzung des Renteneintrittsalters zwar herbeisehnen, aber er wird sich nicht von allein hier einstellen. Auf den wurde von den dortigen linken Organisationen in der Vergangenheit, klein- und großteilig, hingearbeitet. Hierzulande scheint das weitgehend unterblieben zu sein oder nicht ausreichend gefruchtet zu haben.

Was die neue Dimension der Klassenzusammensetzung betrifft, sind diese drei westeuropäischen Länder – Großbritannien,

Frankreich und Deutschland – jedenfalls nicht nur irgendwie miteinander vergleichbar. Ihre Gesellschaften haben seit dem großen Strukturwandel, dem sogenannten »Abschied vom Malocher« und der Transformation in eine angebliche Dienstleistungsgesellschaft, beinahe parallele Entwicklungen genommen.[524] Die deutsche Linke und alle ihre Organisationen müssen sich da also durchaus große Versäumnisse vorwerfen lassen.

524 Raphael (2021), S. 10, 17 f.

V.
Ein Ausblick

In den finsteren Zeiten
Wird da auch gesungen werden?
Da wird auch gesungen werden.
Von den finsteren Zeiten.[525]

So heißt das Motto des zweiten Teils der Brecht'schen Svendborger Gedichte aus dem Jahr 1939. Und so sieht ein Blick in die nähere Zukunft womöglich auch von Hier und Heute aus. Arbeiterlieder, die sowas wie ein Klassenbewusstsein erkennen lassen und zur kollektiven, am besten gut organisierten Aktion aufrufen, brauchen nun mal in der Realität stattfindende Arbeitskämpfe, Streiks und Demonstrationen wie die Luft zum Atmen, auch hierzulande. Bis das nicht nur in Ausnahmefällen und auf kleiner Ebene passiert, sondern wieder und massenhaft an der Tagesordnung ist, erscheint mir eine Weiterbeschäftigung mit dem Genre aber dennoch nützlich zu sein. Irgendwann werden sie schon wieder geführt werden, die so notwendigen Kämpfe. Und es ist ja nicht verkehrt, für kommende Zeiten vorzusorgen und dafür etwas in der Schublade zu haben.

»Wenn die Nacht am tiefsten ist, ist der Tag am nächsten«[526] – so heißt nicht umsonst ein schöner Titel der Band Ton Steine Scherben, von dessen Wahrheitsgehalt unbedingt auszugehen ist. Und es gibt da eine Szene im Film »Nomadland«[527], der 2021 mit drei Os-

525 Brecht (1981), S. 641

526 Ton Steine Scherben (1981)

527 Zhao (2021), 0:27:57-0:28:23

cars ausgezeichnet wurde. In der sitzt die Hauptdarstellerin Frances McDurmand zusammen mit den anderen Wanderarbeiterinnen – zwischen ihren schlechtbezahlten Saison-Jobs bei der Zuckerrübenernte, als Burger-Braterinnen oder im Amazon-Fulfillment-Center – nachts auf einem Campingplatz gestrandet, irgendwo mitten in der Wüste um ein Lagerfeuer, und sie singen gemeinsam, begleitet von einer einsamen Western-Gitarre, eine Kontrafaktur von Willie Nelsons »On the road again«[528]:

In our vans again,
goin' places that we've never been,
goin' places we may never go again.
We can't wait to get in our vans again.[529]

Ein neues Arbeiterinnen-Volkslied. So fängt das ja an. Und es gibt beim nächsten Anlauf, der so sicher stattfinden wie der nächste Morgen kommen wird, auch die historischen Blaupausen, von denen hier erzählt wurde. An die kann angeknüpft werden. Und einige Sängerinnen, Bands, Rapper und Chöre, die überlebt und weitergemacht haben, werden noch da sein. Neue werden hinzukommen.

So ist nicht unvorstellbar, dass in den nach dem Kneipensterben übrig gebliebenen Hinterzimmern, den Gewerkschafts-Bildungszentren, Partei-Räumlichkeiten, Streikzelten oder auf irgendeiner Lastwagen-Pritsche künftig wieder Arbeiterlieder – alte und neue – gesungen werden: Rote Spieltruppen – warum denn auch nicht? – singen zur E-Ukulele oder a cappella »Les canuts«[530], das Lied der Lyoner Seidenweberinnen, oder Billy Braggs »There is power in a

528 Nelson (2003)

529 »Wieder in unseren Vans / an Orte ziehend, die wir nie gesehen haben / an Orte, an die wir vielleicht nie wieder gelangen / Wir können es nicht erwarten, wieder in unsere Vans zu steigen.« – Der »Van« (Kleinbus bzw. Wohnwagen) ist hier das Zuhause der Wanderarbeiterinnen.

530 Kröher (1976), S. 142; Bonjour/Köhler (2010)

union«[531]. Aber es kann natürlich auch eine Rapperin, eine queere Ska-Punk-Band oder ein gemischter Mindestlöhner*innen-Chor sein, die zum Beat einer antiken 808-Drum-Machine das noch nicht geschriebene, neue »Tesla-Streiklied« singen.

Die Dinge sind oft näher als sie scheinen.

531 Bragg (1986)

Quellen

Literatur

Abendroth, Wolfgang: Einführung in die Geschichte der Arbeiterbewegung. Von den Anfängen bis 1933, Heilbronn 1997

Abendroth, Wolfgang: Sozialgeschichte der europäischen Arbeiterbewegung, Frankfurt 1968

Adamek, Karl: Lieder der Arbeiterbewegung, Frankfurt a. M. 1981

Achenbach, Marina: Fasia – geliebte Rebellin, Oberhausen 2004

Adorno, Theodor W.: Dissonanzen. Musik in der verwalteten Welt, Göttingen 1956

Andert, Reinhold / Herzberg, Wolfgang: Der Sturz. Erich Honecker im Kreuzverhör, Berlin und Weimar 1990

Andert, Reinhold: Unsere Besten. Die VIPs der Wendezeit, Berlin 1993

Arbeiterliedarchiv der Akademie der Künste und Zentralhaus für Kulturarbeit der DDR (Hrsg.): Lied und politische Bewegung. Materialien der Arbeitstagung zum 30jährigen Bestehen des Arbeiterliedarchivs an der Akademie der Künste der DDR, Leipzig 1984

Attac (Hrsg.): Blockupy Frankfurt im Mai 2012. Europäischer Widerstand in der demokratiefreien Zone, Frankfurt a. M. 2012

Baier, Frank: Leben – Kämpfen – Solidarisieren. Ruhrgebiet, Duisburg 2022

Baier, Frank / Wiegandt, Jochen (Hrsg.): Glück auf! Liederbuch Ruhr, Essen 2012

Barankow, Maria / Baron, Christian (Hrsg.): Klasse und Kampf, Berlin 2021

Barkai, Avraham: Vom Boykott zur »Entjudung«. Der wirtschaftliche Existenzkampf der Juden im Dritten Reich 1933-1943

Baron, Christian: Ein Mann seiner Klasse, Berlin 2021, Frankfurt a. M. 1988

Bartel, Horst u. a. (Hrsg.): Wörterbuch der Geschichte Band 1 (A-K) und 2 (L-Z), Berlin 1983 bzw. 1984

Bartels, Hans-Peter: Das Vorwärts-Liederbuch, Berlin 2009

Biermann, Wolf: Alle Lieder, Köln 1991

Biermann, Wolf: Deutschland. Ein Wintermärchen, Berlin 1979

Binus, Gretchen / Landefeld, Beate / Wehr, Andreas: Staatsmonopolistischer Kapitalismus, Köln 2014

Böning, Holger: Der Traum von einer Sache. Aufstieg und Fall der Utopien im politischen Lied der Bundesrepublik und der DDR, Bremen 2004

Boltanski, Luc / Chiapello Ève: Der neue Geist des Kapitalismus, Konstanz 2006

Bourdieu, Pierre: Die feinen Unterschiede. Kritik der gesellschaftlichen Urteilskraft, Frankfurt a. M. 1987

Boyd, Joe: White Bicycles. Musik in den 60er Jahren, München 2007
Brecht, Bertolt: Die Gedichte von Bertolt Brecht in einem Band, Frankfurt a. M. 1981
Brecht, Bertolt: Die Stücke von Bertolt Brecht in einem Band, Frankfurt a. M. 1982
Brecht, Bertolt: Über Politik und Kunst, Frankfurt a. M. 1971
Breuer, Hans (Hrsg.): Der Zupfgeigenhansl, Mainz 1981
Brock, Hella / Kleinschmidt, Christoph (Hrsg.): Jugendlexikon Musik, Leipzig 1985
Büsser, Martin: Popmusik, Hamburg 2000
Buonarotti, Philipp: Babeuf und die Verschwörung für die Gleichheit – mit dem durch sie veranlassten Prozess und den Belegstücken, Berlin und Bonn Bad-Godesberg 1975
Candeias, Mario / Dörre, Klaus / Goes, Thomas E.: Demobilisierte Klassengesellschaft und Potenziale verbindender Klassenpolitik. Beiträge zur Klassenanalyse (2), Berlin 2019
Canfora, Luciano: Eine kurze Geschichte der Demokratie, Köln 2006
Däubler, Wolfgang: Das Arbeitsrecht 1, Reinbek bei Hamburg 2006
Dath, Dietmar: Rosa Luxemburg, Berlin 2010
de Jong, David: Braunes Erbe. Die dunkle Geschichte der reichsten deutschen Unternehmerdynastien, Köln 2022
Degenhardt, Franz Josef: Die Lieder, Berlin 2006
Degenhardt, Franz Josef: Kommt an den Tisch unter Pflaumenbäumen, München 1979
Dehm, Diether (Lerryn): Politik live gemacht. Kulturarbeit und politische Praxis, Wuppertal 1984
Deppe, Frank: 1917 | 2017. Revolution & Gegenrevolution, Hamburg 2017
Deppe, Frank: Gewerkschaften in der Großen Transformation, Köln 2012
Deppe, Frank: Linke in Gewerkschaften – gestern und heute, in: Sozialismus.de 4/2020, S. 50-60
Deppe, Frank / Fülberth, Georg / Harrer, Jürgen (Hrsg.): Geschichte der deutschen Gewerkschaftsbewegung, Köln 1989
Deutsche UNESCO-Kommission e.V. (Hrsg.): Bundesweites Verzeichnis Immaterielles Kulturerbe, Bonn 2019
Ditfurth, Jutta: Zeit des Zorns. Warum wir uns vom Kapitalismus befreien müssen, Frankfurt a. M. 2012
Dithmar, Reinhard: Arbeiterlieder 1844-1945, Neuwied/Kriftel/Berlin 1993
DT 64 – Jugendstudio des Berliner Rundfunks (Hrsg.): Das zweite DT 64 Liederbuch, Leipzig 1971
Dylan, Bob: Songtexte 1962-1985, Frankfurt a. M. 1987
Drobisch, Klaus: Widerstand in Buchenwald, Frankfurt a. M. 1978
Dröge, Franz / Krämer-Badoni, Thomas: Die Kneipe. Zur Soziologie einer Kulturform, Frankfurt a. M. 1987
Ebermann, Thomas / Trampert, Rainer: Die Zukunft der Grünen, Hamburg 1984
Eggebrecht, Hans Heinrich (Hrsg.): Meyers Taschenlexikon Musik in 3 Bänden, Mannheim 1984
Eisler, Hanns: Musik und Politik. Schriften 1924-1948, Berlin 1973

Engelmann, Bernt: Einig gegen Recht und Freiheit, deutsches Anti-Geschichtsbuch, 2. Teil, München 1975
Engelmann, Bernt: Trotz alledem. 200 Jahre deutsche Radikale, München 1977
Engelmann, Bernt: Wir Untertanen, München 1974
Engels, Friedrich: Briefe aus dem Wuppertal, in: Marx/Engels Werke (MEW), Band 1, S. 413-432, Berlin 1970
Engels, Friedrich: Einleitung zu Marx' »Bürgerkrieg in Frankreich«, in: Marx/Engels Werke (MEW) Band 22, S. 188-199, Berlin 1977
Engels, Friedrich: Vorrede zum »Manifest der Kommunistischen Partei« (englische Ausgabe von 1888), in: Marx/Engels Werke (MEW) Band 21, S. 352-359, Berlin 1962
Engels, Friedrich: Zur Geschichte des Bundes der Kommunisten, in: Marx/Engels Werke (MEW) Band 8, S. 577-593, Berlin 1960
Eribon, Didier: Rückkehr nach Reims, Berlin 2016
Ernaux, Annie: Die Jahre, Berlin 2017
Fülberth, Georg: Der große Versuch. Geschichte der kommunistischen Bewegung und der sozialistischen Staaten, Köln 1994
Fülberth, Georg: »Doch wenn sich die Dinge ändern« – Die Linke, Köln 2009
Fülberth, Georg: Geschichte der BRD, Köln 2015
Fülberth, Georg: Kapitalismus, Köln 2010
Fülberth, Georg: Sozialismus, Köln 2010(a)
Frei, Bruno / Adamo, Hans: Die anarchistische Utopie. Freiheit und Ordnung – Über Terrorismus. Ursachen und Funktion des Anarchoterrorismus in der Bundesrepublik, Frankfurt a. M. 1978
Frey, Jürgen / Siniveer, Kaarel: Eine Geschichte der Folkmusik, Reinbek bei Hamburg 1987
Fricke, Dieter: Handbuch zur Geschichte der deutschen Arbeiterbewegung 1869 bis 1917, Band 1 und 2, Berlin 1987
Friedrich, Sebastian / Redaktion analyse & kritik (Hrsg.): Neue Klassenpolitik. Linke Strategien gegen Rechtsruck und Neoliberalismus, Berlin 2019
Funk-Hennings, Erika: Die Agitpropbewegung als Teil der Arbeiterkultur der Weimarer Republik, in: Rösing, Helmut (Hrsg.): Beiträge zur Popularmusikforschung 15/16, Bielefeld 1995
Gedenkstätte Ernst Thälmann (Hrsg.): Streik der Berliner Verkehrsarbeiter (Neuausgabe), Hamburg 2022
Gewerkschafter*innen und Antifa gemeinsam gegen Dummheit und Reaktion (Hrsg.): Der Ford-Streik in Köln 1973, Mannheim 2021
Gundermann, Gerhard: Das Liederbuch 1, Berlin 2019
Gundermann, Gerhard: Das Liederbuch 2, Berlin 2018
Guthrie, Woody: Folk Songs, A collection of Songs by America's Foremost Balladeer. Compiled and edited by Pete Seeger, New York 1973
Haffner, Sebastian: Die deutsche Revolution 1918/19, Reinbek bei Hamburg 2010
Hardt, Michael / Negri, Antonio: Empire. Die neue Weltordnung, Frankfurt a. M. 2002
Hauptmann, Gerhart: Gesammelte Werke, Köln 2007

Hervé, Florence (Hrsg.): Geschichte der deutschen Frauenbewegung, 6. Auflage, Köln 1998

Hill, Joe u. a.: The I. W. W. Little Red Songbook, 19th Edition 1923, Portland 2019

Hitzer, Bettina: Schlüssel zweier Welten. Politisches Lied und Gedicht von Arbeitern und Bürgern 1848-1875, Bonn 2001

Hobsbawm, Eric: Europäische Revolutionen 1789-1848. Das lange 19. Jahrhundert. Band 1, Darmstadt 2017

Hobsbawm, Eric: Die Blütezeit des Kapitals 1848-1875. Das lange 19. Jahrhundert. Band 2, Darmstadt 2017

Hobsbawm, Eric: Das imperiale Zeitalter 1875-1914. Das lange 19. Jahrhundert. Band 3, Darmstadt 2017

Hobsbawm, Eric: Das Zeitalter der Extreme. Weltgeschichte des 20. Jahrhunderts, München 2000

Hobsbawm, Eric: Ungewöhnliche Menschen. Über Widerstand, Rebellion und Jazz, München/Wien 2001

Höcke, Björn / Hennig, Sebastian: Nie zweimal in denselben Fluss. Björn Höcke im Gespräch mit Sebastian Hennig, Lüdinghausen/Berlin 2018

Höppner, Joachim / Seidel-Höppner, Waltraud: Von Babeuf bis Blanqui. Französischer Sozialismus und Kommunismus vor Marx, Band 1 u. 2, Leipzig 1975

Imgrund, Bernd: Eine kleine Geschichte der Kneipe, München 2020

Immelt, Ulf: Neue Streikkultur?, in: Unsere Zeit vom 12.5.2023, S. 9

Jacob, Günther: Agit-Pop. Schwarze Musik und weiße Hörer, Berlin 1993

Kaiser, Rolf-Ulrich u. a. (Hrsg.): Song-Magazin IEST 68, Essen 1968

Kegel, Max: Max Kegel's Sozialdemokratisches Liederbuch, Leipzig 2006

Klein, Naomi: No Logo!, München 2001

Klenke, Dietmar / Lilje, Peter / Walter, Franz: Arbeitersänger und Volksbühnen in der Weimarer Republik, Bonn 1992

Kirchenwitz, Lutz: Folk, Chanson und Liedermacher in der DDR, Berlin 1993

Köhler, Bernd: Keine Wahl. Ein Lieder- und Geschichtenbuch, Mannheim 2013

Köhler, Bernd: Nachrichten vom Untergrund. Lieder und Texte von 1967-1989, Ludwigshafen 2019

König, Hartmut: Warten wir die Zukunft ab. Autobiografie, Berlin 2018

Kracauer, Siegfried: Die Angestellten. Aus dem neuesten Deutschland, Frankfurt a. M. 1971

Krenz, Egon: Wir und die Russen. Die Beziehungen zwischen Berlin und Moskau im Herbst '89, Berlin 2019

Kreuzer, Helmut: Die Boheme. Analyse und Dokumentation der intellektuellen Subkultur vom 19. Jahrhundert bis zur Gegenwart, Stuttgart/Weimar 2000

Kröher, Oss (Hrsg.): Joli Tambour, Stuttgart 1976

Kröher, Oss (Hrsg.): Sing out!, Stuttgart 1973

Krüger, Fred (Hrsg.): DDR – konkret. Lieder der Singebewegung, Berlin 1976

Krüger, Fred (Hrsg.): DDR – konkret 2. Lieder der Singebewegung, Berlin 1978

Krüger, Fred (Hrsg.): DDR – konkret 7. Lieder der Singebewegung, Berlin 1988

Kuczynski, Jürgen: Geschichte des Alltags des deutschen Volkes, Band 3 bis 5, Köln 1992

Kühnl, Reinhard: Deutschland seit der Französischen Revolution. Untersuchungen zum deutschen Sonderweg, Heilbronn 1996

Kühnl, Reinhard: Formen bürgerlicher Herrschaft. Liberalismus – Faschismus, Reinbek bei Hamburg, 1971

Lammel, Inge: Arbeiterlied – Arbeitergesang. Hundert Jahre Arbeitermusik in Deutschland, Berlin 2002

Lammel, Inge: Arbeitermusikkultur in Deutschland 1844-1945. Bilder und Dokumente, Leipzig 1984

Lammel, Inge: Das Arbeiterlied, Leipzig 1970

Lammel, Inge (Hrsg.): Lieder der Partei. Das Lied im Kampf geboren – Heft 10. Veröffentlichung der Deutschen Akademie der Künste zu Berlin, Leipzig 1971

Lammel, Inge (Hrsg.): Mit Gesang wird gekämpft. Lieder der Arbeiterbewegung, Berlin 1967

Lammel, Inge / Schütt, Ilse: Hundert proletarische Balladen. 1842-1945, Berlin 1975

Laqueur, Walter: Die Deutsche Jugendbewegung. Eine historische Studie, Köln 1962

Lenin, Wladimir Iljitsch: Die Entwicklung der Arbeiterchöre in Deutschland, in: Lenin Werke, Band 36, S. 199-200, Berlin 1962

Liebknecht, Karl: Ausgewählte Reden und Aufsätze, Berlin 1952

Louis, Édouard: Das Ende von Eddy, Frankfurt a. M. 2016

Markov, Walter / Soboul, Albert: 1789. Die Große Revolution der Franzosen, Berlin 1989

Marx, Karl: Brief an Friedrich Adolph Sorge vom 19.9.1879, in: Marx/Engels Werke (MEW), Band 34, S. 410-414, Berlin 1966

Marx, Karl: Der Bürgerkrieg in Frankreich, in: Marx/Engels Werke (MEW) Band 17, S. 313-365, Berlin 1962

Marx, Karl: Kritische Randglossen zu dem Artikel »Der König von Preußen und die Sozialreform. Von einem Preußen«, in: Marx/Engels Werke (MEW), Band 1, S. 392-409, Berlin 1970

Marx, Karl: Randglossen zum Programm der deutschen Arbeiterpartei, in: Marx/Engels Werke (MEW) Band 19, S. 15-32, Berlin 1987

Marx, Karl / Engels, Friedrich: Manifest der Kommunistischen Partei, in: Marx/Engels Werke (MEW) Band 4, S. 459-493, Berlin 1977

Mierau, Siglinde: Intersongs. Festival des politischen Liedes, Berlin 1973

Mathieu, Nicolas: Wie später ihre Kinder, München 2021

Mayr, Anna: Die Elenden. Warum unsere Gesellschaft Arbeitslose verachtet und sie dennoch braucht, München 2020

Meueler, Christof / Dobler, Franz: Die Trikont-Story. Musik, Krawall & andere schöne Künste, München 2017

Mittenzwei, Werner: Das Leben des Bertolt Brecht oder der Umgang mit den Welträtseln, Erster Band, Berlin 1997

Mittenzwei, Werner: Die Intellektuellen. Literatur und Politik in Ostdeutschland 1945 bis 2000, Berlin 2003

Moßmann, Walter / Schleunig, Peter: Alte und neue politische Lieder. Entstehung und Gebrauch, Texte und Noten, Reinbek bei Hamburg 1978

Müller, Werner: Zur Geschichte des DGB. Eine vorläufige Bilanz, in: Gewerkschaftliche Monatshefte 5-6/1990, S. 340-352

Mühsam, Erich: Revolution. Kampf-, Marsch- und Spottlieder, Berlin 2020

Nilius, Klaus: Liedes Leid, in: Ossietzky, Heft 3/2022, S. 85-87

Pietsch, Gina: Mein Dörfchen Welt, Berlin 2017

Raphael, Lutz: Jenseits von Kohle und Stahl. Eine Gesellschaftsgeschichte Westeuropas nach dem Boom, Berlin 2021

Rauhut, Michael: Rock in der DDR – 1964 bis 1989, Bonn 2002

Riexinger, Bernd: Neue Klassenpolitik. Solidarität der Vielen statt Herrschaft der Wenigen, Hamburg 2018

Ritter, Gerhard A. (Hrsg.): Arbeiterkultur, Königstein/Ts. 1979

Rupprecht, Siegfried P.: Chanson-Lexikon, Berlin 1999

Roesler, Jörg: Geschichte der DDR, Köln 2012

Ruf, Wolfgang (Hrsg.): Riemann Musik Lexikon, Aktualisierte Auflage in fünf Bänden, Mainz 2012

Scherer, Klaus-Jürgen: Das Arbeiterlied als politisches Lied, in: Neue Gesellschaft / Frankfurter Hefte 5/2013, S. 89-93

Schneider, Hotte: Die Waldeck. Lieder Fahrten Abenteuer, Die Geschichte der Burg Waldeck von 1911 bis heute, Potsdam 2005

Schorlau, Wolfgang: Die blaue Liste. Denglers erster Fall, Köln 2014

Schröder, Wofgang: Die Pariser Kommune, in: Institut für Geschichte an der Akademie der Wissenschaften der DDR (Hrsg.): Geschichte 8, S. 83-94, Berlin 1969

Schutte, Sabine (Hrsg.): Ich will aber gerade vom Leben singen … Über populäre Musik vom ausgehenden 19. Jahrhundert bis zum Ende der Weimarer Republik, Reinbek bei Hamburg 1987

Sellmann, Uwe von: Es brennt. Mordechai Gebirtig, Vater des jiddischen Liedes, Erlangen 2018

Semmer, Gerd: Wir wollen dazu was sagen. Texte 1949-1967, Oberhausen 1999

Sievritts, Manfred: Lied-Song-Chanson, Band 2. »Politisch Lied, ein garstig Lied?« Materialheft und methodisch-didaktischer Kommentar, Wiesbaden 1984

Solty, Ingar: Exportweltmeister in Fluchtursachen. Die neue deutsche Außenpolitik, die Krise und linke Alternativen, Studie im Auftrag der Rosa-Luxemburg-Stiftung, Berlin 2016

Stars, Manfred: Der Kampf um die antifaschistisch-demokratische Umwälzung in Deutschland – die Gründung der Deutschen Demokratischen Republik; in: Zentralinstitut für Geschichte an der Akademie der Wissenschaften der DDR (Hrsg.): Geschichte 10, S. 48-89, Berlin 1979

Steinitz, Wolfgang: Deutsche Volkslieder demokratischen Charakters aus sechs Jahrhunderten, Band 1 u. 2, Berlin 1955 bzw.1962

Stern, Annemarie: Lieder gegen den Tritt. Politische Lieder aus fünf Jahrhunderten, Oberhausen 1976

Stern, Annemarie (Hrsg.): Lieder aus dem Schlaraffenland. Politische Lieder der 50er – 70er Jahre, Oberhausen 1976(a)

Streisand, Joachim: Deutsche Geschichte von den Anfängen bis zur Gegenwart. Eine Einführung, Köln 1983

Tucholsky, Kurt: Gesammelte Werke Bd. 4, Reinbek bei Hamburg 1985
Vance, James David: Hillbilly-Elegie, Berlin 2017
Verlan, Sascha / Loh, Hannes: 25 Jahre HipHop in Deutschland, Höfen 2006
Voit, Jochen: Er rührte an dem Schlaf der Welt. Ernst Busch – Die Biographie, Berlin 2010
Vuillard, Éric: Die Tagesordnung, Berlin 2018
Wader, Hannes: Daß nichts bleibt, wie es war. Hannes Wader und seine Lieder, Dortmund 1984
Weerth, Georg: Ausgewählte Gedichte, Berlin 2017
Weichold, Jochen: Anarchismus heute. Sein Platz im Klassenkampf der Gegenwart, Berlin 1980
Yurtseven, Kutlu / Pennino, Rossi: Eine ehrenwerte Familie. Die Microphone Mafia – Mehr als nur Musik, Köln 2019
Zetkin, Clara: Zur Geschichte der proletarischen Frauenbewegung Deutschlands, Berlin 1958
Zola, Emile: Germinal, Frankfurt a. M. 1983

Audio

Anarchist Academy: Anarchophobia, Tribehaus Recordings 1994
Andert, Reinhold: Ewald, der Vertrauensmann, Amiga 1978
Arbeitersache München: Wir befreien uns selbst – Kampflieder, Trikont 1972
Baez, Joan: European Tour, Epic 1980
Baier, Frank: Auf der Schwarzen Liste, Pläne 1981
Baier, Frank: Gesänge des Ruhrgebiets 1870-1980, Jump Up 2015
Biermann, Wolf: Chausseestraße 131, CBS 1975
Biermann, Wolf: Das geht sein' sozialistischen Gang, CBS 1977
Biermann, Wolf: Eins in die Fresse, mein Herzblatt, CBS 1980
Biermann, Wolf: Im Hamburger Federbett (oder: der Schlaf der Vernunft bringt Ungeheuer hervor), Musikant 1983
Biermann, Wolf: Trotz alledem!, CBS 1978
Bigus, Achim: Jalava – Achim Bigus singt Arbeiterlieder, Commpress 2022
Bonjour, Blandine & Köhler, Bernd: Chansons sans Cigare, Jump Up / Plattenbau 2010
Bonner Singegruppe Solidarität: Linksrheinisches, Pläne Peng Serie (1973)
Bragg, Billy: Talking with the taxman about poetry, Go! Discs 1986
Burner, Holger: Cypher Propaganda, Eigenverlag 2006
Burner, Holger: Kampfansage, Eigenverlag 2012
Busch, Ernst: 1 – Lieder der Arbeiterklasse 1917-1933, Pläne 1970
Busch, Ernst: 2 – Lieder des spanischen Bürgerkriegs, Pläne 1970(a)
Busch, Ernst: Aurora 1: Streit und Kampf, Edition Barbarossa 2001
Cochise: Wir werden leben, Folk Freak 1981
Cooder, Ry: My name is Buddy, Nonesuch/Warner 2007
Commandantes: Lieder für die Arbeiterklasse, Mad Butcher 2004

Degenhardt, Franz Josef: Die Wallfahrt zum Big Zeppelin, Polydor 1971
Degenhardt, Franz Josef: Mutter Mathilde, Polydor 1972
Degenhardt, Franz Josef: Wildledermantelmann, Polydor 1977
Dehm, Diether: Daß ein gutes Deutschland blühe!, Eulenspiegel/Musikant (2023)
Die Ärzte: Die Bestie in Menschengestalt, Metronome 1993
Die Goldenen Zitronen: Das bisschen Totschlag, Sub-Up-Records 1994
Die Grenzgänger: Revolution, Müller-Lüdenscheidt 2018
Die Grenzgänger: Und weil der Mensch ein Mensch ist, Müller-Lüdenscheidt 2015
Die Grenzgänger und Frank Baier: 1920 – Lieder der Märzrevolution: Keine Bange Leschinsky!, Müller-Lüdenscheidt 2006
Disarstar: Bohemien, Warner 2019
Disarstar: Minus X Minus = plus, Warner 2017
Disarstar: Rolex für alle, Four Music 2022
Diverse: 100 Jahre Deutsches Arbeiterlied Eine Dokumentation, Eterna 1974
Diverse: Dass nichts bleibt, wie es war! 150 Jahre Arbeiter- und Freiheitslieder Teil 1-4, Bear Family Records 2011
Diverse: Deutsche Bergmannslieder, B. T. Music 2019
Diverse: Die Lieder der Commune, Müller-Lüdenscheidt 2021
Diverse: Hoch die Republik! Lieder und Märsche des Reichsbanners Schwarz-Rot-Gold, Eigenverlag 2016
Diverse: Hören sie mal rot! Arbeiterlieder-Festival, Pläne 1970
Diverse: Lehrlinge zusammenhalten, Pläne 1971
Diverse: Mein Vater war ist Bergmann, Pläne 1979
Diverse: O bitrre Zeit. Lagerlieder 1933 bis 1945, Dokumentations- und Informations-Zentrum (DIZ) Emslandlager 2006
Diverse: Songs for Political Action. Folkmusic, Topical Songs and the American Left 1926-1953, Bear Family Records 1996
Diverse: Streik bei Mannesmann. Szenische Kantate, Pläne 1976
Diverse: The Bread and Roses Festival of Music, Fantasy 1981
Diverse: Wir wollen dazu was sagen, Pläne 1964
Diverse: Wir wollen gleiche Löhne – Keiner schiebt uns weg!, IG Druck und Papier / Pläne 1982
Diverse: Woodstock – Music from the original soundtrack and more, Atlantic 1970(a)
Dylan, Bob: The times they are a-changin', Columbia 1964
Dylan, Bob: Highway 61 revisited, CBS 1967
El Profesor: Bella ciao (Hugel Remix), Scorpio Music 2018
Evans, Nathan: Wellerman (Sea Shanty), Polydor 2021
Ewo^2: Avanti popolo, Jump Up / Plattenbau 2007
Ewo^2: Avanti popolo 2, Jump Up / Plattenbau 2009
Floh de Cologne: Koslowsky, Pläne 1980
Floh de Cologne: Lucky Streik, Ohr 1973
Floh de Cologne: Prima Freiheit, Pläne 1978
Frank, Ekkes: Lieder zum Anfassen, Pläne 1974
Freundeskreis: Quadratur des Kreises, Four Music 1997

Gabriel, Gunter: Das ist meine Art, Hansa 1974
Gabriel, Gunter: Rheinhausen, du darfst nicht untergehn, WPL Records 1988
Gundermann, Gerhard: Einsame Spitze, Buschfunk 1992
Gundermann, Gerhard: Krams – Das letzte Konzert, Buschfunk 1998
Gundermann, Gerhard: Männer, Frauen und Maschinen, Amiga 1988
Guthrie, Woody: The very best of, Music Club 1992
Gruppe Gutzeit: Ein Schrei geht durch das Land, Jump Up / Plattenbau 2008
Hanns-Eisler-Chor: Hanns-Eisler-Chor, Pläne 1975
Hass: Allesfresser, Hass Produktion 1992
Hein & Oss: Hein & Oss singen Arbeiterlieder, Büchergilde Gutenberg 1975
Jansen, Fasia: Fasia – Geliebte Rebellin, Begleit-CD zum gleichnamigen Buch von Marina Achenbach, Sonderedition zum 75. Geburtstag, Pläne 2004
Jansen, Fasia: Porträt, Pläne 1975
Jürgens, Udo: Griechischer Wein, Ariola 1974
Kahn, Daniel: Word Beggar, Oriente Musik 2021
Kapelle Vorwärts: Brot und Rosen, Mad Butcher 2011
Kapelle Vorwärts: Solidaarisuus, Mad Butcher 2012
Köhler, Bernd: Die neue Welt, Jump Up / Plattenbau 2007
Köhler, Bernd und die Mönninghoff-Songgruppe: Keine Wahl / Stahlwerkersong, Face Music 1987
Köhler, Bernd und Ewo^{2}: Keine Wahl. Lieder Gesänge und Balladen aus Arbeitskämpfen 1971-2013, Jump Up / Plattenbau 2013
Lerryn: Der Sänger mit den besseren Liedern, Columbia/EMI 1974
Liederjan: Lustig, lustig ihr lieben Brüder, Membran Music 2010
Lindenberg, Udo & Das Panikorchester: Votan Wahnwitz, Teldec 1975
Main Concept: 3.0, Buback 2021
Marbacher: Wir für mehr, Eigenverlag 2020
Microphone Mafia: Lotta Continua, Al Dente Recordz 2003
Mossmann, Walter: Flugblattlieder, Trikont 1974
Müller-Westernhagen, Marius: Sekt oder Selters, Warner 1980
Müller-Westernhagen, Marius: So weit (Best of Westernhagen), Warner 2000
Nelson, Willie: The essential Willie Nelson, Columbia 2003
Nirvana: Nevermind, DGC Records 1991
Odetta: Sings Ballads & Blues, Jasmine 2016
Oktoberklub: Aha, Amiga 1973
Oktoberklub: Da sind wir aber immer noch. 20 Jahre Oktoberklub, Amiga 1985
Oktoberklub: Der Oktober-Klub singt, Amiga 1967
Oktoberklub: Hootenanny, Barbarossa/Amiga 1996
Peter, Paul & Barmbek: Polit-Skiffle, Hummer & Michel 1974
Schalmeienkapelle Schwäbisch Hall: Schalmeien greifen ein. Arbeiter- und Freiheitslieder, Eigenverlag 2010
Schlauch: Große Gemeinsamkeit. Neue Lieder von Schlauch, Pläne 1978
Schlauch: Schlauch singt, Eigenverlag 1974
Schmetterlinge: Proletenpassion, Antagon 1977
Slime: Schweineherbst, Indigo 1994

Slime: Sich fügen heißt lügen, People Like You Records 2012
Springsteen, Bruce: We shall overcome – The Seeger Sessions, Columbia 2006
Süverkrüp, Dieter: Der Baggerführer Willibald, Pläne 1970
Süverkrüp, Dieter: Live! – Warum wird so einer Kommunist, Pläne 1974
Süverkrüp, Dieter: Süverkrüps Hitparade, Pläne 1971
Süverkrüp, Dieter / Schwarz, Walter Andreas: Erich Mühsam: Ich lade Euch zum Requiem, Pläne 1986
Ton Steine Scherben: Auswahl I 1970-1981, Teldec 1981
Wader, Hannes: Es ist an der Zeit, Pläne 1980
Wader, Hannes: Hannes Wader singt Arbeiterlieder, Philips 1977
Wegner, Bettina: Sind so kleine Hände, CBS 1979
Wenzel, Hans-Eckardt: Ticky Tock. Wenzel singt Woody Guthrie, Conträr 2003
Zupfgeigenhansel: Volkslieder I, Pläne 1976
Zupfgeigenhansel: Volkslieder II, Pläne 1977

Video

Dudow, Slatan: Kuhle Wampe oder: Wem gehört die Welt (D 1932), Atlas-Film 2020
Emmerich, Klaus: Rote Erde und Rote Erde II (Fernsehserie). Eine Bergarbeiter-Saga aus dem Ruhrgebiet (BRD 1983/1989), 7 DVDs, ARD-Video 2014
Pina, Álex: Haus des Geldes (Serie), Staffel 1 / Episode 15 (ES 2017), Netflix / Vancouver Media 2017
Warchus, Matthew: Pride (GB 2014), Senator 2014
Zhao, Chloé: Nomadland (USA 2020), Walt Disney 2021

Namensregister

Liederregister